Domine • lo
Básico

D1073744

INGLÉS

ean Yates, Ph.D.   Intermedio/Avanzado   Tercera Edición

Master the Basics of English for Spanish Speakers

Intermediate/Advanced

BARRON'S

All inquiries must be addressed to:
Barron's Educational Series, Inc.
250 Wireless Boulevard
Hauppauge, NY 11788
www.barronseduc.com

ISBN: 978-0-7641-4764-7
Library of Congress Control Card: 2011931932

Printed in the United States of America

Contenido—
Table of Contents

Prefacio	vii
Utilización de este libro	viii
Averigüe cuánto sabe	x
Prueba preliminar	x
Respuestas de la prueba preliminar	xvii
Análisis	xxi

Lo básico

§1. Letras y palabras	1
§2. Uso de mayúsculas	5
§3. La puntuación	7
§4. Las oraciones	10
4.1 La oración	10
4.2 Orden de palabras de la oración	12
4.3 Tipos de oración	13

Partes de la oración

§5. Sustantivos	19
5.1 Sustantivos contables	19
5.2 Sustantivos no-contables	25
5.3 Sustantivos que pueden ser contables o no-contables	34
5.4 Nombres propios	35
5.5 Apositivos	37
5.6 Sustantivos posesivos	37
5.7 Comparación de sustantivos	41
§6. Pronombres	45
6.1 Sujetos pronominales	45
6.2 Complementos pronominales	47
6.3 Pronombres recíprocos	52
6.4 Pronombres intensivos y reflexivos	52
6.5 Pronombres posesivos	53
6.6 Pronombres relativos	54
6.7 Pronombres demostrativos	55
6.8 Pronombres indefinidos	57

§7. Adjetivos 64
7.1 Orden de las palabras 64
7.2 Determinantes 65
7.3 Adjetivos descriptivos 80
7.4 Adjetivos propios 87
7.5 Sustantivos usados como adjetivos 87
7.6 Verbos usados como adjetivos 88
7.7 Adjetivos compuestos 89
7.8 Orden de adjetivos 89
7.9 Excepciones del orden de adjetivos 90

§8. Verbos (introducción) 92

§9. Verbos (tiempos del presente) 94
9.1 *Present tense* 94
9.2 *Present progressive tense* 123
9.3 *Present perfect tense* 130
9.4 *Present perfect progressive tense* 134

§10. Verbos (tiempo pasado) 135
10.1 *Past tense* 135
10.2 *Past progressive tense* 141
10.3 *Used to* 149
10.4 *Would* 150
10.5 *Past perfect tense* 151
10.6 *Past perfect progressive tense* 153

§11. Verbos (tiempo futuro) 154
11.1 *Present progressive* usado para el futuro 154
11.2 *Be going to* 155
11.3 *Will* y otros auxiliares modales 156
11.4 *Present tense* usado para el futuro 159
11.5 *Future progressive tense* 159
11.6 *Future perfect tense* 160
11.7 *Future perfect progressive tense* 161

§12. Verbos (otros modelos) 162
12.1 Verbos usados como sustantivos 162
12.2 Palabras textuales y discurso indirecto 172
12.3 Preguntas y declaraciones incluidas 175
12.4 Preguntas añadidas 176
12.5 Uso de verbos con complementos indirectos 180

§13. Verbos (usos especiales)   183

§14. Verbos (voz pasiva)   192

§15. Verbos (modo imperativo)   195
    15.1 Mandatos   195
    15.2 Sugerencias   196
    15.3 Sugerencias formales   196
    15.4 *You* Impersonal   197
    15.5 Mandatos indirectos   197

§16. Verbos (modo subjuntivo)   198
    16.1 *Present subjunctive* 198
    16.2 *Past subjunctive*   200
    16.3 *Perfect subjunctive* 201
    16.4 El subjuntivo vs. el indicativo
        después de *if*   202

§17. Preposiciones   203
    17.1 Preposiciones de lugar   203
    17.2 Preposiciones de rumbo   206
    17.3 Preposiciones de tiempo   208
    17.4 Preposiciones de otras afinidades   210
    17.5 Preguntas con preposiciones   212
    17.6 Preposiciones después de adjetivos   213
    17.7 Preposiciones después de verbos   225
    17.8 Modismos con preposiciones   232

§18. Adverbios   249
    18.1 Adverbios de lugar   249
    18.2 Adverbios de rumbo   251
    18.3 Adverbios de tiempo   252
    18.4 Adverbios de ocasión   255
    18.5 Adverbios de frecuencia   256
    18.6 Adverbios de manera   256
    18.7 Comparación de adverbios 258
    18.8 Adverbios que modifican los verbos   260
    18.9 Adverbios que modifican los adjetivos
        y los adverbios   261

§19. Conjunciones   262
    19.1 Conjunciones coordinadoras   262
    19.2 Conjunciones correlativas   265
    19.3 Conjunciones subordinadas   265

§20. Marcadores del discurso   269
   20.1   El orden de las acciones   269
   20.2   Información añadida   271
   20.3   Información de respaldo   272
   20.4   La rectificación de información   273
   20.5   Consecuencia   273
   20.6   Información contraria   274
   20.7   Explicación   275
   20.8   Distanciamiento   275
   20.9   Certeza   276
   20.10 Presentación de argumento   277
   20.11 Motivo de acción   277
   20.12 Posibilidad y condicionalidad   278
   20.13 Conclusión   278

Tópicos especiales

§21. Números   280
   21.1   Números íntegros   280
   21.2   Fracciones   282
   21.3   Decimales   283

§22. Días y fechas   284

§23. La hora   287

§24. El tiempo   290

§25. Errores comunes   291

Examen

                                                                           297
Respuestas   376

Apéndice

                                                                       400
Pesas y medidas   400
Repaso de usos típicos de verbos   402
Formas irregulares de los verbos   406
Falsos cognados   410

Índice

                                                                            413

Prefacio—Preface

Este libro, preparado especialmente para las personas de habla española, presenta lo esencial de la gramática del inglés en forma fácil de leer, y con numerosos ejemplos de cada aspecto de la estructura del inglés. Lo básico—desde la formulación de la oración y las reglas del uso de las mayúsculas y las marcas de puntuación, hasta las normas de los sustantivos, pronombres, adjetivos, verbos, preposiciones, adverbios y conjunciones—se explica aquí en forma clara y sencilla. Para mayor facilidad, todas las explicaciones están escritas en español y todos los ejemplos están representados por una traducción al español. Se destacan las áreas de la gramática, del orden de palabras y del uso de las estructuras y el vocabulario que generalmente presentan mayor dificultad para la persona que habla español.

Al principio del libro hay una prueba preliminar que le servirá para determinar qué gramática usted ya domina, y para identificar las partes que le harán falta estudiar más. Además, las diversas pruebas le ayudarán a practicar lo que acaba de estudiar y a reforzar las partes que ya haya aprendido.

Utilización de este libro— How to Use This Book

Primero, revise el libro para familiarizarse con el contenido y el sistema de numeración de los tópicos. Este sistema— el símbolo § + un número + un número decimal—sirve para que usted pueda encontrar fácilmente el tópico que busque y también para relacionar cada tópico con las pruebas indicadas y con el índice. Usted verá que cada sección de mayor importancia se identifica por su número § en el Contenido. Todas las referencias a este tópico en el libro tienen el mismo número en la prueba preliminar, en el capítulo del texto que explica el tópico, en las otras secciones que explican tópicos relacionados, en la sección de pruebas y en el índice.

Los ejemplos de las palabras y las oraciones en inglés se encuentran en una columna al lado izquierdo de cada página, con una traducción al español escrita en la columna a la derecha. De esta manera usted podrá aprender fácilmente y practicar antes de hacer las pruebas finales de cada capítulo.

Segundo, escriba la Prueba Preliminar, compruebe sus respuestas, y llene la tabla del análisis. De este modo Ud. puede identificar lo que sabe y lo que no sabe de la gramática inglesa.

Tercero, haga los siguientes ejercicios en las secciones que usted necesita estudiar.

(1) Con una tarjeta, o con una hoja de papel, cubra las palabras o las frases en español y trate de traducirlas del inglés al español, bajando el papel después de cada línea, para asegurarse de la respuesta correcta.

(2) Cubra las palabras en inglés y traduzca del español al inglés, bajando la hoja de papel y corrigiéndose de la misma manera.

Para las páginas que tienen preguntas y respuestas, hay dos ejercicios más.

(3) Cubriendo las respuestas, conteste cada pregunta.

(4) Cubriendo las preguntas de la misma forma, trate de formar la pregunta correcta para cada respuesta.

Después de hacer estos ejercicios silenciosamente, hágalos en voz alta. Así podrá memorizar las formas correctas. Finalmente, trate de escribir las oraciones y las preguntas presentadas. Una vez realizados estos ejercicios, usted estará preparado para las pruebas correspondientes a cada capítulo.

Empiece en cualquier parte del libro que usted quiera. Podría, por ejemplo, empezar con la primera sección y seguir hasta el final; o podría empezar con lo que ya sabe bien, como repaso; o podría empezar con cualquier tópico que usted necesite aprender.

Usted también debe decidir cuándo quiere hacer las pruebas. Quizás quisiera hacer cada una después de estudiar la sección que le corresponde, o tal vez prefiera esperar hasta que termine con toda la gramática y hacer todas las pruebas de una vez. Si usted hace las pruebas más de una vez, ¡logrará mejores resultados!

Averigüe cuánto sabe— Find Out How Much You Know

§1 Prueba preliminar—Pre-Test

§2. Escriba las mayúsculas necesarias:

1. *miss smith moved to new york on wednesday, december the twelfth.*

§3. Escriba los signos de puntuación y las mayúsculas necesarias:

2. *becky my sister who studied in california is now staying in nancys apartment*

§4. Identifique las partes de la oración siguiente:

My friend gave us three tickets.

3. El sujeto es _____.

4. El predicado es _____.

5. El complemento directo es _____.

6. El complemento indirecto es _____.

§5. Escriba el plural de los sustantivos siguientes:

7. *man* _____

8. *lady* _____

9. *boy* _____

10. *girl* _____

11. *child* _____

Indique el sustantivo correcto de cada grupo:

12. *There is one _____ in that family.*
    people   child   children

13. *We have too much _____.*
    work   friends   noises

14. *I need a new _____*
    information   computer   discs

§6. Escriba los pronombres que corresponden a los sustantivos subrayados:

15. *Sue and Carolyn took Bob's car home.*

    _____

16. *Tony and I wanted to take the flowers to my mother.*

    _____

§7. Escoja los adjetivos correctos:

17. *She has _____ information.*
    a few   a little   many

18. *He has a job at a _____ store.*
    shoes   shoe   men

19. *I am _____ in this book; it looks very _____.*
    interested   interesting

20. *That show is not suitable for a _____ child.*
    three-years-old   three-year-old   three years

21. *We have _____ bills.*
    too many   too much   a little

§9. Llene los espacios con la forma correcta de cada verbo:

22. *John (need) _____ an apartment now.*

23. *No, he (not/have)* _____ *a place to live.*

24. *Right now he (watch)* _____ *television.*

25. *He always (watch)* _____ *television at night.*

26. *No, he (not/have to/work)* _____ *at night.*

27. *He (work)* _____ *as a salesman for two years.*

28–33. Escriba seis preguntas que pidan como respuestas las declaraciones anteriores (22–27).

28. _____

29. _____

30. _____

31. _____

32. _____

33. _____

§10. Llene los espacios con la forma correcta de cada verbo:

34. *I (finish)* _____ *my report a week ago.*

35. *No, he (not/go)* _____ *to Greece last year.*

36. *We (should/study)* _____ *yesterday.*

37. *She was hungry at lunchtime because she (not/eat)* _____ *breakfast.*

38. *While I (drive)* _____ *to the city, I ran out of gas.*

39–43. Escriba una pregunta para cada una de las declaraciones anteriores (34–38).

39. _____

40. _____

41. _____

42. _____

43. _____

§11. Exprese el futuro en forma diferente en las frases siguientes:

44. *I plan to work tomorrow.*

_____

45. *There is a fifty percent possibility that John will move to California next month.*

_____

46. *I promise to call you soon.*

_____

47. *My friend refuses to go.*

_____

§12. Llene los espacios con la forma correcta del verbo—el gerundio o el infinitivo:

48. *You promised (call)* _____ *me.*

49. *He enjoys (play)* _____ *the piano.*

50. *She is used to (wear)* _____ *glasses.*

51. *He used (wear)* _____ *glasses.*

Cambie a discurso indirecto las palabras textuales:

52. *"She is beautiful," said my brother.*

_____

53. *"Do you want to meet her?" I asked him.*

_____

Use palabras textuales para cambiar la oración siguiente:

54. *Joe said he had been there before.*

_____

Cambie cada pregunta a una declaración, empezando con "*I don't know...*"

55. *Who is she?*

_____

56. *What does she want?*

_____

§13. Escriba la forma correcta del verbo para completar las frases:

57. *Will you* _____ *me five dollars?*
    borrow   lend

58. *Please* _____ *Patricia to help you.*
    ask   ask for

59. *Are you* _____ *to my party?*
    coming   going

60. *Yes, I am* _____ *to your party.*
    coming   going

61. *Please don't* _____ *anything to his sister.*
    say   tell

62. *She always* _____ *her friends.*
    says   tells

§14. Cambie las oraciones siguientes de voz activa a voz pasiva:

63. *They made this blouse in China.*

_____

64. *Somebody wrote this letter a long time ago.*

_____

§15. Escriba el mandato:

65. *Tell Karen to call you.*

_____

66. *Tell Wayne not to be late.*

_____

67. *Suggest to the children that you play a game.*

_____

§16. Llene los espacios para expresar lo siguiente:

68. *I don't have a car, but I want one.*
    I wish I _____ a car.

69. *I am sorry they didn't call me.*
    I wish they _____ me.

Llene los espacios para expresar lo siguiente:

70. *I want to visit you, but I don't have time.*
    If I _____ time, I
    _____ you.

71. *I wanted to visit you, but I didn't have time.*
    If I _____ time, I
    _____ you.

§17. Escriba las preposiciones correctas:

72. *My house is _____ Columbus.*

73. *It is _____ Maple Avenue.*

74. *It is _____ number 702.*

75. *We go to work _____ bus.*

76. *This desk is made _____ wood.*

77. *He has been absent _____ school three times.*

78. *We aren't prepared _____ the test.*

79. *He is always thinking _____ his girlfriend.*

80. *Are you afraid _____ the dark?*

81. *She is married _____ my cousin.*

82. *The picnic was called _____ because of rain.*

83. *He has to get _____ his anger.*

84. *I am content _____ that.*

85. *Her dress is similar _____ mine.*

86. *Is he qualified _____ this job?*

§18. Escriba un adverbio en el lugar de las palabras entre paréntesis:

87. *I saw her three years (before now)*
_____.

88. *She called me (the week before this week)*
_____.

Escriba la forma correcta del adverbio:

89. *Steve runs (fast) _____ than Jim.*

90. *Helen paints (carefully) _____ than Suzanne.*

91. *Charles works (well) _____ of all.*

§19. Llene cada espacio con la conjunción correcta:

92. *Katherine likes swimming _____ not diving.*

93. *Andrew brought a hammer _____ nails.*

94. *Robin got up early _____ she would get to class on time.*

95. *I got up early, too; _____, I didn't get there on time.*

96. *Terry slept until nine o'clock;* _____,
    he didn't get to class on time either.

§21. Escriba la cantidad de dinero como se debe decir
correctamente:

97. *$48,823.92* _____

§22. Escriba el año de publicación de este libro como se
debe decir:

98. *2012* _____

§23. Escriba la hora indicada en el reloj como se debe
decir:

99. _____

§24. Indique la mejor respuesta:

100. *Thirty degrees F. is* _____.
     cold weather   pleasant weather   hot weather

Respuestas de la prueba preliminar—*Answers to the Pre-Test*

1. *Miss Smith moved to New York on Wednesday, December the twelfth.*
2. *Becky, my sister who studied in California, is now staying in Nancy's apartment.*
3. *My friend*
4. *gave*
5. *three tickets*

6. us
7. men
8. ladies
9. boys
10. girls
11. children
12. child
13. work
14. computer
15. They   his
16. We   them   her
17. a little
18. shoe
19. interested   interesting
20. three-year-old
21. too many
22. needs
23. does not (doesn't) have
24. is watching
25. watches
26. does not (doesn't) have to work
27. has worked   o   has been working
28. What does John need?
29. Does he have a place to live?
30. What is he doing?
31. When does he watch television?   o   What does
    he do at night?
32. Does he have to work at night?
33. How long has he worked as a salesman?   o
    How long has he been working as a salesman?
34. finished
35. did not go
36. should have studied
37. had not eaten
38. was driving
39. When did you finish your report?
40. Did he go to Greece?
41. What should you have done yesterday?
42. Why was she hungry?
43. When did you run out of gas?   o   What happened
    while you were driving to the city?
44. I am going to work tomorrow.   o   I am working
    tomorrow.
45. John may (might) move to California next month.   o
    Maybe John will move to California next month.
46. I will call you soon.

47. *My friend won't go.* o *My friend will not go.*
48. *to call*
49. *playing*
50. *wearing*
51. *to wear*
52. *My brother said (that) she was beautiful.*
53. *I asked him if he wanted to meet her.*
54. *Joe said, "I've been there before."* o *"I have been there before," said Joe.*
55. *I don't know who she is.*
56. *I don't know what she wants.*
57. *lend*
58. *ask*
59. *coming*
60. *coming*
61. *say*
62. *tells*
63. *This blouse was made in China.*
64. *This letter was written a long time ago.*
65. *Call me, Karen.*
66. *Don't be late, Wayne.*
67. *Let's play a game!*
68. *I wish I had a car.*
69. *I wish they had called me.*
70. *If I had time, I would visit you.*
71. *If I had had time, I would have visited you.*
72. *in*
73. *on*
74. *at*
75. *by*
76. *of*
77. *from*
78. *for*
79. *about* o *of*
80. *of*
81. *to*
82. *off*
83. *over*
84. *with*
85. *to*
86. *for*
87. *ago*
88. *last week* o *a week ago*
89. *faster*
90. *more carefully*
91. *the best*

92. *but*
93. *and*
94. *so that*
95. *however*   o   *nevertheless*   o   *still*
96. *therefore*
97. *forty-eight thousand, eight hundred and twenty-three dollars and ninety-two cents*
98. *two thousand twelve*
99. *six - o - five*   o   *five after six*   o   *five past six*
100. *cold weather*

Análisis—*Analysis*

Sección	Número de la pregunta	Suma de respuestas	
		Correctas	Incorrectas
§2. Mayúsculas	1		
§3. Puntuación	2		
§4. Oraciones	3, 4, 5, 6		
§5. Sustantivos	7, 8, 9, 10, 11, 12, 13, 14		
§6. Pronombres	15, 16		
§7. Adjetivos	17, 18, 19, 20, 21		
§9. Verbos—Tiempo presente	22, 23, 24, 25, 26, 27, 28, 29, 30, 31, 32, 33		
§10. Verbos—Tiempo pasado	34, 35, 36, 37, 38, 39, 40, 41, 42, 43		
§11. Verbos—Tiempo futuro	44, 45, 46, 47		
§12. Verbos—Otros modelos	48, 49, 50, 51, 52, 53, 54, 55, 56		
§13. Verbos—Usos especiales	57, 58, 59, 60, 61, 62		
§14. Verbos—Voz pasiva	63, 64		
§15. Verbos—Modo imperativo	65, 66, 67		
§16. Verbos—Modo subjuntivo	68, 69, 70, 71		
§17. Preposiciones	72, 73, 74, 75, 76, 77, 78 79, 80, 81, 82, 83, 84, 85 86		
§18. Adverbios	87, 88, 89, 90, 91		
§19. Conjunciones	92, 93, 94, 95, 96		
§21. Números	97		
§22. Fechas	98		
§23. La hora	99		
§24. El tiempo	100		
Preguntas en total	100		

Utilice la escala siguiente para calificarse.

95–100 correctas	Excelente
89–94 correctas	Muy bueno
83–88 correctas	Bueno
78–82 correctas	Regular
Menos de 78 correctas	Insuficiente

Lo básico—The Basics

§1.

Letras y palabras—Letters and Words

El alfabeto del inglés consta de 5 vocales,

a, e, i, o, u

y 21 consonantes.

b, c, d, f, g, h, j, k, l, m, n, p, q, r, s, t, v, w, x, y, z

Cada palabra es un ejemplo de una parte de la oración. En general,

* los sustantivos nombran a personas, lugares, y cosas:
  Ejemplos
  nurse enfermera
  town pueblo
  books libros

* los pronombres sustituyen a los sustantivos:
  Ejemplos
  I yo
  you usted, tú, ustedes, vosotros, vosotras
  he él
  she ella
  it él, ella
  we nosotros, nosotras
  they ellos, ellas
  us nos
  him lo
  her la
  them los, las

- los **adjetivos** limitan o describen los sustantivos:
  Ejemplos
these	estos, estas
pretty	bonito, bonita, bonitos, bonitas
tall	alto, alta, altos, altas
new	nuevo, nueva, nuevos, nuevas

- los **verbos** definen los estados y las acciones:
  Ejemplos
is	es / está
are	son / somos / están / estamos
sing	cantar
have	tener
went	fui / fue / fuimos / fueron
buying	comprando
gone	ido

- las **preposiciones** demuestran la relación entre una palabra y otra información:
  Ejemplos
of	de
with	con
by	por
to	a
in	en

- los **adverbios** indican dónde, cuándo, y cómo ocurre la acción:
  Ejemplos
here	aquí
today	hoy
fast	rápido / rápidamente
correctly	correctamente

- las **conjunciones** conectan los diferentes elementos de la oración y demuestran la relación entre ellos:
  Ejemplos
and	y
but	pero
so	así que
however	sin embargo

Abreviaturas

Una abreviatura es una forma corta de una palabra. Las abreviaturas se usan con frecuencia en la escritura informal:
Ejemplos

Mon.	*Monday*	lunes
Sept.	*September*	septiembre
Ch.	*Chapter*	capítulo

En la escritura formal, es mejor no utilizar las abreviaturas sino las palabras completas. Los ejemplos anteriores, por ejemplo, *Monday*, *September*, y *chapter* deben estar escritos en su forma completa.
Sin embargo, siempre se abrevian las palabras siguientes.

Expresiones de tiempo

A.D.	*Anno Domini*	A.C. (Año de Cristo)
B.C.	*before Christ*	los años antes de Cristo
A.M.	*ante meridiem*	de la mañana, de la madrugada
P.M.	*post meridiem*	de la tarde, de la noche

Títulos personales

Los títulos personales se usan con el nombre completo o con el apellido de la persona.

Mr.   Señor—el título de un hombre
   Mr. John Jackson   el Sr. John Jackson
   Mr. Jackson   el Sr. Jackson
Mrs.   Señora—el título de una mujer casada, usado con el apellido de su esposo
   Mrs. Margaret Barnes   la Sra. Margaret Barnes
   Mrs. Barnes   la Sra. Barnes
   (**Miss**   Señorita—el título de una mujer soltera o de una muchacha—no es, ni tiene, abreviatura)
   Miss Kathleen Stevens   la Srta. Kathleen Stevens
   Miss Stevens   La Srta. Stevens
Ms.   el título de una mujer, casada o soltera, usado por su propia preferencia, especialmente en el trabajo
   Ms. Janice Best   la Sra./Srta. Janice Best
   Ms. Best   la Sra./Srta. Best
Dr.   el título de un hombre o de una mujer que ha ganado el título de doctorado
   Dr. Pat Reeves   el Dr. Pat Reeves/
      la Dra. Gloria Reeves
   Dr. Reeves   el Dr. Reeves/
      la Dra. Reeves
Rev.   el título de un miembro del clero
   Rev. James Thurston   el Rev. James Thurston

Sr.   *senior*—usado después del nombre de un hombre cuyo hijo tiene el mismo nombre

      Mr. John Thomas, Sr.   el Sr. John Thomas, padre

Jr.   *junior*—usado después del nombre de un hombre cuyo padre tiene el mismo nombre

      Mr. John Thomas, Jr.   el Sr. John Thomas, hijo

¡OJO! No se usa, aun en situaciones informales, el título sin el apellido. No se dice, por ejemplo, "Miss Margaret".

Credenciales

Ph.D. *Doctor of Philosophy*—usado después del nombre completo de una persona que ha ganado ese título

      Sally Benson, Ph.D.

      Randy Thorne, Ph.D.

M.D. *Doctor of Medicine*—usado después del nombre completo de un doctor de medicina

      Cynthia Travis, M.D.

      Daniel Thornton, M.D.

D.D.S. *Doctor of Dental Surgery*—usado después del nombre completo de un dentista

      Rose Ann Smithson, D.D.S.

      Dennis Hamilton, D.D.S.

LL.D. *Doctor of Laws*—usado después del nombre completo de un abogado que es doctor en derecho

      Thomas Marshall, LL.D.

      Teresa O'Connor, LL.D.

¡OJO! No use dos títulos—escoja uno o el otro:

      Dr. Donald Lawrence o *Donald Lawrence, M.D.*

Abreviaturas latinas

cf.	*confer*	comparar
e.g.	*exempli gratia*	por ejemplo
et al.	*et alii*	y otros
etc.	*et cetera*	etcétera
i.e.	*id est*	eso es
N.B.	*nota bene*	fíjese bien

En una invitación

R.S.V.P.   *répondez s'il vous plait*   por favor, responda

Los ejercicios para este capítulo se encuentran en la página 297.

§2.

Uso de mayúsculas—
Capitalization

Cada letra del alfabeto tiene dos formas.

Minúsculas (*lower case*)	a, b, c, d, e, f, g, h, i, j, k, l, m, n, o, p, q, r, s, t, u, v, w, x, y, z
Mayúsculas (*upper case*)	A, B, C, D, E, F, G, H, I, J, K, L, M, N, O, P, Q, R, S, T, U, V, W, X, Y, Z

Las letras mayúsculas también se llaman *capitals*. Se usan para

- la letra inicial de la primera palabra de una oración
  That is our house.   Esa es nuestra casa.

- los nombres propios y sus abreviaturas
  We live in the   Vivimos en los Estados
  United States of   Unidos de América.
  America.
  We live in the USA.   Vivimos en EEUU.

- las palabras principales del título de un libro o un artículo
  Master the Basics   Domine lo básico—Inglés
  —English

- el pronombre
  I   yo

¡OJO! los días

Sunday	domingo
Monday	lunes
Tuesday	martes
Wednesday	miércoles
Thursday	jueves
Friday	viernes
Saturday	sábado

los meses

January	enero
February	febrero
March	marzo
April	abril
May	mayo
June	junio
July	julio
August	agosto
September	septiembre
October	octubre
November	noviembre
December	diciembre

las nacionalidades

Mexican	mexicano, mexicana
Colombian	colombiano, colombiana
Ecuadoran	ecuatoriano, ecuatoriana
Canadian	canadiense

los idiomas

Spanish	español
English	inglés
French	francés
German	alemán

las religiones y sus miembros

Buddhism	budismo
Buddhist	budista
Christianity	cristiandad
Christian	cristiano-a
Hinduism	hinduismo
Hindu	hindú
Islam	islam
Muslim	musulmán, musulmana
Judaism	judaísmo
Jew; Jewish	judío-a

Los ejercicios para este capítulo se encuentran en la página 298.

§3.

La puntuación—*Punctuation*

Los signos de puntuación se escriben para ayudar a aclarar el significado de una oración.

El punto (*period*) .

• se escribe al final de una declaración:

It is raining.	Está lloviendo.

• se usa con las abreviaturas:

lb.	libra
Mr.	Sr.
a.m.	de la mañana

• se usa con los números y se llama *decimal point:*

3.50	3,50
4.6	4,6
9.99	9,99

El signo de interrogación (*question mark*) ?

• se usa al final de una pregunta:

Where is Bob?	¿Dónde está Bob?

El signo de admiración (*exclamation point*) !

• se escribe al final de una exclamación y al final de algunos mandatos:

Here he is!	¡Aquí está él!
Come here now!	¡Ven ahora mismo!

La coma (*comma*) ,

• separa ciertos elementos de la frase para evitar confusión:

If you leave, Sam can rest.	Si tú sales, Sam puede descansar.

• se usa para separar las partes de una serie:

I like cake, ice cream, pie, and all other tasty desserts.	Me gustan las tortas, el helado, los pasteles y todos los otros postres ricos.

7

- se usa con las fechas:

  October 2, 2003   el 2 de octubre de 2003

- se usa con los títulos:

  Janice Smith, R.N.   Janice Smith, enfermera

- se usa con los números:

  4,978   4.978
  5,325,000   5.325.000

El punto y coma (*semi-colon*) ;

- se usa para separar dos cláusulas independientes, demostrando una relación cercana:

  He is my son; I'm going to help him.   Él es mi hijo; lo voy a ayudar.

  She is my friend; besides, I love her.   Ella es mi amiga; además, la quiero.

- se usa entre las palabras de una serie, cuando ya se ha utilizado una coma:

  I like ice cream with chocolate, cherries, and whipped cream; cookies, cake, pie, and all other rich desserts.   Me gusta el helado con chocolate, con cerezas, y con crema; los bizcochos, las tortas, los pasteles y todos los otros postres ricos.

Los dos puntos (*colon*) :

- se usa para señalar una explicación o una lista:

  They need the following: bread, milk, sugar, flour, and salt.   Necesitan lo siguiente: pan, leche, azúcar, harina, y sal.

El guión (*dash*) —

- se usa para dar énfasis a la información que está incluida dentro de una frase:

  Everything they need— bread, milk, sugar, flour, and salt—is at the corner store.   Todo lo que necesitan—pan, azúcar, harina, y sal—está en la tienda a la esquina.

Las comillas (*quotation marks*) " "

- se usan para indicar las palabras exactas de una persona:

  Tom said, "You must be crazy!"   Tom dijo—¡Estás loco!

¡OJO! Las comillas se escriben y se puntúan de manera distinta a las del español. (**§12.2**)

Los paréntesis (*parentheses*) ( )

• se usan para dar otra forma de la misma expresión:

The Organization of American States (OAS)	La Organización de Estados Americanos (OEA)

El apóstrofo (*apostrophe*) '

• se usa para indicar posesión:

Mary's book	el libro de María

• se usa para formar una contracción:

I'm (I am)	soy / estoy
haven't (have not)	no he / has / hemos / han

La división (*hyphen*) -

• se usa para conectar las partes de una palabra compuesta:

seventy-eight	setenta y ocho
make-up	maquillaje

• se usa para conectar ciertos prefijos con una palabra:

re-use	usar de nuevo
pre-approve	aprobar de antemano

Los ejercicios para este capítulo se encuentran en la página 299.

§4.
Las oraciones—*Sentences*

La unidad básica del inglés escrito y hablado es la oración (*sentence*). Una oración es una combinación significante de palabras. La primera palabra empieza con mayúscula, y la última palabra es seguida por un punto, un signo de interrogación o un punto de admiración.

§4.1
LA ORACIÓN

Una oración es una cláusula independiente:
  (a) tiene sujeto (*subject*)—un sustantivo y las palabras que lo modifican;
  (b) tiene predicado (*predicate*)—un verbo y las palabras que lo modifican;
  (c) expresa una idea completa.

4.11
El sujeto

El sujeto es la persona, el lugar o la cosa de que se trata la oración. Puede ser singular o plural. El sujeto generalmente se ubica al principio de la oración.

Ejemplos

Sujetos singulares

John studies.	John estudia.
He is here.	Él está aquí.
My house is over there.	Mi casa está allí.
It is fun to dance.	Es divertido bailar.
Dancing is fun.	Es divertido bailar.

Sujetos plurales

John and Bill play baseball.	John y Bill juegan al béisbol.
They play well.	Ellos juegan bien.
My house and my car are over there.	Mi casa y mi carro están allí.
Dancing and singing are fun.	Es divertido bailar y cantar.

La palabra *It* es el sujeto de ciertas expresiones comunes
  (a) del tiempo:

It is windy.	Hace viento.
It is snowing.	Está nevando.
It is hot.	Hace calor.

(b) de la hora:
  It is ten o'clock.   Son las diez.
  It is late.   Es tarde.

(c) de la distancia:
  It is a long way   Está lejos de aquí.
  from here.

(d) con un adjetivo o sustantivo seguido por infinitivo:
  It is nice to see you.   ¡Qué gusto de verte!
  It is sad to say good-bye.   Es triste decir adiós.
  It is a shame to lose it.   Es una lástima perderlo.

§4.12
El predicado

El predicado (*predicate*) es el verbo que indica lo que el sujeto es o lo que hace. La forma del verbo debe ser singular o plural, en concordancia con el sujeto.

Tipos de verbos

§4.121
Copulativo
(*linking*)

El verbo copulativo conecta el sujeto con un <u>atributo</u> (*complement*), una palabra que describe el sujeto. El atributo puede ser un sustantivo o un adjetivo.

Los verbos copulativos más comunes son

be	ser / estar
become	hacerse
get	hacerse / llegar a estar
appear	parecer
seem	parecer
feel	sentirse
smell	oler
sound	sonar
taste	saber (de un sabor)

Ejemplos

Sujeto	Predicado	Atributo	
John	*is*	*my brother.*	John es mi hermano.
My house	*seemed*	*empty.*	Mi casa pareció vacía.
The music	*sounds*	*good.*	La música resuena bien.
Dancing	*will be*	*fun.*	Será divertido bailar.

§4.122
Transitivo
(*transitive*)

El verbo transitivo tiene un <u>complemento directo</u> (*direct object*), un sustantivo o pronombre que es la persona a quien, o la cosa que, el verbo apunta.

Ejemplos

Sujeto	Predicado	Complemento directo	
John	likes	Susan.	John quiere a Susan.
My house	needed	a new kitchen.	Mi casa necesitaba una cocina nueva.

§4.123 Transitivo con un complemento indirecto (*indirect object*)

El <u>complemento indirecto</u> indica a la persona que recibe el complemento directo.

Los verbos comunes que suelen tener complementos indirectos son

give	dar
show	mostrar
tell	decir
teach	enseñar
buy	comprar
send	mandar/enviar

Ejemplos

Sujeto	Predicado	Complemento indirecto	Complemento directo
John	gave	Susan	a ring.
John le dio un anillo a Susan.			
She	is telling	her mother	the secret.
Ella le dice a su mamá el secreto.			
We	will send	them	presents.
Nosotros les mandaremos los regalos.			

§4.124 Intransitivos

El verbo intransitivo no tiene complemento.

Ejemplos

Sujeto	Predicado	
John	travels.	John viaja.
My car	runs.	Mi carro funciona.

§4.2 ORDEN DE PALABRAS DE LA ORACIÓN

Las normas más comunes de la oración son

(a) sujeto	+	verbo copulativo	+	atributo sustantivo:	
Mary		*is*		*a doctor.*	Mary es médico.
(b) sujeto	+	verbo copulativo	+	atributo adjetivo:	
Mary		*is*		*intelligent.*	Mary es inteligente.
(c) sujeto	+	verbo transitivo	+	complemento directo:	
Mary		*helps*		*sick people.*	Mary ayuda a los enfermos.

(d) sujeto + verbo + complemento + complemento
transitivo   indirecto   directo:
Mary   *gives*   *sick people*   *medicine.*
Mary les da medicamentos a los enfermos.

(e) sujeto + verbo
intransitivo:
Mary   *works.*   Mary trabaja.

¡OJO! El orden de las palabras no varía tanto como en el español. En inglés, casi siempre, el sujeto va primero, el predicado segundo, y después, el atributo o el complemento.

¡OJO! La palabra *complement* en inglés significa <u>atributo</u> en español; la palabra <u>complemento</u> en español se refiere al *object* en inglés.

§4.3
TIPOS DE ORACIÓN

§4.31
Oración declarativa

La oración <u>declarativa</u> da información o ideas. Termina con un punto.

Ejemplo
Mary helps sick people.   Mary ayuda a los enfermos.

§4.32
Oración interrogativa

La oración interrogativa indica una pregunta. Termina, pero no empieza, con un signo de interrogación.

(1) La oración interrogativa puede empezar con una palabra interrogativa.

Who   ¿Quién? ¿Quiénes?
pide la identidad o el nombre de la persona quien es, o de las personas quienes son, el sujeto de la oración respuesta.

Ejemplos
Who is John?   ¿Quién es John?
John is my brother.   John es mi hermano.

Who are John and Joe?	¿Quiénes son John y Joe?
John and Joe are my brothers.	John y Joe son mis hermanos.

Whom ¿A quién? ¿A quiénes? ¿Con quién? ¿Para quién? pide la identidad o el nombre de la persona quien es, o de las personas quienes son, el complemento de la oración respuesta.

Ejemplos

Whom did you talk to?	¿Con quién habló usted?
I talked to John.	Hablé con John.

Whom did you talk to?	¿Con quiénes habló usted?
I talked to John and Joe.	Hablé con John y Joe.

For whom did you buy that?	¿Para quién compraste eso?
I bought it for Sam.	Lo compré para Sam.

Whom se usa en la escritura y en el discurso formal. En situaciones informales, *who* se usa en el lugar de *whom*.

Who did you talk to?	¿Con quién habló usted?
I talked to John.	Hablé con John.
Who did you buy that for?	¿Para quién compró usted esto?
I bought it for Sam.	Lo compré para Sam.

Whose ¿De quién? ¿De quiénes? pide la identidad o el nombre de la persona que tiene algo.

Ejemplos

Whose book is this?	¿De quién es este libro?
That is John's book.	Ese es el libro de John.

Whose coats are these?	¿De quiénes son estos abrigos?
They are our coats.	Son nuestros abrigos.

What ¿Qué? pide el nombre de un lugar (o lugares), o de una cosa (o cosas).

Ejemplos

What is that?	¿Qué es eso?
It is our garden.	Es nuestro jardín.

What is this?	¿Qué es esto?
It is a book.	Es un libro.

What are Maine and Ohio?	¿Qué son Maine y Ohio?
They are states.	Son estados.

What are these?	¿Qué son estas cosas?
They are flowers.	Son unas flores.

Which   ¿Cuál? ¿Cuáles?
pide una elección entre dos o más personas o cosas.

Ejemplos

Which hat do you want?	¿Cuál de los sombreros quieres?
I want the red one.	Quiero el rojo.

Which (ones) are your bags?	¿Cuáles son sus maletas?
These bags are mine.	Estas maletas son las mías.

When   ¿Cuándo?
pide la hora, el día, o la fecha.

When is the party?	¿Cuándo es la fiesta?
The party is next Saturday.	La fiesta es el sábado próximo.

Where   ¿Dónde? ¿Adónde? ¿De dónde?
pide el lugar.

Where is the party?	¿Dónde es la fiesta?
The party is at my house.	La fiesta es en mi casa.

Where is Martha?	¿Dónde está Martha?
She's at home.	Está en casa.

Where are you going?	¿Adónde va Ud?
I'm going home.	Voy a casa.

Where are you from?	¿De dónde es Ud.?
I'm from Mexico.	Soy de México.

Why	¿Por qué?
	pide un motivo.

Why did you buy that?	¿Por qué compró Ud. eso?
I bought it because I needed it.	Lo compré porque lo necesitaba.

What...for	¿Para qué? o ¿Por qué?
	pide un motivo.

What did you buy that for?	¿Por qué compró Ud. eso?
I bought it because I needed it.	Lo compré porque lo necesitaba.

How come	¿Por qué?
	pide un motivo, informalmente.

How come you bought that?	¿Por qué compraste eso?
I bought it because I needed it.	Lo compré porque lo necesitaba.

How	¿Cómo?
	pide la manera de una acción.

How does she drive?	¿Cómo maneja ella?
She drives carefully.	Maneja con cuidado.

How many	¿Cuántos?
	pide un número.

How many boxes are there?	¿Cuántas cajas hay?
There are three boxes.	Hay tres cajas.

How much	¿Cuánto?
	pide una cantidad.

How much money is there?	¿Cuánto dinero hay?
There is a little money.	Hay un poco de dinero.

How much does it weigh?	¿Cuánto pesa?
It weighs ten pounds.	Pesa diez libras.

How + adjective   pide la intensidad del adjetivo.

How heavy is it?	¿Qué tan pesado es?
It's very heavy.	Es muy pesado.

How + adverb   pide la intensidad del adverbio.

How fast does she type?	¿Con qué velocidad escribe ella a máquina?
She types very fast.	Escribe muy rápido.

(2) Una pregunta puede pedir la respuesta "sí" (*yes)* o "no" (*no).*

El orden de las palabras es

(a) una forma del verbo <u>be</u> + sujeto + atributo; **(§4.12, §9.)**

Are	*you*	*sick?*	¿Está usted enfermo?
Is	*she*	*your sister?*	¿Es ella tu hermana?

(b) un verbo auxiliar + sujeto + verbo principal + complemento. **(§4.19, §9.)**

Do	*they*	*want*	*ice cream?*	¿Quieren helado?
Does	*he*	*work?*		¿Trabaja él?

§4.33 Oración exclamativa

Una oración exclamativa expresa sorpresa u otra emoción. Termina con un signo de admiración.

Las oraciones exclamativas empiezan a menudo con *What* + sustantivo:

What a beautiful dress!	¡Qué vestido más bonito!

o pueden empezar con <u>*How*</u> + adjetivo:

How pretty you look!	¡Qué bonita estás!

Una oración exclamativa puede ser una declaración hablada con énfasis especial.

I am hungry!	¡Tengo hambre!
She is a wonderful teacher!	¡Es una maestra maravillosa!
You didn't call me!	¡Tú no me llamaste!

§4.34
Oración
imperativa

Una oración imperativa es un mandato. (§15.) El sujeto es siempre _you_ (tú, usted, o ustedes) pero no se expresa. La oración imperativa termina con un punto o con un signo de admiración.

Turn right on Oak Street.	Vire Ud. a la derecha en la Calle Oak.
Open the boxes.	Abra las cajas.
Come here!	¡Vengan Uds. acá!
Drive carefully!	¡Maneja con cuidado!

Los ejercicios para este capítulo se encuentran en las páginas 299–300.

Partes de la oración— Parts of Speech

§5.

Sustantivos—*Nouns*

Un sustantivo (*noun*) es una palabra que nombra a una o más personas, animales, cosas o abstracciones. Una abstracción es algo que no se puede tocar.

Un sustantivo que nombra a una persona o a unas personas responde a la pregunta, *"Who?"* (¿Quién? / ¿Quiénes?)

Un sustantivo que nombra uno o más animales, lugares o cosas, responde a la pregunta, *"What?"* (¿Qué? / ¿Cuál? / ¿Cuáles?)

**§5.1
SUSTANTIVOS
CONTABLES**

Hay dos tipos básicos de sustantivo: los contables y los no-contables.
Los sustantivos que se pueden contar tienen dos formas, la *singular* y la *plural*.

**§5.11
Sustantivos
singulares**

El sustantivo singular nombra a <u>una</u> persona, animal, lugar, cosa o abstracción.

**§5.111
Formas**

Persona	Lugar	Cosa	Abstracción
girl muchacha	*town* pueblo	*house* casa	*idea* idea
boy muchacho	*airport* aeropuerto	*piano* piano	*science* ciencia
doctor médico	*area* área	*radio* radio	*problem* problema

**§5.112
Uso**

Cuando el sujeto de la oración es un sustantivo singular, es preciso usar la forma de tercera persona singular del verbo—la forma que se usa con *he, she, it* **(§9/§10/§11)**. Es necesario emplear un determinante antes de cualquier sustantivo singular o antes del adjetivo descriptivo que lo modifica.

Use uno de los determinantes siguientes:

a	un, una
an	un, una
the	el, la
one	un, una
this	este, esta
that	ese, esa, aquel, aquella
any	cualquier
each	cada
every	todos los, todas las
another	otro, otra
either	o
neither	ni
my	mi
your	tu, su (de Ud., de Uds.)
his	su (de él)
her	su (de ella)
our	nuestro, nuestra
their	su (de ellos, de ellas)
Mary's	el posesivo de un nombre propio (**§5.4**)

Ejemplos

My	*friend*	*has*	*a*	*car.*
determinante	sustantivo singular (sujeto)	verbo en singular	determinante	sustantivo singular

Mi amigo tiene un carro/coche.

Harry's	*sister*	*works*	*at*	*the*	*hospital.*
determinante	sustantivo singular (sujeto)	verbo en singular	preposición	determinante	sustantivo singular

La hermana de Harry trabaja en el hospital.

Otros ejemplos:
Each girl receives an invitation.
Cada muchacha recibe una invitación.

The book is on the table.
El libro está en la mesa.

Every book is in *the library.*
Todos los libros están en la biblioteca.

One car is here now.
Un carro ya está aquí.

§5.113 Sustantivos colectivos

El sustantivo colectivo nombra a un grupo de personas que tienen un interés común. Se usa como sustantivo singular, es decir, con un determinante y con un verbo en singular. Estos sustantivos se pueden usar en el plural, a diferencia de los sustantivos no-contables.

team	equpo
family	familia
class	los estudiantes de una clase

Ejemplos

Your team wins.	Tu equipo gana.
Her family is here now.	Su familia está aquí.
That class learns a lot.	Los estudiantes de esa clase aprenden mucho.

§5.12 Sustantivos plurales

El sustantivo plural nombra a <u>dos o más de dos</u> personas, animales, lugares, cosas o abstracciones.

§5.121 Formas

Para hacer plural a un sustantivo

(1) Añada <u>s</u> a la mayoría de los sustantivos:

Personas	Lugares	Cosas	Abstracciones
girls muchachas	*towns* pueblos	*houses* casas	*ideas* ideas
boys muchachos	*airports* aeropuertos	*pianos* pianos	*sciences* ciencias
doctors médicos	*areas* áreas	*radios* radios	*problems* problemas

(2) Añada <u>es</u> a los sustantivos siguientes que son excepciones:

Personas	Cosas	Abstracciones
heroes héroes	*tomatoes* tomates	*tornadoes* tornados
	potatoes papas	*echoes* ecos
	mosquitoes mosquitos	

(3) Añada _es_ a los sustantivos que terminan con _ch_, _sh_, _ss_, y _x_:

Personas	Lugares	Cosas	Abstracciones
witches brujas	_churches_ iglesias	_watches_ relojes _brushes_ cepillos _dresses_ vestidos _boxes_ cajas	_crashes_ choques _messes_ desórdenes

(4) Con los sustantivos que terminan con _y_ después de un consonante, elimine la _y_, y añada _ies_:

Personas	Lugares	Cosas	Abstracciones
lady _ladies_ damas	_city_ _cities_ ciudades	_body_ _bodies_ cuerpos	_philosophy_ _philosophies_ filosofías
baby _babies_ niños	_university_ _universities_ universidades _factory_ _factories_ fábricas		_study_ _studies_ estudios

(5) Con los sustantivos que terminan con _f_ o _fe_, elimine la _f(e)_ , y añada _ves_:

Personas	Cosas	Abstracciones
wife _wives_ esposas	_knife_ _knives_ cuchillos _leaf_ _leaves_ hojas _shelf_ _shelves_ estantes	_life_ _lives_ vidas

(6) Cambie la forma de algunos sustantivos comunes:

Personas	Cosas
one man un hombre _three men_ tres hombres	_one foot_ un pie _two feet_ dos pies
one woman una mujer _four women_ cuatro mujeres	_one tooth_ un diente _six teeth_ seis dientes
one child un hijo _five children_ cinco hijos	_one mouse_ un ratón _three mice_ tres ratones
one person una persona _ten people_ diez personas	

(7) Para formar el plural de ciertos sustantivos, use la forma singular:

Animales	Abstracciones	
one deer un venado	*one series*	una serie
two deer dos venados	*two series*	dos series
one sheep una oveja	*one species*	una especie
two sheep dos ovejas	*two species*	dos especies
one fish un pez		
two fish dos peces		

(8) Use los plurales de latín para ciertos sustantivos latinos:

Cosas	Abstracciones
one memorandum una memoria	*one criterion* un criterio
two memoranda dos memorias	*two criteria* dos criterios
one thesis un trabajo académico	*one phenomenon* un fenómeno
two theses dos trabajos académicos	*two phenomena* dos fenómenos
	one crisis una crisis
	two crises dos crisis
	one stimulus un estímulo
	two stimuli dos estímulos

§5.122
Uso

Cuando el sujeto de la oración es un sustantivo plural, se emplea la forma plural del verbo—la forma que se usa con *we, you, they* (**§9/§10/§11**).

Con los sustantivos plurales, se puede usar el sustantivo sin determinante o después de uno de los determinantes siguientes:

the	los, las
zero	cero
numbers	todos los números (menos <u>uno</u>)
these	estos, estas
those	esos, esas, aquellos, aquellas
any	algunos, algunas
no, not any	ninguno, ninguna
either	o
neither	ni
other	otros, otras
some	unos, unas, algunos, algunas
both	ambos
(a) few	(unos) pocos, (unas) pocas
several	varios, varias

enough	suficientes
plenty of	una abundancia de
a lot of	muchos, muchas
lots of	muchos, muchas
many	muchos, muchas
all	todos
my	mis
your	tus, sus (de Ud., de Uds.)
his	sus (de él)
her	sus (de ella)
its	sus
our	nuestros, nuestras
their	sus (de ellos, de ellas)
Mary's	el posesivo de un nombre propio (**§5.6**)

¡OJO! Cuando se elimina el determinante, se implica el significado de <u>todos</u>, o <u>en general</u>.

Ejemplos

Flowers are beautiful.	Las flores (en general) son bonitas.
The flowers (you sent me) are beautiful.	Las flores (que me mandaste) son bonitas.
These exercises are fun.	Estos ejercicios son divertidos.
The exercises we do every day are fun.	Los ejercicios que hacemos todos los días son divertidos.
Exercises are fun.	(Todos) los ejercicios son divertidos.

Ejemplos

The	*girls*	*are*	*here.*
determinante	sustantivo plural (sujeto)	verbo plural	adverbio

Las muchachas están aquí.

My	*friends*	*have*	*a lot of*	*books.*
determinante	sustantivo plural (sujeto)	verbo plural	determinante	sustantivo plural

Mis amigos tienen muchos libros.

Otros ejemplos:
The keys are not in these bags.
Las llaves no están en estas bolsas.

These children have plenty of toys.
Estos niños tienen bastantes juguetes.

Some students go to a lot of parties.
Algunos estudiantes van a muchas fiestas.

The teams don't have their uniforms.
Los equipos no tienen sus uniformes.

¡OJO! Se usa el plural después de *no* y *any* cuando el significado es cero.

Ejemplos
I have no clean shirts.	No tengo camisa limpia.
I don't have any clean shirts.	
She doesn't sing any Peruvian songs.	Ella no canta ninguna canción peruana.

§5.2 SUSTANTIVOS NO-CONTABLES

Hay un gran número de sustantivos no-contables en inglés. El uso de ellos se complica porque tienen algunas características semejantes a los sustantivos singulares, otras semejantes a los sustantivos plurales, y otras únicas.

Hay dos tipos de sustantivo no-contable: 1) los que nombran una totalidad que no se divide en partes y 2) los que nombran un grupo de cosas semejantes que se pueden identificar o enumerar por las unidades en que se encuentran. Los sustantivos no-contables no tienen formas plurales.

§5.21

Los sustantivos no-contables nombran una totalidad que no se divide en partes:

§5.211 Formas

Ejemplos
(1) *activities*	actividades
work	el trabajo
housework	el trabajo de casa
homework	las asignaturas escolares, que se preparan en casa
swimming (§12.1)	el acto de nadar

(2) *games*   juegos
    baseball   el béisbol
    soccer   el fútbol
    tennis   el tenis
    poker   el póker

(3) *languages and*   idiomas y otras materias
    subjects of study   de estudio
    Spanish   el español
    English   el inglés
    psychology   la psicología
    medicine   la medicina
    law   las leyes
    mathematics   las matemáticas
    economics   la economía
    agronomy   la agronomía

(4) *basic concepts*   conceptos básicos
    information   información
    news   las noticias
    music   la música
    truth   la verdad
    luck   la suerte
    advice   los consejos

(5) *feelings*   sentimientos
    love   el amor
    anger   el enfado
    hate/hatred   el odio

(6) *human attributes*   cualidades humanas
    beauty   la belleza
    honesty   la honradez
    courage   el valor
    kindness   la amabilidad
    patience   la paciencia
    intelligence   la inteligencia
    pride   el orgullo
    selfishness   el egoísmo

(7) *states*   condiciones
    health   la salud
    sickness   la enfermedad
    wealth   la riqueza
    poverty   la pobreza

(8) *natural phenomena*   fenómenos naturales
    wind — el viento
    fire — el fuego
    heat — el calor
    cold — el frío
    humidity — la humedad
    electricity — la luz
    darkness — la oscuridad
    rain — la lluvia
    thunder — truenos
    lightning — relámpagos

(9) *colors* — colores
    red — rojo
    orange — anaranjado
    yellow — amarillo
    green — verde
    blue — azul
    purple — morado
    black — negro
    gray — gris
    white — blanco

(10) *gases* — gases
    steam — el vapor
    air — el aire
    smoke — el humo
    oxygen — el oxígeno

§5.212
Uso

Cuando el sujeto de una oración es un sustantivo no-contable, se emplea la forma de tercera persona singular del verbo—la forma que se usa con *he, she, it* (**§9/§10/§11**).

Los sustantivos no-contables no tienen formas plurales.

Se puede usar un sustantivo no-contable sin determinante o con uno de los siguientes determinantes:

the	el/la
this	este/esta
that	ese/esa/ aquel/aquella
any	cualquier
no	ningún/ninguna
either	o

neither	ni
some	algún/alguna
(a) little	(un) poco/(una) poca
enough	suficiente
a lot of	mucho/mucha
lots of	mucho/mucha
plenty of	más que suficiente
not much	no mucho
all	todo/toda
my	mi
your	tu/su
his	su
her	su
our	nuestro/nuestra
their	su
Mary's	el posesivo de un nombre propio (**§5.4**)

Ejemplos

Our	*homework*	*is*	*boring.*
determinante	sustantivo no-contable (sujeto)	verbo singular	atributo

Nuestra/s tarea/s es/son aburrida/s.

The	*medicine*	*costs*	*a lot of*	*money.*
determinante	sustantivo no-contable (sujeto)	verbo singular	determinante	sustantivo no-contable

La/s medicina/s cuesta/n mucho dinero.

Otros ejemplos:

Her advice helps me.	Su/s consejo/s me ayuda/n.
The news is good.	La/s noticia/s es/son buena/s.
Love is grand.	El amor es maravilloso.
Patience is a virtue.	La paciencia es una virtud.
Thunder frightens him.	Los truenos lo asustan.

§5.22 Grupos

Como los sustantivos no-contables que nombran grupos de cosas semejantes no tienen plural, se puede enumerar-los por las unidades en que se encuentran.

§5.221
Formas

(1) líquidos

sustantivo no-contable		unidad contable	
water	el agua	gota	drop
milk	la leche	vaso	glass
juice	el jugo	jarra	pitcher
soup	la sopa	tazón	bowl
coffee	el café	taza	cup
tea	el té	litro	liter
gasoline	la gasolina	galón	gallon

(2) sólidos

sustantivo no-contable		unidad contable	
bread	pan	loaf	hogaza
		slice	rebanada
		piece	rebanada
meat	carne	pound	libra
		slice	rebanada
		piece	pedazo
chicken	pollo	pound	libra
		slice	rebanada
		piece	pedazo
fish	pescado	pound	libra
		slice	rebanada
		piece	pedazo
cheese	queso	pound	libra
		slice	rebanada
		piece	pedazo
cotton	algodón	wad	manojo
		yard	yarda
		piece	pedazo
wool	lana	yard	yarda
copper	cobre	piece	pedazo
glass	vidrio	piece	pedazo
rubber	goma	piece	pedazo
soap	jabón	piece	pedazo
		box	caja
		package	paquete
		bar	barra
wood	madera	piece	pedazo
paper	papel	piece	pedazo
		sheet	hoja
		stack	pila

(3) una cosa compuesta de partes muy
pequeñas, que generalmente no se cuentan

sustantivo no-contable		unidad contable pero muy pequeña para contar		unidad que generalmente se cuenta	
hair	pelo	*hair*	pelo	*head*	cabellera
sugar	azúcar	*grain*	grano	*pound*	libra
				bag	bolsa
				cup	taza
rice	arroz	*grain*	grano	*pound*	libra
				bag	bolsa
				bowl	tazón
salt	sal	*grain*	grano	*box*	caja
sand	arena	*grain*	grano	*bag*	bolsa
coffee	café	*granule*	grano	*pound*	libra
				bag	bolsa
				can	lata
				cup	taza
tea	té	*leaf*	hoja	*pound*	libra
				bag	bolsa
				cup	taza
corn	maíz	*kernel*	grano	*ear*	mazorca
dirt	suciedad	*speck*	motita	*bag*	bolsa
dust	polvo	*speck*	motita	*inch*	pulgada
flour	harina	*particle*	partícula	*bag*	bolsa
				pound	libra
				cup	taza
grass	hierba	*blade*	hoja	*bag*	bolsa

(4) todo un grupo de cosas semejantes

sustantivo no-contable		ejemplos contables	
furniture	muebles	*chair*	silla
		table	mesa
		sofa	sofá
		bed	cama
jewelry	joyas	*necklace*	collar
		bracelet	pulsera
		ring	anillo
		earrings	aretes, pendientes
		pin, brooch	broche
		watch	reloj

mail	correo	*letter*	carta
		postcard	tarjeta postal
		package	paquete
		advertisement	anuncio
medicine	medicinas	*pill*	píldora
		capsule	cápsula
		drop	gota
equipment	aparatos	*anything necessary for a project*	las cosas necesarias para llevar a cabo un proyecto
machinery	máquinas	*heater*	calentador
		air-conditioner	aire acondicionador
		copier	copiadora
hardware	herramientas	*nails*	clavos
		screws	tornillos
		hooks	ganchos
make-up	maquillaje	*lipstick*	lápiz de labios
		powder	polvo
		blush	rubor/colorete
		foundation	base
		eye shadow	sombras
		mascara	rimel
money, cash	dinero	*dollar*	dólar
		cent	centavo
change	cambio	*quarter*	moneda de 25 centavos
		dime	moneda de 10 centavos
		nickel	moneda de 5 centavos
		penny	moneda de un centavo
trash	basura seca	*boxes*	cajas
		paper	papel
		rags	trapos
garbage	restos de comidas	*eggshells*	cáscaras de huevos
		fruit peels	cáscaras de frutas
		bones	huesos
		spoiled food	comidas podridas

junk	cosas de poco valor	*anything*	cualquier cosa
stuff	una colección de posesiones	*anything*	cualquier cosa

§5.222
Uso

Como los sustantivos no contables que nombran grupos de cosas semejantes no tienen plural, se puede enumerarlos por las unidades en que se encuentran.

Ejemplos

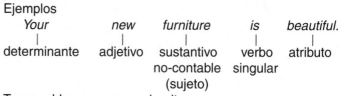

Your	*new*	*furniture*	*is*	*beautiful.*
determinante	adjetivo	sustantivo no-contable (sujeto)	verbo singular	atributo

Tus muebles nuevos son bonitos.

Your	*new*	*chairs and tables*	*are*	*beautiful.*
determinante	adjetivo	sustantivo plural (sujeto)	verbo plural	atributo.

Tus sillas y mesas nuevas son bonitas.

The	*equipment*	*runs*	*well.*
determinante	sustantivo no-contable (sujeto)	verbo singular	adverbio

Los aparatos funcionan bien.

The	*machines*	*run*	*smoothly.*
determinante	sustantivo plural (sujeto)	verbo plural	adverbio

Las máquinas funcionan bien.

Otros ejemplos:

Her jewelry is valuable.	Sus joyas son valiosas.
These two necklaces are pretty.	Estos dos collares son bonitos.
She drinks a lot of coffee.	Ella toma mucho café.
She drinks five cups of coffee a day.	Toma cinco tazas de café al día.

¡OJO! Cuando se elimina el determinante, se implica el significado de <u>todo</u> o <u>en general</u>.

Ejemplos:

Furniture is expensive.	Los muebles (en general) son caros.
This furniture is beautiful.	Estos muebles son bonitos.
The furniture (you bought) is good.	Los muebles (que tú compraste) son buenos.

¡OJO! No se puede cambiar el sustantivo no-contable al plural. No se usa *one, otro número, a, an, another, each*, o *every* con el sustantivo no-contable.

Ejemplos

He gave us a lot of homework	Nos asignó muchas tareas.
He assigned us ten exercises and a written report.	Nos asignó diez ejercicios y un trabajo escrito.

DETERMINANTES USADOS CON SUSTANTIVOS		
con sustantivos singulares	**con sustantivos no-contables**	**con sustantivos plurales**
a/an	—	—
one	—	*any number over one*
the	*the*	*the*
this	*this*	*these*
that	*that*	*those*
any	*any*	*any*
—	*not any/no*	*not any/no*
each	*all*	*all*
every	*all*	*all*
another	*other*	*other*
either/neither	*either/neither*	*either/neither*
—	*some*	*some*
—	—	*both*
—	*little*	*few*
—	*enough*	*enough*
—	*plenty of*	*plenty of*
—	*a lot of*	*a lot of*
—	*lots of*	*lots of*
—	*much/too much/ not much/how much*	*many/too many/ not many/how many*
my/your/his/her/our/their	*my/your/his/her/our/their*	*my/your/his/her/our/their*

§5.3 SUSTANTIVOS QUE PUEDEN SER CONTABLES O NO-CONTABLES

Algunos sustantivos pueden ser contables en ciertas situaciones, y no-contables en otras.

Ejemplos

contable:	*one coffee*	una taza de café
	He ordered a coffee with sugar and cream.	Pidió un café con azúcar y crema.
no-contable:	*coffee*	los granos de café
	Coffee has a lot of caffeine.	El café contiene mucha cafeína.
contable:	*one chicken*	un pollo
	I saw a chicken in their yard.	Vi un pollo en su jardín.
no-contable:	*chicken*	la carne de pollo
	We ate chicken for dinner.	Comimos pollo en la cena.
contable:	*one glass*	un vaso
	Please bring me a glass of water.	Tráigame un vaso con agua, por favor.
	glasses	anteojos
	I didn't know you wore glasses.	Yo no sabía que tú usabas anteojos.
no-contable:	*glass*	vidrio
	There was broken glass in the street.	Había vidrio quebrado en la calle.
contable:	*one iron*	una plancha
	I bought a new iron.	Compré una plancha nueva.
no-contable:	*iron*	hierro
	This gate is made of iron.	Esta puerta está hecha de hierro.

contable:	one paper	un periódico / un trabajo escrito
	I wrote a paper on the economy.	Escribí un trabajo sobre la economía.
	You can read it in today's paper.	Ud. puede leerlo en el periódico de hoy.
no-contable:	paper Paper is expensive these days.	papel El papel es caro hoy en día.
contable:	one time We sang the song one time.	una vez Cantamos la canción una vez.
no-contable:	time	el presente, el pasado y el futuro / la hora
	Time flies.	El tiempo vuela.
contable:	a change He made some changes in the manuscript.	un cambio El hizo unos cambios en el manuscrito.
no-contable:	change	cambios / cambio (de dinero)
	Change is inevitable.	El cambio (en general) es inevitable.
	Do you have change for a dollar?	¿Tiene Ud. cambio de un dólar?

§5.4 NOMBRES PROPIOS

Los nombres propios son los nombres específicos de individuos, grupos de personas, lugares y cosas. La letra inicial de ellos debe ser mayúscula. La mayoría de los nombres propios son singulares.

§5.41 Formas

Ejemplos

Mary Smith	el nombre de una persona
Mr. Jones	el nombre de una persona / el Sr. Jones
New York	el nombre de un estado/ Nueva York

Springfield	el nombre de una ciudad
Oak Street	el nombre de una calle / la calle Oak
Canadian	el nombre de una nacionalidad / canadiense
the Book Club	el nombre de una organización / el Club de Lectores
the Arlington Library	el nombre de una institución / La biblioteca de Arlington
the Capitol	el nombre de un edificio / el capitolio
November	el nombre de un mes / noviembre
Saturday	el nombre de un día / el sábado
Independence Day	el nombre de un día de fiesta / el Día de la Independencia
Spanish	el nombre de un idioma / el español

Se usa el plural para hablar de todas las personas de una familia:

the Jacksons	los Jackson
the Lopezes	los López

Se usa el plural para referirse a ciertas entidades geográficas, como montañas, lagos e islas:

the Great Lakes	los Lagos Grandes
the Andes	los Andes
the Antilles	las Antillas

§5.42
Usos

Los nombres propios singulares generalmente se usan sin determinante:

*I saw **Mr. Jones**.*	Yo vi al Sr Jones.
***Saturday** is my day off.*	El sábado es mi día libre.
*My son lives on **Park Street**.*	Mi hijo vive en la calle Park.

Algunos países tienen nombres plurales, pero se usan como sustantivos singulares.

Ejemplos

The United States is a big country.	Los Estados Unidos es un país grande.

The Philippines is an interesting place.	Las Filipinas es un lugar interesante.

Otros nombres que representan entidades plurales se usan como plurales.

Ejemplos

The Canary Islands are interesting.	Las Islas Canarias son interesantes.
The Rocky Mountains are huge.	Las Montañas Rocosas son enormes.
The Smiths are our neighbors.	Los Smith son nuestros vecinos.

§5.5
APOSITIVOS

El apositivo (*appositive*) es un sustantivo que sigue otro sustantivo para nombrarlo de otra manera. Se pone una coma antes del apositivo, y una coma o un punto después.

Ejemplos

Mary, my sister, is a doctor.	Mary, mi hermana, es médico.
Mary called her teacher, Mrs. Smith.	Mary llamó a su maestra, la Señora Smith.
The Smiths, our neighbors, are delightful.	Los Smith, nuestros vecinos, son muy simpáticos.
Rice, her favorite food, is good for her.	El arroz, su comida preferida, es bueno para su salud.

§5.6
SUSTANTIVOS
POSESIVOS

Un sustantivo posesivo indica a la persona que tiene algo, y responde a la pregunta *"Whose?"* ¿De quién? ¿De quiénes?

§5.61
Formas

Para hacer posesivo a un sustantivo,

(a) añada 's a los sustantivos singulares:

Whose book?	¿el libro de quién?
Mary's	el de Mary
Whose friend?	¿la amiga de quién?
Mary's	la de Mary
Whose car?	¿el carro/coche de quién?
my friend's	el de mi amigo
Whose dog?	¿el perro de quién?
Charles's	el de Charles
Whose dog?	¿el perro de quién?
Charles Adams's	el de Charles Adams
Whose stereo?	¿el estéreo de quién?
Joe Perez's	el de Joe Pérez
Whose bone?	¿el hueso de quién?
the dog's	el del perro
Whose ball?	¿la pelota de quién?
the boy's	la del chico

(b) añada 's a los sustantivos plurales que no terminan con *s:*

Whose money?	¿el dinero de quién?
the people's	el de la gente
Whose toys?	¿los juguetes de quiénes?
the children's	los de los niños
Whose shirts?	¿las camisas de quiénes?
the men's	las de los hombres
Whose shoes?	¿los zapatos de quiénes?
the women's	los de las mujeres

(c) añada ' a los sustantivos plurales que terminan con *s:*

Whose party?	¿la fiesta de quiénes?
the ladies'	la de las señoras

Whose ball?	¿la pelota de quiénes?
the boys'	la de los chicos
Whose room?	¿El salón de quiénes?
the teachers'	el de los maestros
Whose house?	¿la casa de quiénes?
the Adamses'	la de los Adams
Whose car?	¿el carro/coche de quiénes?
the Perezes'	el de los Pérez

(d) use *a* + (sustantivo) + *of* + el sustantivo posesivo
para indicar que la cosa es solamente uno de varios
otros.

§5.62
Uso de
sustantivos
posesivos

Whose book?	¿el libro de quién?
a book of Mary's	uno de los libros de Mary
Whose friend?	¿la amiga de quién?
a friend of my sister's	una de las amigas de mi hermana

(a) Emplee la forma posesiva para expresar que algo es
de una persona.

¡OJO! No use *of the* cuando el poseedor es una persona.

John's book	el libro de John
Mr. Harris's car	el carro del Sr. Harris
The Lewises' house	la casa de los Lewis

(b) Se puede usar la forma posesiva o las palabras *of
the* cuando el poseedor es otro ser o cosa de la
naturaleza.

the dog's leg	o	*the leg of the dog*
la pata del perro		
the tiger's tail		*the tail of the tiger*
la cola del tigre		
the plant's leaves		*the leaves of the plant*
las hojas de la planta		
the sun's rays		*the rays of the sun*
los rayos del sol		
the river's mouth		*the mouth of the river*
la boca del río		

(c) Se puede usar la forma posesiva o las palabras *of the* con un sustantivo colectivo.

the company's president o *the president of the company*
el presidente de la compañía
the team's captain   *the captain of the team*
el capitán del equipo
the committee's agenda   *the agenda of the committee*
el programa del comité
a family's celebration   *the celebration of a family*
la celebración de una familia

(d) Se puede usar la forma posesiva o la palabra *of* o *for* con ciertas expresiones del tiempo.

today's date   o   *the date of today*
la fecha de hoy
the year's end   *the end of the year*
el fin de año
the day's work   *the work of the day*
el trabajo del día
tomorrow's agenda   *the agenda for tomorrow*
el programa para mañana
next week's lesson   *the lesson for next week*
la lección para la semana próxima

(e) No emplee la forma posesiva con otras cosas inanimadas. Use *of the*.

the door of the car   la puerta del carro
the legs of the table   los pies de la mesa
the color of her dress el color de su vestido
the price of the house el precio de la casa
the name of that street el nombre de esa calle

§5.7
COMPARACIÓN
DE
SUSTANTIVOS

§5.71
Comparación
por número o
cantidad

(a) Para expresar *más*, con los sustantivos plurales y no-contables, use

more + sustantivo + *than* + sustantivo:

I have   more   pencils   than   pens.
Tengo más lápices que bolígrafos.

I have   more   sugar   than   flour.
Tengo más azúcar que harina.

o use   *more* + sustantivo + *than* + sujeto + verbo auxiliar.

I have   more   pencils   than   you   (do).
Yo tengo más lápices que tú.

I have   more   sugar   than   she   (does).
Yo tengo más azúcar que ella.

(b) Para expresar *menos*, con los sustantivos plurales, use

fewer + sustantivo + *than*

I have   fewer   pens   than   pencils.
Tengo menos bolígrafos que lápices.

I have   fewer   pens   than   she does.
Tengo menos bolígrafos que ella.

(c) Para expresar *menos*, con los sustantivos no-contables, use

less + sustantivo + *than*

I have   less   flour   than   sugar.
Tengo menos harina que azúcar.

I have   less   flour   than   she does.
Tengo menos harina que ella.

§5.72
Igualdad

(a) Para indicar igualdad, con los sustantivos plurales, use
>   *as many* + noun + *as*

I have   *as many* notebooks *as*   books.
Tengo tantos cuadernos como libros.

I have   *as many* notebooks *as*   he does.
Tengo tantos cuadernos como él.

También se puede usar
>   *the same number of* + sustantivo + *as*

I have *the same number of* notebooks *as* books.
Tengo tantos cuadernos como libros.

I have *the same number of* notebooks *as he does.*
Tengo tantos cuadernos como él.

(b) Para expresar igualdad, con un sustantivo no-contable, use
>   *as much* + sustantivo + *as*

I have *as much* vinegar *as* oil.
Tengo tanto vinagre como aceite.

I have *as much* vinegar *as* you do.
Tengo tanto vinagre como tú.

También se puede usar
>   *the same amount of* + sustantivo + *as*

I have *the same amount of* vinegar *as oil.*
Tengo la misma cantidad de vinagre como de aceite.

I have *the same amount of* vinegar *as you do.*
Tengo la misma cantidad de vinagre como tú.

(c) Para expresar igualdad de tamaño, peso, forma, o color, con sustantivos singulares, plurales, y no-contables, use
>   *be* + *the same* + sustantivo + *as*

My dress   *is*   *the same size*   *as yours.*
Mi vestido es del mismo tamaño que el tuyo.

My shoes   *are*   *the same size*   *as yours.*
Mis zapatos son del mismo número que los tuyos.

My furniture   is   the same size   as yours.
Mis muebles son del mismo tamaño que los tuyos.

Your baby   is   the same weight as her baby.
Tu niño es del mismo peso que el niño de ella.

He   is   the same height as his father.
El mide igual a su papá.

Her skirt   is   the same length as the model's.
Su falda es tan larga (corta) como la de la modelo.

This pond   is   the same depth   as that one.
Esta laguna es de la misma profundidad que ésa.

This tree   is   the same shape   as that one.
Este árbol tiene la misma forma que ése.

Their uniforms are   the same color   as ours.
Sus uniformes son del mismo color que los nuestros.

(d) Para expresar que dos sustantivos son exactamente
iguales, use
exactly like + sustantivo   **o**   *exactly alike*
the same as + sustantivo   *the same*
Your dress is exactly like mine.   Tu vestido es igual al
Your dress is the same as mine.   mío.

Our dresses are exactly alike.   Nuestros vestidos
Our dresses are the same.   son iguales.

Her earrings are exactly like yours. Los aretes de ella son
Her earrings are the same as yours. iguales a los tuyos.

Your earrings are exactly alike.   Sus aretes son
Your earrings are the same.   iguales.

His furniture is exactly like hers.   Los muebles de él son
His furniture is the same as hers.   iguales a los de ella.

Their furniture is exactly alike.   Sus muebles son
Their furniture is the same.   iguales.

§5.73
La misma
entidad

the same + sustantivo = el mismo artículo o persona de antes.

I saw some beautiful shoes in the window. *You did? I saw the same shoes.*	Vi unos zapatos bonitos en el escaparate. ¿Sí? Yo vi los mismos zapatos.
There is a lady waiting for you. *She is the same lady who was here yesterday.*	Hay una señora esperándote. Ella es la misma señora que estaba aquí ayer.
I lost my suitcase. Now I have to wear the same clothes for a week.	He perdido mi maleta. Ahora tengo que usar la misma ropa por una semana.

Los ejercicios para este capítulo se encuentran en las páginas 301–304.

§6.

Pronombres—*Pronouns*

Un pronombre (*pronoun*) es una palabra que sustituye a un sustantivo. Se usa el pronombre para no tener que seguir repitiendo el sustantivo.

§6.1
SUJETOS
PRONOMI-
NALES

Un pronombre de sujeto reemplaza un sustantivo que es el sujeto de la oración. Responde a la pregunta, *"Who?"* (¿Quién?) para una persona, y *"What?"* (¿Qué?) para un animal, una cosa, o una abstracción. (§4.1)

> ¡OJO! En inglés, no se puede eliminar, como en español, el pronombre de sujeto. Es necesario utilizar siempre un sustantivo o el pronombre indicado para el sujeto.

I   yo
I am Mary.   Yo soy Mary. Soy Mary.

you   Usted, tú
You are Susan.   Usted es Susan. Es Susan.
                                    Tú eres Susan. Eres Susan.

he   él
He is David.   Él es David. Es David.

she   ella
She is Patricia.   Ella es Patricia. Es Patricia.

it   él, ella
It is his dog.   Él es su perro. Es su perro.
It is a book.   Es un libro.
It is information.   Es información.

we   nosotros, nosotras
We are Mary and Susan.   Nosotras somos Mary y Susan.
                           Somos Mary y Susan.

you ustedes
You are Susan and David. Ustedes son Susan y David.
Son Susan y David.

they ellos, ellas
They are David and Ellos son David y Patricia.
Patricia. Son David y Patricia.

they ellos, ellas
They are dogs. Ellos son perros. Son perros.
They are books. Ellos son libros. Son libros.
They are announcements. Son anuncios.

Ejemplos
Who is the teacher? ¿Quién es la maestra?
She is the teacher. Ella es la maestra.

When does the class ¿Cuándo empieza la clase?
start?
It starts at eight. Empieza a las ocho.

When does the ¿Cuándo sale la maestra para
teacher go home? su casa?
She goes home at Sale para su casa a las cuatro
four-thirty. y media.

Who are the ¿Quiénes son los estudiantes?
students?
They are the Ellos son los estudiantes.
students.

Where are they from? ¿De dónde son ellos?
They are from Son de St. Louis.
St. Louis.

Who is taking them ¿Quién los lleva a casa?
home?
We are taking them Nosotras los llevamos a casa.
home.
She and I are taking Ella y yo los llevamos a casa.
them home.

What time are you ¿A qué hora los llevan?
taking them?
We are taking them Los llevamos a las cuatro y
at four-thirty. media.

§6.11
Pronombres impersonales

A veces, los pronombres *you* y *they* no se refieren a una persona específica, sino a todas las personas en general. El significado equivale al uso del *se* impersonal en español.

Ejemplos

Do you buy soap at the supermarket?	¿Se compra jabón en el supermercado?
Yes. You buy soap at the supermarket.	Sí, se compra jabón en el supermercado.
How do you get to Route 7?	¿Cómo se llega a la Ruta 7?
You drive straight ahead, then turn left.	Se sigue derecho y entonces se dobla a la izquierda.
Do they sell soap at the supermarket?	¿Se vende jabón en el supermercado?
Yes. They sell soap at the supermarket.	Sí, se vende jabón en el supermercado.

§6.2
COMPLEMEN-TOS PRONO-MINALES

Un **pronombre de complemento** *(object pronoun)* reemplaza un sustantivo que es el complemento directo, el complemento indirecto, o el complemento de una preposición. Responde a la pregunta, *"Who(m)?"* para las personas, y *"What?"* para las cosas. **(§4.1)**

Subject Pronoun	Pronombre de sujeto	Object Pronoun	Pronombre de complemento
I	yo	*me*	me
you	tú, Ud.	*you*	te, lo, la, le
he	él	*him*	lo, le
she	ella	*her*	la, le
it	él, ella	*it*	lo, la, le
we	nosotros, nosotras	*us*	nos
you	Uds.	*you*	los, las, les
they	ellos	*them*	los, las, les

§6.21 Pronombres de complemento directo

John called me.	John me llamó.
John called you.	John te llamó. John lo (la) llamó (a Ud.)
John called her.	John la llamó. (a ella)
John called him.	John lo llamó. (a él)
John called us.	John nos llamó.
John called me and you.	John nos llamó a mí y a ti.
John called you.	John los (las) llamó. (a Uds.)
John called you and her.	John llamó a ti y a ella.
John called them.	John los (las) llamó. (a ellos)
John called her and him.	John llamó a ella y a él.
John got the check. John got it.	John recibió el cheque. John lo recibió.
John got the checks. John got them.	John recibió los cheques. John los recibió.

Ejemplos

Who(m) did you see? I saw Betty.	¿A quién vio Ud? Vi a Betty.
When did you see her? I saw her yesterday.	¿Cuándo la vio? La vi ayer.
Did you see Sam? Yes, I saw him, too. I saw her and him yesterday. I saw Betty and him. I saw her and Sam. I saw them yesterday.	¿Vio Ud. a Sam? Sí, lo vi también. Vi a ella y a él ayer. Vi a Betty y a él. Vi a ella y a Sam. Los vi ayer.

Did they see you and your friend?	¿Los vieron a Ud. y a su amigo?
No, they didn't see us.	No, no nos vieron.
They didn't see me or him.	No nos vieron a mí ni a él.
They didn't see him or me.	No nos vieron a él ni a mí.

§6.22 Pronombres después de una preposición

Después de una preposición, se usa el pronombre de complemento.

to me	a mí
for you	para ti
from her	de ella
with him	con él
about us	acerca de nosotros
without you	sin ustedes
of them	de ellos

Ejemplos

Are you going with Cathy and Peter?	¿Vas con Cathy y Peter?
Yes. I am going with her and him.	Sí, voy con ella y él.
I am going with them.	Sí, voy con ellos.
Did Bob leave without you and Jack?	¿Salió Bob sin Ud. y Jack?
Yes. He left without me and him.	Sí, salió sin nosotros.
He left without us.	Salió sin nosotros.
Who(m) is that present for?	¿Para quién es ese regalo?
It's for my mother and Carol.	Es para mi mamá y Carol.
It's for her and Carol.	Es para ella y Carol.
It's for them.	Es para ellas.

§6.23 Pronombres de complemento indirecto (§12.5)

Los complementos indirectos tienen las mismas formas que los complementos directos. El complemento indirecto representa la persona que recibe algo (el complemento directo) de otra persona. Se usa con verbos como *give* (dar), *show* (mostrar), *tell* (decir), o cualquier verbo que connote el paso de algo de una persona a otra. El orden de las palabras es muy importante con estos pronombres.

Kim gave me the book.	Kim me dio el libro.
Kim gave you the book.	Kim le (te) dio el libro.
Kim gave her the book.	Kim le dio el libro (a ella).
Kim gave him the book.	Kim le dio el libro (a él).
Kim gave us the book.	Kim nos dio el libro.
Kim gave David and me (me and David) the book.	Kim nos dio el libro a David y a mí.
Kim gave you the book.	Kim les dio el libro (a Uds.)
Kim gave you and her the book.	Kim les dio el libro a ti y a ella.
Kim gave them the book.	Kim les dio el libro (a ellos).
Kim gave her and him the book.	Kim les dio el libro a ella y a él.

Ejemplos

Who(m) did you send the letter to?	¿A quién le mandaste la carta?
I sent my friend the letter.	Le mandé la carta a mi amigo.
I sent him the letter.	Le mandé la carta a él.
Did you send it to him and his sister?	¿Se la mandaste a él y a su hermana?
No. I didn't send her the letter.	No, no le mandé la carta a ella.
I didn't send them the letter.	No les mandé la carta a ellos.
I sent him the letter.	Le mandé la carta a él.

Who wrote you the answer?	¿Quién te escribió la respuesta?
She wrote me and my brother the answer.	Ella nos escribió la respuesta a mí y a mi hermano.
She wrote me and him the answer.	Ella nos escribió la respuesta a mí y a él.
She wrote us the answer.	Ella nos escribió la respuesta.

§6.24
El uso de dos pronombres de complemento en la misma frase

Cuando se pone un pronombre de complemento indirecto antes del complemento directo, el complemento directo debe ser en la forma de sustantivo, no de pronombre.

Ejemplos

He gave me the book.	Me dio el libro.
We told them the story.	Les contamos la historia.
I'll show you my new dresses.	Te mostraré mis vestidos nuevos.

¡OJO! No se puede decir "He gave me it;" "We told them it;" o "I'll show you them".

Para usar el pronombre de complemento directo con un complemento indirecto, use una preposición y póngalo después del complemento directo.

Ejemplos

He gave me the book.	Me dio el libro.
He gave it to me.	Me lo dio.
We told them the story.	Les contamos la historia.
We told it to them.	Se la contamos.
I'll show you my new dresses.	Te mostraré mis vestidos nuevos.
I'll show them to you.	Te los mostraré.

§6.3 PRONOMBRES RECÍPROCOS

Los pronombres recíprocos, *each other* y *one another,* se refieren a una relación entre personas o grupos.

Ejemplos

Jane and I talk to each other.	Jane y yo nos hablamos.
We talk to one another.	Nos hablamos.
The doctors and nurses help one another.	Los médicos y las enfermeras se ayudan.
They help each other.	Se ayudan.

§6.4 PRONOMBRES INTENSIVOS Y REFLEXIVOS

myself	me, yo mismo, a mí mismo
yourself	te, tú mismo, a ti mismo, Ud. mismo, se, a Ud. mismo
himself	se, él mismo, a sí mismo
herself	se, ella misma, a sí misma
itself	se, él mismo, a sí mismo, ella misma, a sí misma
ourselves	nos, a nosotros mismos, a nosotras mismas
yourselves	se, Uds. mismos, a sí mismos
themselves	se, ellos mismos, a sí mismos

§6.41

Un *pronombre intensivo* es una repetición del sujeto. Se usa para dar énfasis al sujeto.

I vote "no" myself.	Yo mismo voto que no.
You know that yourself.	Tú mismo sabes eso.
Julie went to the store herself.	La misma Julie fue a la tienda.
Mark did it himself.	El mismo Mark lo hizo.
Emily and I made this cake ourselves.	Emily y yo mismas hicimos este pastel.
Did you and Jack build the house yourselves?	¿Tú y Jack mismos construyeron la casa?
The robbers themselves *called the police.*	Los mismos ladrones llamaron a la policía.

§6.42

Un *pronombre reflexivo* es un pronombre de complemento que se refiere al sujeto. El sujeto y el complemento son la misma persona o la misma cosa.

I hurt *myself*.	Yo me lastimé.
Did you cure *yourself*?	¿Tú te curaste?
He needs to help *himself*.	Él necesita ayudarse a sí mismo.
She sent a letter to *herself*.	Ella se mandó una carta a sí misma.
This door locks *itself*.	Esta puerta se cierra sola.
We gave *ourselves* a party.	Nosotros nos dimos una fiesta.
Did you make *yourselves* comfortable?	¿Uds. se acomodaron?
They are hurting *themselves*.	Ellos se dañan a sí mismos.

La preposición *by* + un pronombre reflexivo quiere decir *solo*, *sola*, *solos* o *solas*.

Ejemplos

I did it *by myself*.	Lo hice solo.
She is *by herself*.	Ella está sola.
They played *by themselves*.	Jugaron solos.

§6.5 PRONOMBRES POSESIVOS

Un pronombre posesivo reemplaza un sustantivo posesivo. Responde a la pregunta *"Whose?"* (¿de quién?) **(§5.6)**

Whose book is it?	¿De quién es el libro?
The book is *mine*.	El libro es mío.
The book is *yours*.	El libro es tuyo/suyo.
The book is *his*.	El libro es suyo. (de él)
The book is *hers*.	El libro es suyo. (de ella)
The book is *ours*.	El libro es nuestro.

The book is yours.	El libro es suyo. (de ustedes)
The book is theirs.	El libro es suyo. (de ellos, de ellas)

Para indicar posesión, también se puede emplear *It belongs to* + sustantivo o pronombre de complemento.

Whose pen is it?		¿De quién es la pluma?
It belongs to me.	*It's* mine.*	Es mía.
It belongs to you.	*It's yours.*	Es tuya.
		Es suya. (de Ud.)
		Es suya. (de Uds.)
It belongs to (Janet) her.	*It's hers.*	Es suya. (de ella)
It belongs to (John) him.	*It's his.*	Es suya. (de él)
It belongs to her and me.	*It's ours.*	Es nuestra.
It belongs to me and him.	*It's ours.*	Es nuestra.
It belongs to us.	*It's ours.*	Es nuestra.
It belongs to her and him.	*It's theirs.*	Es suya. (de ellos)
It belongs to them.	*It's theirs.*	Es suya. (de ellos)

* Véase el **§9.11**

§6.6 PRONOMBRES RELATIVOS

who	quien, que
whom	a quien
whose	de quien
which	que
that	que

Un pronombre relativo reemplaza un sustantivo en una frase modificante. Responde a las preguntas siguientes.

"Who...?"	¿Quién?
Who is he?	¿Quién es él?
He is the man who came to our house.	Él es el hombre que vino a nuestra casa.

"Whom...?"	¿A quién? ¿Para quién? ¿Con quién?
From whom did you receive the gift?	¿De quién recibiste el regalo?
The lady from whom I received the gift is Mrs. Smith.	La señora de quien recibí el regalo es la Sra. Smith.
"Whose...?"	¿De quién?
Whose dog is this?	¿De quién es este perro?
The girl whose dog this is is my niece.	La muchacha a quien pertenece este perro, es mi sobrina.
I don't know whose dog this is.	No sé de quién es este perro.
"What kind of...?"	¿Qué clase de?
What kind of book do you want?	¿Qué clase de libro quiere Ud.?
I want a book that has pictures.	Quiero un libro que tenga ilustraciones.
"Which...?"	¿Cuál?
Which book do you want?	¿Cuál de los libros quiere Ud.?
"What...?"	¿Qué?
What book do you want?	¿Qué libro quiere Ud.?
The book that* I want is the one with pictures.	El libro que quiero es el que tiene las ilustraciones.

*Aquí se puede eliminar el pronombre:

The book I want is the one with pictures.	El libro que quiero es el que tiene las ilustraciones.

§6.7
PRONOMBRES
DEMOSTRA-
TIVOS

§6.71   Un pronombre demostrativo indica un sustantivo específico. Responde a las preguntas *"Which?," "Which one?,"* y *"Which ones?"* (¿Cuál de ellos? ¿Cuáles de ellos?)

This reemplaza un sustantivo singular o un sustantivo no-contable.

This is my watch.	Este es mi reloj.
This is my money.	Este es mi dinero.
This is my jewelry.	Estas son mis joyas.

These reemplaza un sustantivo plural.

These are my watches.	Estos son mis relojes.

That reemplaza un sustantivo singular o un sustantivo no-contable.

That is your watch.	Ese es su reloj.
	Aquél es su reloj.
That is your money.	Ese es su dinero.
	Aquél es su dinero.
That is your jewelry.	Esas son sus joyas.
	Aquéllas son sus joyas.

Those reemplaza un sustantivo plural.

Those are your watches.	Esos son sus relojes.
	Aquéllos son sus relojes.

§6.72   *One* se refiere a una cosa específica ya nombrada.

Which dress do you want?	¿Cuál de los vestidos quieres?
I want the red one.	Quiero el rojo.
I want this one.	Quiero éste.
Which one do you want?	¿Cuál de ellos quieres?
I don't want that one.	No quiero ése.
Which (one) is yours?	¿Cuál de ellos es suyo?
This is mine.	Este es mío.
This one is mine.	Este es el mío.

Puede ser plural.

Which dresses do you want?	¿Cuáles de los vestidos quieres?
I want the cotton ones.	Quiero los de algodón.
I want these.	Quiero éstos.
I don't want the wool ones.	No quiero los de lana.
I don't want those.	No quiero aquéllos.
Which (ones) are yours?	¿Cuáles son los suyos?
These are mine.	Estos son míos. Estos son los míos.

¡OJO! No use *ones* después de *these* o *those*. No se puede decir "These ones are mine" o "Those ones are yours".

§6.8 PRONOMBRES INDEFINIDOS

Un pronombre indefinido se refiere a las personas, las cosas o los lugares no específicos.

§6.81 Pronombres indefinidos singulares

(a) Pronombres que se refieren solamente a las personas

anybody, anyone	cualquiera
Anybody can do it.	Cualquiera puede hacerlo.
anybody, anyone	alguien (para preguntas)
Is anyone there?	¿Está ahí alguien?
somebody, someone	alguien (para declaraciones)
Somebody can help us.	Alguien puede ayudarnos.
not anybody, not anyone	nadie
There isn't anybody in the house.	No hay nadie en la casa.
nobody, no one	nadie
Nobody can do it.	Nadie puede hacerlo.

(b) Pronombres que se refieren solamente a los lugares

anywhere	cualquier lugar
I can go anywhere.	Puedo ir a cualquier lugar.
anywhere	alguna parte (para preguntas)
Can you go anywhere?	¿Puedes ir a alguna parte?
somewhere	alguna parte (para declaraciones)
I will find it somewhere.	Lo encontraré en alguna parte.
not anywhere, nowhere	ningún lugar
I cannot go anywhere.	No puedo ir a ningún lugar.
I can go nowhere.	
The ring is not anywhere in this house.	El anillo no se encuentra en esta casa.
The ring is nowhere in this house.	

(c) Pronombres que se refieren solamente a las cosas

anything	cualquier cosa
Anything is better than nothing.	Cualquier cosa es mejor que nada.
anything	alguna cosa (para preguntas)
Do you have anything for me?	¿Tiene Ud. alguna cosa para mí?
something	algo (para declaraciones)
I have something for you.	Tengo algo para usted.
not anything, nothing	nada
There isn't anything to eat.	No hay nada que comer.
There is nothing to eat.	

(d) Pronombres que se refieren a las personas o las cosas

one	uno, una
Is there a doctor in the house?	¿Hay un médico aquí?
Yes, I am one.	Sí, yo soy médico.
Does anybody have a pen?	¿Alguién tiene pluma?
Yes, I have one.	Sí, yo tengo una pluma.

another (one)	uno más, una más
She has two children.	Tiene dos hijos.
She wants another one.	Quiere otro.
	otro, otra, uno diferente
She has a book.	Tiene un libro.
She wants another.	Quiere otro.
any	cualquier
Which lawyer do you prefer?	¿Qué abogado prefiere?
Any will be okay.	Cualquiera está bien.
What book do you want?	¿Qué libro quiere?
Any will be fine.	Cualquiera está bien.
each	cada uno, cada una
What do the children have?	¿Qué tienen los niños?
Each (one) has a balloon.	Cada uno tiene un globo.
either (one)	cualquiera de los dos
Do you want an apple or a banana?	¿Quieres una manzana o una banana?
Either (one) is fine.	Cualquiera de las dos está bien.
neither (one)	ni el uno ni el otro
Which coat is yours?	¿Cuál de los abrigos es de Ud.?
Neither (one) is mine.	Ni el uno ni el otro es mío.

§6.82 Pronombres indefinidos plurales

Los pronombres indefinidos plurales pueden referirse a las personas o a las cosas.

none	ninguno, ninguna
How many books are there?	¿Cuántos libros hay?
There are none.	No hay ninguno.
not any	ninguno, ninguna
How many teachers are there?	¿Cuántas maestras hay?
There aren't any.	No hay ninguna.

any number over one	cualquier número mayor que uno
How many chairs are there?	¿Cuántas sillas hay?
There are *twelve.*	Hay doce.
some	algunos, algunas
How many girls are there?	¿Cuántas chicas hay?
There are *some.*	Hay algunas.
both	los dos, las dos
Which pen is yours?	¿Cuál de las plumas es tuya?
Both *are mine.*	Las dos son mías.
either	cualquiera de los dos
Which do you want, CDs or tapes?	Qué quieres, ¿discos compactos, o casetes?
Either *are fine.*	Cualquiera de los dos está bien.
neither	ni estos ni aquellos
Which dishes are yours, these or those?	Cuáles de estos platos son tuyos, ¿éstos o aquéllos?
Neither *are mine.*	Ni estos ni aquellos son míos.
others/other ones	otros más, otros diferentes
Are these all you have?	¿Estos son los únicos que tienes?
No. I have *others.*	No, tengo otros.
No. I have other ones.	
few, very few	pocos, muy pocos
How many participants are there?	¿Cuántos participantes hay?
There are *few.*	Hay pocos.
a few	unos pocos (tres o cuatro)
How many people are there?	¿Cuántas personas hay?
There are *a few.*	Hay unas pocas.
several	varios (cuatro o cinco)
How many children are there?	¿Cuántos niños hay?
There are *several.*	Hay varios.

enough   suficientes
How many cars are there? ¿Cuántos carros/coches hay?
There are enough.   Hay suficientes.

a lot   muchos, muchas
How many sandwiches   ¿Cuántos sándwiches hay?
* are there?*
There are a lot.   Hay muchos.

not many   no muchos
How many plates are   ¿Cuántos platos hay?
* there?*
There are not many.   No hay muchos.

too many   tantos que el resultado es malo
How many mistakes are   ¿Cuántos errores hay?
* there?*
There are too many.   Hay más de lo aceptable.

all   todos, todas
Which photographs are   ¿Cuáles de las fotos son
* good?*   buenas?
All are good.   Todas son buenas.

§6.83
Pronombres
indefinidos
no-contables

none, not any   no hay, no tiene
Is there much traffic?   ¿Hay mucho tráfico?
There is none.   No hay.
There isn't any.

either   el uno o el otro
Do you want furniture or ¿Quieres muebles o joyas?
* jewelry?*
Either (one) is good.   Cualquiera de los dos está bien.

neither   ni el uno ni el otro
Do you want tea or coffee? ¿Quieres té o café?
Neither (one) is good   Ni el uno ni el otro es bueno
* for me.*   para mí.

some   un poco, o más
Is there much pollution? ¿Hay mucha polución?
There is some.   Hay un poco.

little, very little	poco, muy poco
How much money is there?	¿Qué cantidad de dinero hay?
There is little.	Hay poco.
a little	un poco
How much information is there?	¿Qué cantidad de información hay?
There is a little.	Hay un poco.
enough	suficiente
How much work is there?	¿Qué tanto trabajo hay?
There is enough.	Hay suficiente.
a lot	mucho
How much sugar is there?	¿Qué cantidad de azúcar hay?
There is a lot.	Hay mucho.
too much	tanto que el resultado es malo
Do they give you information?	¿Le dan información?
They give you too much.	Sí, le dan más de lo que uno quiere.

§6.84 Comparación de *another* / *the other* / *others*

Singular

another = otro
$ $⑤$ $
one   another

the other = el único otro
$ ⑤
one   the other

Plural

others = algunos otros
$$$ $⑤$⑤$
some   others

the others = los que quedan
$$$ $$$$$
some   the others

Otros ejemplos

I have one book; I want another.   Tengo un libro; quiero otro.

There are three books; I have two and my brother has the other.   Hay tres libros; yo tengo dos y mi hermano tiene el otro.

I have some books; I want others.   Tengo unos libros; quiero otros.

There are three books; my brother has one and I have the others.	Hay tres libros; mi hermano tiene uno y yo tengo los otros.
There are three books; my brother has one and I have the other two.	Hay tres libros. Mi hermano tiene uno y yo tengo los otros dos.
Do you have any others? I have one book here and two others at home.	¿Tiene otros? Tengo un libro aquí y otros dos en casa.

Los ejercicios para este capítulo se encuentran en las páginas 305–308.

§7.

Adjetivos—*Adjectives*

Los adjetivos nos ayudan a identificar y a describir los sustantivos. Hay dos tipos de adjetivos, los adjetivos determinantes y los adjetivos descriptivos.

Los determinantes identifican y limitan los sustantivos. El uso de ellos es diferente con los sustantivos singulares, los plurales y los no-contables. (**§5.**)

Los adjetivos descriptivos tienen la misma forma con los sustantivos singulares, los plurales y los no-contables. El uso de ellos es opcional en una frase.

§7.1 ORDEN DE LAS PALABRAS

Las normas del orden de las palabras son:

(a) con un sustantivo singular

a	*beautiful*	*watch*
determinante (necesario)	+ adjetivo descriptivo (opcional)	+ sustantivo singular

un reloj bonito

Ejemplos

I have a watch.	Tengo (un) reloj.
I have a beautiful watch.	Tengo un reloj bonito.
I have the watch.	Tengo el reloj.
I have this watch.	Tengo este reloj.

(b) con un sustantivo plural

these	*beautiful*	*watches*
determinante (opcional)	+ adjetivo descriptivo (opcional)	+ sustantivo plural

estos relojes bonitos

Ejemplos	
I have watches.	Tengo (unos) relojes.
I have beautiful watches.	Tengo (unos) relojes bonitos.
I have the watches.	Tengo los relojes.
I have these watches.	Tengo estos relojes.

(c) con un **sustantivo no-contable**

this	*beautiful*	*jewelry*
determinante	+ adjetivo descriptivo	+ **sustantivo no-contable**
(opcional)	(opcional)	

estas joyas bonitas

this	*delicious*	*meat*
determinante	+ adjetivo descriptivo	+ **sustantivo no-contable**

esta carne deliciosa

Ejemplos	
I have jewelry.	Tengo joyas.
I have beautiful jewelry.	Tengo joyas bonitas.
I have the jewelry.	Tengo las joyas.
I have this jewelry.	Tengo estas joyas.
She bought meat.	Ella compró carne.
She bought good meat.	Ella compró carne buena.
She bought the meat.	Compró la carne.
She bought this meat.	Compró esta carne.

§7.2
DETERMINANTES

§7.21
El artículo indefinido

a	un, una
an	un, una

(a) Se usa *a* o *an* solamente antes de un sustantivo singular.

Responde a las preguntas,

What is it?	¿Qué es?
Who is it?	¿Quién es?

Use *a* antes de los sustantivos que empiezan con sonido de consonante.

a man	un hombre
a nurse	una enfermera
a street	una calle
a building	un edificio
a university	una universidad
a problem	un problema
a thought	un pensamiento

¡OJO!   *university* empieza con letra vocálica, pero se pronuncia con el sonido de consonante, /*yu*/. Otras palabras semejantes incluyen *union, use, utility, euphoria, eulogy, euphemism.*

Use *an* antes de los sustantivos singulares que empiezan con sonido vocálico.

an artist	un artista
an optimist	un optimista
an apple	una manzana
an orange	una naranja
an idea	una idea
an operation	una operación
an *R.S.V.P.	una respuesta a una invitación

¡OJO!   *R es letra de consonante, pero se pronuncia con el sonido vocálico, /*ar*/.

Otras letras semejantes son

F	/*ef*/
H	/*eich*/
L	/*el*/
M	/*em*/
N	/*en*/
S	/*es*/
X	/*eks*/

Cuando hay un adjetivo descriptivo, escoja *a* o *an* según el primer sonido del adjetivo.

a nice lady	una dama simpática
an intelligent lady	una dama inteligente
a big city	una ciudad grande
an old city	una ciudad antigua
a red belt	un cinturón rojo
an orange belt	un cinturón anaranjado
a pretty dress	un vestido bonito
an ugly dress	un vestido feo

¡OJO! En inglés, no se puede eliminar, como a veces
en español, el artículo indefinido antes de los
sustantivos singulares.

Ejemplos

Do you have a car?	¿Tienes carro?
	¿Tienes un carro?
No. I don't have a car.	No, no tengo carro.
	No, no tengo un carro nuevo.
He is a good friend.	Él es buen amigo.
	Él es un buen amigo.
She is a teacher.	Ella es maestra.
	Ella es una maestra excelente.

§7.22 El artículo definido

El artículo definido, *the* (el, la, los, las), indica un sustantivo específico, y se usa con sustantivos singulares, plurales y no-contables.

the table	la mesa
the tables	las mesas
the furniture	los muebles

The responde a las preguntas,

"What (noun)?"	¿Qué (*sustantivo*)? y
"Which one(s)?"	¿Cuál(es) de ellos?

Use *the*

(a) cuando solamente hay uno que escoger:

Which table?	¿Qué mesa?
the table	la (única) mesa

Which keys?	¿Cuáles llaves?
the keys	las (únicas) llaves

What zoo?	¿Qué zoológico?
the zoo	el (único) zoológico de la ciudad

(b) cuando la persona oyente sabe de qué cosas se trata.

Which book?	¿Qué libro?
the book (you gave me)	el libro (que me regalaste)

What letters?	¿Cuáles cartas?
the letters (that John wrote us)	las cartas (que John nos escribió)

What dress?	¿Qué vestido?
the dress (we saw in the shop)	el vestido (que vimos en la tienda)
Which car?	¿Qué carro/coche?
the car (our car)	nuestro carro/coche
What jewelry?	¿Cuáles joyas?
the jewelry (she lost)	las joyas (que ella ha perdido)

Compare *a/an* con *the*.

What is that?	¿Qué es eso?
It's an apple.	Es una manzana.
It's the apple you gave me.	Es la manzana que tú me diste.
What is that?	¿Qué es eso?
It's a school.	Es una escuela.
It's the school our children go to.	Es la escuela adonde asisten nuestros niños.
What is this?	¿Qué es esto?
It's a problem.	Es un problema.
It's the problem I told you about.	Es el problema de que te hablé.
Who is she?	¿Quién es ella?
She's a girl.	Es una muchacha.
She's the girl I like.	Es la muchacha que a mí me gusta.

¡OJO! Con los sustantivos plurales y no-contables, se elimina *the* con las cosas no específicas.

Ejemplos

I love books.	Me encantan los libros.
These are the books I bought.	Estos son los libros que compré.
Children can be mischievous.	Los niños pueden ser traviesos.
Medicine is expensive.	Las medicinas son caras.
The medicine I take costs a fortune.	Las medicinas que yo tomo me cuestan una fortuna.

El uso de *the* con nombres propios
(1) No use *the* con ciertos nombres propios singulares.

el primer nombre de una persona	*Mary*
el nombre completo de una persona	*Mary Jones*
el nombre con título de una persona	*Mrs. Jones*
	la Sra. Jones
	President Smith
	el presidente Smith
el nombre de un estado	*Texas*
el nombre de un continente	*South America*
	Sudamérica
el nombre de un mes	*January*
	enero
el nombre de un día	*Monday*
	el lunes
el nombre de un idioma	*Spanish*
	el español
el nombre de una religión	*Judaism*
	el judaísmo

(2) Use *the* antes de otros nombres propios singulares.

Ejemplos
una persona, llamada por su título

the Secretary of Labor	el secretario de Trabajo
the President of the United States	el presidente de los Estados Unidos

el nombre de un lugar

the Equator	el ecuador
the North Pole	el Polo Norte

el nombre de un hemisferio

the Western Hemisphere	el hemisferio occidental

(3) Con los demás nombres geográficos, los nombres de edificios y otros lugares, también de organizaciones y compañías, hay que aprender cada ejemplo como lo encuentre, ya que no hay regla ni norma. Fíjese que esto representa el mismo dilema para el hablante nativo de inglés que para las otras personas.

Ejemplos

Korea	pero	*The Gambia*
Peru		*the United Kingdom*
Chicago, Illinois		*The Plains, Virginia*
Hudson Bay		*the Chesapeake Bay*

Lee Mansion	*the* White House
Walker Chapel	*the* Navy Chapel
Virginia Polytechnic Institute	*the* University of Wisconsin
Little River Turnpike	*the* New Jersey Turnpike
Memorial Bridge	*the* Brooklyn Bridge
Watson's Department Store	*The* White Company
NBC / CBS/ CNN, etc.	*the* BBC

(4) Use *the* antes de los nombres propios plurales.

Ejemplos

the United States	los Estados Unidos
the Netherlands	los Países Bajos
the Philippines	las Filipinas
the Andes	los Andes
the Rocky Mountains	las Montañas Rocosas
the Great Lakes	los Grandes Lagos
the United Nations	las Naciones Unidas
the Smiths, *the* Joneses	los Smith, los Jones

(5) Casos especiales—sustantivos singulares sin artículo y con *the*.

(a) con lugares especiales

at home	en casa	*at the home of*	en la casa de
at school	en la escuela para estudiar o enseñar	*at the school*	en la escuela para visitar
at church	en la iglesia para un servicio religioso	*at the church*	en la iglesia para visitar
in jail	detenido en la cárcel	*at the jail*	en la cárcel para visitar
at work	trabajando	*to work*	al lugar del trabajo
home	a casa	*to the home of*	a la casa de
to school	a la escuela para estudiar o enseñar	*to the school*	a la escuela para visitar
to church	a la iglesia para un servicio religioso	*to the church*	a la iglesia para visitar
to jail	a la cárcel por delito	*to the jail*	a la cárcel para visitar

Ejemplos

She won't be at home today.	Ella no estará en casa hoy.
The meeting is at the home of her sister.	La reunión es en la casa de su hermana.

My son came home from school early yesterday because he was sick.	Ayer, mi hijo llegó de la escuela a casa temprano porque se sentía mal.
He didn't go to school today.	No fue hoy a la escuela.
I went to the school this morning to talk to the teacher.	Yo fui a la escuela hoy en la mañana para hablar con la maestra.

(b) con rumbos

Las palabras *north, south, east* y *west* indican rumbos. *The* antes de una de estas palabras indica una sección de un lugar más grande.

Ejemplos

Go north and you will find that building.	Vaya al norte y encontrará ese edificio.
It is in the north of the city.	Está en el norte de la ciudad.

Those birds fly south in the winter.	Esos pájaros vuelan al sur en el invierno.
The weather is much warmer in the south.	Hace mucho más calor en el sur.

His parents were not happy in the west, so they moved back east.	Sus padres no estaban contentos en el oeste, y por eso regresaron al este.

(c) con comidas

Las palabras *breakfast, lunch* y *dinner* son comidas en términos generales. *The* antes de una de estas palabras indica una comida específica.

Ejemplos:

I usually don't eat breakfast.	Yo, por lo general, no desayuno.
The breakfast your mother made was delicious.	El desayuno que tu mamá preparó fue sabroso.

We are having *lunch* at the office today.	Hoy almorzamos en la oficina.
The lunch Max brought looks good.	La comida que trajo Max parece muy buena.
Let's eat *dinner* at that restaurant!	¡Cenemos en ese restaurante!
The dinner we had there last week was great.	La cena que tuvimos ahí la semana pasada fue excelente.

(d) con tiempos

last night	anoche	*the last night*	la última noche
last week	la semana pasada	*the last week*	la última semana
last year	el año pasado	*the last year*	el último año

Ejemplos

Jack called me last night.	Jack me llamó anoche.
He said that Friday was the last night of his conference.	Dijo que el viernes fue la última noche de su reunión.
We took our exam last week.	Hicimos nuestro examen la semana pasada.
It was the last week of classes.	Fue la última semana de clases.

(e) otras expresiones

in office	sirviendo como oficial elegido
in the office	ubicado en la oficina
Her husband has been in office for five years.	Hace cinco años que su esposo está en ese puesto.
He spends a lot of time in the office writing letters to his supporters.	Pasa mucho tiempo en la oficina escribiendo cartas a sus partidarios.

¡OJO!		
el viernes	=	*on Friday, this Friday*
los viernes	=	*on Fridays, every Friday*

Carolyn goes to church with her family on Sundays.	Carolyn va a la iglesia con su familia los domingos.
She's going to sing on Sunday.	Ella va a cantar el domingo.

|ojo!| Para referirse a las partes del cuerpo, se emplea el pronombre posesivo, no el artículo definido, como en español.

My daughter broke her arm.	Mi hija se quebró el brazo.
Did you cut your hair?	¿Te cortaste el pelo?
My stomach hurts.	Me duele el estómago.

§7.23
Los números

(a) Los números cardinales responden a la pregunta, *"How many?"* (¿Cuántos?)
(Véase al **§21.1** para una lista completa de los números cardinales.)

Con 0 y *no* (cero, ninguno) se usa un sustantivo plural.

There are no apples in the basket.	No hay (ninguna) manzana en la canasta.

1, *one* (uno) describe un sustantivo singular.

There is one table in the room.	Hay una mesa en la sala.

Los otros números describen sustantivos plurales.

There are two chairs.	Hay dos sillas.
There are forty-six people.	Hay cuarenta y seis personas.
There are fifty states in the United States.	Hay cincuenta estados en los Estados Unidos.

(b) Los números ordinales indican la posición relativa de un sustantivo singular o plural.
Siempre use el artículo *the* antes de un número ordinal.

Los números ordinales correspondientes a *1*, *2*, y *3* y a los números combinados con *1*, *2*, y *3* son

the first	el primero
the twenty-first	el veintiuno
the second	el segundo
the thirty-second	el treinta y dos
the third	el tercero
the sixty-third	el sesenta y tres

Los números ordinales correspondientes a *5, 8, 9,* y *12* y a los números combinados con *5, 8,* y *9* son

the fifth	el quinto
the forty-fifth	el cuarenta y cinco
the eighth	el octavo
the eighty-eighth	el ochenta y ocho
the ninth	el noveno
the twenty-ninth	el veinte y nueve
the twelfth	el duodécimo

Los otros números ordinales se forman con el número cardinal + -*th:*

the fourth	el cuarto
the twenty-fourth	el veinticuatro
the sixth	el sexto
the seventy-sixth	el setenta y seis
the seventh	el séptimo
the thirty-seventh	el treinta y siete
the fifteenth	el quince

Ejemplos

January is the first month of the year.	Enero es el primer mes del año.
The third day of the week is Tuesday.	El tercer día de la semana es martes.

¡OJO! Se usan los números ordinales con todas las fechas.

The first three days of September are September the first, September the second, and September the third.	Los primeros tres días de septiembre son el primero de septiembre, el dos de septiembre, y el tres de septiembre.

Her birthday is on the twenty-seventh of December, the twelfth month of the year. (§22)	El cumpleaños de ella es el veintisiete de diciembre, que es el duodécimo mes del año.

§7.24
Adjetivos posesivos

El adjetivo posesivo indica a la persona a quien le pertenece un sustantivo, y responde a la pregunta "Whose?" (¿De quién? ¿De quiénes?)

Whose book is it?	¿De quién es el libro?
Whose books are they?	¿De quién son los libros?
It's my book.	Es mi libro.
They are my books.	Son mis libros.
It's your book.	Es tu libro. Es su libro. (el de Ud.)
They are your books.	Son tus libros. Son sus libros.
It's his book.	Es su libro. (el de él)
They are his books.	Son sus libros.
It's her book.	Es su libro. (el de ella)
They are her books.	Son sus libros.
It is the cover of the book.	Es la portada del libro.
It is its cover.	Es su portada.
It's our book.	Es nuestro libro.
They are our books.	Son nuestros libros.
It's your book.	Es su libro. (el de Uds.)
They are your books.	Son sus libros.
It's their book.	Es su libro. (el de ellos)
They are their books.	Son sus libros.
They are the covers of the books.	Son las portadas de los libros.
They are their covers.	Son sus portadas.

¡OJO! La contracción de *it is* es *it's*. El apóstrofo reemplaza la letra perdida; *its* no tiene apóstrofo, y significa posesión.

§7.25
Adjetivos demostrativos

Un adjetivo demostrativo indica un sustantivo específico. Responde a la pregunta, "Which?" (¿Qué? ¿Cuál de...?)

(a) *This* (este, esta) indica un sustantivo singular o no-contable.

This watch is expensive.	Este reloj es caro.
This jewelry is expensive.	Estas joyas son caras.

(b) *That* (ese, esa, aquel, aquella) indica un sustantivo singular o no-contable.

That watch is expensive.	Ese reloj es caro.
That jewelry is expensive.	Aquellas joyas son caras.

(c) *These* (estos, estas) indica un sustantivo plural.

These watches are expensive.	Estos relojes son caros.

(d) *Those* (esos, esas, aquellos, aquellas) indica un sustantivo plural.

Those watches are expensive.	Aquellos relojes son caros.

§7.26 Otros determinantes

En la tabla que sigue, la *s* indica uso con sustantivos singulares, *pl* indica uso con sustantivos plurales, y *nc* indica uso con sustantivos no-contables. (**§5.1** y **§5.2**)

any		
s	cualquier	*I am happy with any book.* Me contento con cualquier libro.
pl	algunos	*Do you have any books?* ¿Tiene usted libros?
nc	cualquier	*I am happy with any information.* Me contento con cualquier información.
not any		
pl	ningún, ninguna	*I do not want any presents.* No quiero ningún regalo. / No quiero regalos.
nc	ninguna cantidad	*I do not want any money.* No quiero dinero.
no		
pl	ningún, ninguna	*I have no books.* No tengo libros.
nc	nigun, ninguna	*I have no information.* No tengo información.
each		
s	cada	*She collects each test.* Ella recoge cada examen.
every		
s	cada uno	*She collects every test.* Recoge cada uno de los exámenes.
another		
s	uno más	*I want another cookie.* Quiero otra galleta.

s	uno diferente	*I want another doctor.*
		Quiero otro médico.

other		
pl	otros	*He has other friends.*
		Tiene otros amigos.
nc	otro(s)	*She has other jewelry.*
		Tiene otras joyas.

the other		
s	el otro/la otra	*He wants the other car.*
		Quiere el otro carro/coche.
pl	los otros/las otras	*She likes the other houses.*
		A ella le gustan las otras casas.
nc	el otro/la otra	*She wants the other jewelry.*
	los otros/las otras	Quiere las otras joyas.

either		
s	éste/ésta/ése/ésa	*He wants either car.*
		Él quiere cualquier carro/coche.
pl	éstos/éstas/ésos/	*He wants either these books* or
		those.
	ésas	Quiere estos libros o ésos.
nc	éste/ésta/éstos	*He wants either furniture.*
	éstas/ése/ésa/	Quiere estos muebles o ésos.
	ésos/ésas	

neither		
s	ni el uno ni el otro	*He wants neither car.*
		No quiere ni este carro ni ése.
pl	ni éstos ni ésos/	*We want neither these nor those.*
	ni ésos ni ésas	No queremos ni éstos ni ésos.

some		
pl	unos, unas	*She has some tapes.*
		Ella tiene unas cintas.
nc	un poco de	*He has some money.*
		Él tiene un poco de dinero.

both		
pl	ambos/ambas	*We like both dresses.*
		Nos gustan ambos vestidos.

(very) few		
pl	(muy) pocos	*I eat very few vegetables.*
		Como muy pocas verduras.
		They have few good doctors.
		Tienen pocos médicos buenos.

a few		
pl	unos pocos	*They have a few helpers.*
		Tienen unos pocos ayudantes.

quite a few		
pl	bastantes	*There are quite a few guests.*
		Hay bastantes invitados.

(very) little		
nc	(muy) poco/poca	*She drinks very little milk.*
		Ella toma muy poca leche.
		He eats little meat.
		Come poca carne.

a little		
nc	un poco de	*We have a little money.*
		Tenemos un poco de dinero.

quite a bit of		
nc	bastante, o más	*There is quite a bit of work.*
		Hay bastante trabajo.

enough		
pl	suficientes	*I have enough books.*
		Tengo suficientes libros.
nc	suficiente	*They don't have enough time.*
		No tienen suficiente tiempo.

plenty of		
pl	bastantes	*They have plenty of toys.*
		Tienen bastantes juguetes.
nc	bastante	*She has plenty of time.*
		Tiene bastante tiempo.

a lot of		
pl	muchos/muchas	*There are a lot of cars.*
		Hay muchos carros/coches.
nc	mucho/mucha	*There is a lot of traffic.*
		Hay mucho tráfico.

lots of		
pl	muchos/muchas	*There are lots of cars.*
		Hay muchos carros/coches.
nc	mucho/mucha	*There is lots of traffic.*
		Hay mucho tráfico.

quite a lot of		
pl	muchos/muchas	*There are quite a lot of leaves.*
		Hay muchas hojas.
nc	mucho/mucha	*There is quite a lot of pollution.*
	muchos/muchas	Hay mucha contaminación.
		There is quite a lot of equipment.
		Hay muchos aparatos.

How many?		
pl	¿Cuántos?/	*How many lamps are there?*
	¿Cuántas?	¿Cuántas lámparas hay?

not many		
pl	no muchos/muchas	*There are not many dishes.*
		No hay muchos platos.

many		
pl	muchos/muchas	*We have many friends.*
		Tenemos muchos amigos.

a good many		
pl	un gran número de	*We have a good many parties.*
		Damos un gran número de fiestas.

a great many		
pl	muchisimos/as	*There are a great many ideas.*
		Hay muchísimas ideas.

too many		
pl	más de lo que	*There are too many calls.*
	sea bueno	Hay demasiadas llamadas.

How much?		
nc	¿Cuánto?/	*How much time do you have?*
	¿Cuánta?/	¿Cuánto tiempo tienes?

not much		
nc	no mucho/mucha	*There is not much meat.*
		No hay mucha carne.

too much		
nc	más de lo que sea	*She wears too much make-up.*
	bueno	Usa demasiado maquillaje.
		(tanto que luce mal)

a good deal of		
nc	bastante	*There is a good deal of food.*
		Hay bastante comida.

a great deal of		
nc	muchísimo	*There is a great deal of traffic.*
		Hay muchísimo tráfico.

all		
pl	todos/todas	*All things change.*
		Todas las cosas cambian.
nc	todo tipo de	*All hatred is evil.*
		Todo tipo de odio es malo.

| pl | todos/todas, en general | _____ *Things change.* Las cosas cambian. |
| c | todo tipo de | _____ *Time is valuable.* El tiempo es valioso. |

all the		
pl	100% de cosas específicas	*All the leaves in our yard have fallen.* Todas las hojas de nuestro jardín se han caído.
nc	100% de una entidad específica	*All the money (we have) is in the bank.* Todo el dinero (que tenemos) está en el banco.

§7.3 ADJETIVOS DESCRIPTIVOS

Un adjetivo descriptivo dice el tamaño, la forma, la edad, el color, el origen, la materia o la opinión que hace el hablante de un sustantivo. Tiene la misma forma y posición con todos los tipos de sustantivos—los singulares, los plurales y los no-contables.

§7.31 Posición de los adjetivos descriptivos

El adjetivo descriptivo va

(a) antes del sustantivo y después del determinante:
con sustantivos singulares

a *big* table	una mesa grande
this *big* table	esta mesa grande
my *big* table	mi mesa grande

con sustantivos plurales

big tables	las mesas grandes
these *big* tables	estas mesas grandes
my *big* tables	mis mesas grandes

con sustantivos no-contables

good meat	carne buena
this *good* meat	esta carne buena
good furniture	muebles buenos
my *good* furniture	mis muebles buenos

(b) después de una forma del verbo *be* u otro verbo copulativo. (§4.12)

The table is *big*.	La mesa es grande.
The girl looks *pretty*.	La muchacha está bonita.
The apple tastes *delicious*.	La manzana está sabrosa.

The tables are *big*.	Las mesas son grandes.
The girls look *pretty*.	Las muchachas están bonitas.
The apples taste *delicious*.	Las manzanas están sabrosas.
The bread is *good*.	El pan es bueno.
The jewelry is *good*.	Las joyas son buenas.
The food tastes *delicious*.	La comida está rica.

§7.32 Comparación de adjetivos descriptivos

Hay dos formas usadas para la comparación de los adjetivos, *-er* y *more*.
Las normas son
(1) *-er*
(a) Para comparar los adjetivos de una sílaba, añada *er* al adjetivo, o use *not as* antes del adjetivo.

cheap	*cheaper*	más barato
not as cheap		no tan barato
clean	*cleaner*	más limpio
not as clean		no tan limpio
cold	*colder*	más frío
not as cold		no tan frío
dark	*darker*	más oscuro
not as dark		no tan oscuro
fast	*faster*	más rápido
not as fast		no tan rápido
light	*lighter*	más ligero
not as light		no tan ligero
long	*longer*	más largo
not as long		no tan largo
neat	*neater*	más ordenado
not as neat		no tan ordenado
plain	*plainer*	más común
not as plain		no tan común
short	*shorter*	más bajo
not as short		no tan bajo
slow	*slower*	más despacio
not as slow		no tan despacio
small	*smaller*	más pequeño
not as small		no tan pequeño
sweet	*sweeter*	más dulce
not as sweet		no tan dulce

(b) Para comparar los adjetivos de una sílaba que terminan con *e*, añada *r* al adjetivo, o use *not as* antes del
adjetivo.

nice	*nicer*	más simpática
not as nice		no tan simpática
fine	*finer*	más fino
not as fine		no tan fino
loose	*looser*	más suelto
not as loose		no tan suelto

(c) Para comparar los adjetivos de una sílaba que terminan
con <u>consonante + vocal + consonante</u>, repita la
consonante final, y añada *er*. Use *not as* antes del
adjetivo para la comparación negativa.

big	*bigger*	más grande
not as big		no tan grande
thin	*thinner*	más delgada
not as thin		no tan delgada
fat	*fatter*	más gordo
not as fat		no tan gordo
hot	*hotter*	más caliente
not as hot		no tan caliente

(d) Para comparar los adjetivos de dos sílabas que terminan con *y*, elimine la *y*, y añada *ier*. Use *not as* antes
del adjetivo para una comparación negativa.

happy	*happier*	más contento
not as happy		no tan contento
crazy	*crazier*	más loco
not as crazy		no tan loco
funny	*funnier*	más cómico
not as funny		no tan cómico
lonely	*lonelier*	más solitario
not as lonely		no tan solitario
lovely	*lovelier*	más bonito
not as lovely		no tan bonito
easy	*easier*	más fácil
not as easy		no tan fácil
lazy	*lazier*	más perezosa
not as lazy		no tan perezosa
noisy	*noisier*	más ruidoso
not as noisy		no tan ruidoso

(e) Para comparar los adjetivos siguientes, que tienen dos
sílabas y son casos especiales, añada *er*, o use *not as*.

able	abler	más capacitado
not as able		no tan capacitado
cruel	crueler	más cruel
not as cruel		no tan cruel
gentle	gentler	más suave
not as gentle		no tan suave
narrow	narrower	más angosto
not as narrow		no tan angosto
quiet	quieter	más tranquilo
not as quiet		no tan tranquilo
simple	simpler	más sencillo
not as simple		no tan sencillo

(2) *more*

Para comparar los otros adjetivos de dos sílabas, y todos los de más de dos sílabas, use la palabra *more* antes del adjetivo. Use *not as* o *less* antes del adjetivo para la comparación negativa.

more capable		más hábil
not as capable	*less capable*	no tan hábil
more careful		más cuidadoso
not as careful	*less careful*	no tan cuidadoso
more decent		más decente
not as decent	*less decent*	no tan decente
more difficult		más difícil
not as difficult	*less difficult*	no tan difícil
more expensive		más caro
not as expensive	*less expensive*	no tan caro
more famous		más famoso
not as famous	*less famous*	no tan famoso
more important		más importante
not as important	*less important*	no tan importante
more jealous		más celoso
not as jealous	*less jealous*	no tan celoso
more modest		más modesto
not as modest	*less modest*	no tan modesto
more patient		más paciente
not as patient	*less patient*	no tan paciente
more popular		más popular
not as popular	*less popular*	no tan popular
more ridiculous		más ridículo
not as ridiculous	*less ridiculous*	no tan ridículo
more wonderful		más maravilloso
not as wonderful	*less wonderful*	no tan maravilloso

(3) Formas irregulares
Use formas irregulares para comparar los adjetivos siguientes.

bad	malo	*worse*	peor
not as bad			no tan malo
good	bueno	*better*	mejor
not as good			no tan bueno
little	poco	*less*	menos
not as much			no tanto
many	muchos	*more*	más
not as many			no tantos

Para hacer una comparación, use la forma positiva del adjetivo + *than*.
Ejemplos

This vase is finer than that one.	Este florero es más fino que ése.
John is bigger than his brother.	John es más grande que su hermano.
The book is funnier than the movie.	El libro es más cómico que la película.
My doctor is more patient than his partners.	Mi médico es más paciente que sus socios.
Mary's new car is more expensive than mine.	El carro nuevo de Mary es más caro que el mío.
Is it better than yours?	¿Es mejor que el tuyo?

Para hacer una comparación negativa, use *not as ... as* o *less ... than*.
Ejemplos

That vase is not as fine as this one.	Ese florero no es tan fino como éste.
John's brother is not as big as he is.	El hermano de John no es tan grande como él.
The movie is not as funny as the book.	La película no es tan cómica como el libro.
My doctor's partners are not as patient as he is.	Los socios de mi médico no son tan pacientes como él.
My car is less expensive than Mary's.	Mi carro es menos caro que el de Mary.
Is it as good as yours?	¿Es tan bueno como el tuyo?

(4) Para describir un proceso que pasa paulatinamente, use el adjetivo comparativo dos veces, con la palabra *and*.

Ejemplos

The balloon got bigger and bigger. — El globo crecía poco a poco.

Her grades are (getting) better and better. — Sus notas están mejorando.

The girl is more and more beautiful every day. — La chica es cada día más bonita.

We buy less and less each year. — Cada año compramos menos.

(5) Más comparaciones

as (adjective) as — tan (adjetivo) como

Your bag is as heavy as mine. — Tu bolsa es tan pesada como la mía.

Your dress is as pretty as mine. — Tu vestido es tan bonito como el mío.

Her shoes are not as big as yours. — Los zapatos de ella no son tan grandes como los tuyos.

similar to — semejante a

Your bag is similar to mine. — Tu bolsa es semejante a la mía.

different from / different than — diferente a

Your dress is different from mine. — Tu vestido es diferente al mío.

Your dress is different than mine.

§7.33 Adjetivos superlativos

Un adjetivo superlativo distingue un sustantivo de otros. Para hacer superlativo a un adjetivo

(1) coloque *the* antes del adjetivo, y añada *st* en vez de *r*. (**§7.32**)

the fastest — la más rápida
the nicest — el más simpático
the cutest — el más lindo
the biggest — la más grande
the fattest — la más gorda
the funniest — el más cómico

the quietest	la más tranquila
the simplest	el más sencillo

(2) añada *the most* en vez de *more* antes del adjetivo:

the most important	la más importante
the most wonderful	el más maravilloso
the most expensive	la más cara
the most responsible	el más responsable
the most ridiculous	la más ridícula

(3) use la forma irregular para los siguientes adjetivos:

good	*bueno*	*the best*	el mejor
bad	*malo*	*the worst*	la peor
many	*muchos*	*the most*	la mayor cantidad de
little	*poco*	*the least*	la menor cantidad de

(4) Para hacer negativo a un superlativo, use *the least* antes del adjetivo:

the least funny	el menos cómico
the least polite	la menos educada
the least expensive	el menos caro
the least important	la menos importante

Para expresar los superlativos, emplee las normas siguientes:

He is the tallest of the three boys.	Él es el más alto de los tres muchachos.
He is the tallest of all.	Es el más alto de todos.
That is the funniest movie I have ever seen.	Esa es la película más cómica que jamás había visto.
It is the funniest of all.	Es la más cómica de todas.
Fred is the most handsome actor in the play.	Fred es el actor más atractivo de la obra dramática.
He is the most handsome of all.	Es el más atractivo de todos.
This is the most important part of the story.	Esta es la parte más importante del cuento.
This is the most important of all.	Esto es lo más importante de todo.

It was the worst storm this year.	Fue la peor tormenta del año.
It was the worst of all.	Fue la peor de todas.
That is the least important part of the report.	Esa es la parte menos importante del reporte.
It is the least important of all.	Es lo menos importante de todo.

§7.4 ADJETIVOS PROPIOS

Un adjetivo propio identifica un sustantivo como parte oficial de un lugar o grupo. La letra inicial se escribe con mayúscula.

an American flag	una bandera de los Estados Unidos
the Mexican students	los estudiantes mexicanos
my Italian shoes	mis zapatos italianos
her European friends	los amigos europeos de ella
the Western hemisphere	el hemisferio occidental
a Jewish holiday	un día de fiesta judía
the Hispanic community	la comunidad hispana

§7.5 SUSTANTIVOS USADOS COMO ADJETIVOS

Un sustantivo puede describir otro sustantivo.

a glass jar	un vaso de vidrio
a plastic bag	una bolsa de plástico
a school bus	un bus para los alumnos de una escuela

¡OJO! El adjetivo sustantival no se usa en el plural, aunque su referencia sea plural.

a jewelry box	una caja para joyas
a bottle opener	un abrebotellas
a shoe store	una zapatería
a dress shop	una tienda que vende vestidos
an apple pie	un pastel de manzanas
an earring box	una caja para aretes
paper dolls	muñequitas de papel
mosquito bites	las picaduras de los mosquitos

Algunas combinaciones de dos sustantivos se escriben como una palabra.
Ejemplos

a *dishwasher*	un lavaplatos
three *motorcycles*	tres motocicletas
two *trashcans*	dos cestos para basura
the *drugstore*	la farmacia

§7.6 VERBOS USADOS COMO ADJETIVOS

Los participios del verbo se pueden usar para describir los sustantivos.

(a) Ejemplos del participio presente, la forma del verbo que termina con *ing* **(§8)** usado como adjetivo:

a *caring* mother	una madre cariñosa
daring acrobats	acróbatas atrevidos
a *terrifying* experience	una experiencia aterradora
an *interesting* story	un cuento interesante

(b) Ejemplos del participio pasado **(§8)** usado como adjetivo:

interested listeners	oyentes interesados
ironed clothes	ropa planchada
dried flowers	flores secadas
saved money	dinero ahorrado
deserted streets	calles desiertas
a *spoken* language	un idioma hablado
a *broken* plate	un plato roto
lost and *found* clothing	ropa perdida y encontrada

¡OJO! Es fácil confundir los participios que describen a las personas. Recuerde que la forma con *ing* causa reacción; la forma con *ed* describe el *efecto*.

If the teacher is *boring*, the students are *bored*.
Si el profesor es aburrido, los estudiantes están aburridos.

If the movie is *exciting*, the audience is *excited*.
Si la película es emocionante, la audiencia está emocionada.

If the actor is *fascinating*, the people are *fascinated*.
Si el actor es fascinador, las personas están fascinadas.

If the news is *surprising*, the people are *surprised*.
Si las noticias son sorprendentes, la gente está sorprendida.

If the lesson is *confusing*, the students are *confused*.
Si la lección es complicada, los estudiantes están confundidos.

If the message is threatening, the reader feels threatened.
Si el mensaje es amenazador, el lector se siente amenazado.

If the book is interesting, the reader is interested.
Si el libro es interesante, el lector tiene interés.

¡OJO!	*an interested person*	= una persona a quien le interesa
	an opportunist	= una persona interesada

§7.7
ADJETIVOS COMPUESTOS

Un adjetivo compuesto es una combinación de dos o más palabras conectadas por una división, y usadas para describir un sustantivo.
Ejemplos

a *ten-pound* baby	un niño que pesa diez libras
the *six-foot* man	el hombre de seis pies de altura
my *ten-dollar* shoes	mis zapatos que costaron diez dólares
an *all-night* party	una fiesta que dura toda la noche
a *well-built* house	una casa bien construida
an *up-to-date* analysis	un análisis que está al día
a *round-the-clock* schedule	un horario que no deja tiempo para descansar

§7.8
ORDEN DE ADJETIVOS

Para usar varios adjetivos con un sustantivo, use el orden siguiente. Es mejor no utilizar más de tres adjetivos descriptivos a la vez.

Primero,   un determinante
    Ejemplos   *a, the, my, this, all, two*
Segundo,   un adjetivo descriptivo que indica la opinión del hablador
    Ejemplos   *wonderful, crazy, tired*
Después,   adjetivos descriptivos indisputables, en el orden siguiente:
    Ejemplos
    tamaño   *big, small, huge, tiny*
    edad   *young, new, old*
    condición   *clean, broken*
    forma   *round, square*
    color   *red, blue, yellow*

origen   *Panamanian, Venezuelan*
materia   *wood, silk, glass, copper*
Finalmente, el sustantivo
Ejemplos   *chair, chairs, furniture*

Ejemplos

Three interesting old Chinese vases...	Tres jarrones chinos, viejos e interesantes...
My new black leather jacket...	Mi nueva chaqueta negra, de cuero...
Some beautiful old Mexican doors...	Unas puertas antiguas mexicanas, muy bonitas...
A cheap little blue dress...	Un vestidito barato y azul...
A few old wrinkled black-and-white photographs...	Unas cuantas fotos viejas de blanco y negro, ya arrugadas...
All the friendly new neighbors...	Todos los amistosos vecinos nuevos...
A lot of pretty yellow silk ribbons...	Muchas cintas muy bonitas, amarillas, de seda...

§7.9 EXCEPCIONES DEL ORDEN DE ADJETIVOS

(a) El adjetivo *else* (otro / diferente) va después de ciertos pronombres indefinidos y responde a las preguntas *"Who else?"* (¿Quién más?), *"What else?"* (¿Qué más?) y *"Where else?"* (¿En qué otra parte?)

Who else is here?	¿Quién más está aquí?
I don't see anybody else.	No veo a nadie más.
Nobody else is here.	Nadie más está aquí.
I think somebody else is here.	Creo que alguien más está aquí.
What else do you want?	¿Qué más quieres?
I don't want anything else.	No quiero nada más.
I want nothing else.	
Bring me something else.	Tráigame otra cosa.
I need little else.	Me falta muy poco.
I don't need much else.	

Where else did he go?	¿A qué otra parte fue?
He didn't go anywhere else.	No fue a ninguna otra parte.
I think he went somewhere else.	Creo que fue a otra parte.

(b) Para responder a la pregunta, *"What kind of?"* (¿Qué clase de...?), los adjetivos descriptivos siguen los pronombres indefinidos **(§6.8)** siguientes.

anybody, anyone	cualquier persona
anything	cualquier cosa
anywhere	en cualquier lugar
nobody, no one	nadie
nothing	nada
somebody, someone	alguien
something	alguna cosa
somewhere	en algún lugar
little	poco
not much	no mucho

What kind of helper do you need?	¿Qué clase de asistente necesitas?
I need somebody responsible.	Necesito alguien que sea responsable.
What kind of things did they do?	¿Qué tipo de cosas hicieron?
They did nothing interesting.	No hicieron nada interesante.
What kind of food do they have?	¿Qué clase de comida tienen?
They don't have anything spicy.	No tienen nada picante.
What kind of car does he need?	¿Qué tipo de carro necesita?
He needs something cheap.	Él necesita algo que sea barato.
What kind of place is she going to for her vacation?	¿A qué clase de lugar va ella de vacaciones?
She is going somewhere exotic.	Va a un lugar exótico.

Los ejercicios para este capítulo se encuentran en las páginas 309–313.

§8.

Verbos (introducción)— *Verbs (Introduction)*

El verbo representa el estado o la acción del sujeto de la oración.

Los verbos tienen tres modos:
* el indicativo, para la mayoría de las declaraciones y preguntas (**§4**)
* el imperativo, para mandatos (**§15**)
* el subjuntivo, para expresar deseos o ciertas situaciones que no son verdaderas (**§16**)

Los verbos tienen dos voces:
* la voz activa, para la mayoría de las declaraciones y preguntas
  En una oración de voz activa, el sujeto es el actor de la acción del verbo. Una oración de voz activa enfatiza al actor.
* la voz pasiva, para enfatizar el resultado de la acción (**§14**)
  En una oración de voz pasiva, no es necesario mencionar el actor.

Los verbos tienen varios tiempos, que indican cuando pasa la acción.

En algunos tiempos, los verbos cambian en concordancia con el sujeto de la oración.

(a) El verbo *be* cambia en los tiempos *Present, Past, Present Progressive,* y *Past Progressive.*

(b) Los otros verbos cambian solamente en la forma correspondiente a *he/she/it*, y solamente en los tiempos *Present* y *Present Perfect.*

El verbo básico es la forma del verbo que se encuentra en el diccionario.

El infinitivo es la palabra *to* + el verbo básico.

El participio presente es el verbo básico + *ing.*

El pasado es el verbo básico + *ed.* (Muchos verbos comunes tienen formas irregulares. Véase el Apéndice, p. 406.)

El participio pasado es el verbo básico + *ed.* (Muchos verbos comunes tienen formas irregulares. Véase el Apéndice, p. 406.)

LA ESCRITURA DE LOS PARTICIPIOS
PRESENTES Y PASADOS

Verbo		Participio presente		Participio pasado	
termina con dos consonantes	*start* *end*	añada *ing*	*starting* *ending*	añada *ed*	*started* *ended*
termina con dos vocales + un consonante	*clean* *rain*	añada *ing*	*cleaning* *raining*	añada *ed*	*cleaned* *rained*
termina con *w o x*	*sew* *fix*	añada *ing*	*sewing* *fixing*	añada *ed*	*sewed* *fixed*
dos sílabas, con énfasis en la primera	*listen* *open* *master*	añada *ing*	*listening* *opening* *mastering*	añada *ed*	*listened* *opened* *mastered*
termina con vocal + *y*	*play* *obey*	añada *ing*	*playing* *obeying*	añada *ed*	*played* *obeyed*
termina con consonante + *y*	*carry* *study* *try* *cry*	añada *ing*	*carrying* *studying* *trying* *crying*	elimine *y,* añada *ied*	*carried* *studied* *tried* *cried*
termina con *ee*	*agree* *free* *see*	añada *ing*	*agreeing* *freeing* *seeing*	añada *d*	*agreed* *freed* *(saw)*
termina con *ie*	*die* *lie*	elimine *ie,* añada *ying*	*dying* *lying*	añada *d*	*died* *lied*
termina con *e*	*tape* *dance*	elimine *e,* añada *ing*	*taping* *dancing*	añada *d*	*taped* *danced*
una sílaba, termina con vocal + consonante	*shop* *beg* *sit* *get*	repita la consonante, añada *ing*	*shopping* *begging* *sitting* *getting*	repita la consonante, añada *ed*	*shopped* *begged* *(sat)* *(got)*
dos sílabas, termina con vocal + consonante, énfasis en la segunda sílaba	*occur* *deter* *permit*	repita la consonante, añada *ing*	*ocurring* *deterring* *permitting*	repita la consonante, añada *ed*	*ocurred* *deterred* *permitted*

Los ejercicios para este capítulo se encuentran en la página 314.

§9.
Verbos (tiempos del presente)—*Verbs (Present Time)*

§9.1
PRESENT TENSE

§9.11
El verbo *be* (ser / estar)

El verbo *be* es diferente de todos los otros verbos de inglés.

§9.111
Formas

Las formas del *Present Tense* son:

Singular			Plural		
I	*am*	soy / estoy	*we*	*are*	somos / estamos
he	*is*	es / está	*you*	*are*	son / están
she	*is*	es / está	*they*	*are*	son / están
it	*is*	es / está			

Am, is, y *are* se pueden combinar con el sujeto, haciendo una sola palabra. Esta combinación se llama *contracción*. El apóstrofo (') reemplaza la letra perdida.

Singular		Plural	
I am	*I'm*	*we are*	*we're*
he is	*he's*	*you are*	*you're*
she is	*she's*	*they are*	*they're*
Sue is	*Sue's*		
it is	*it's*		

Para hacer negativas las formas de *be*, añada *not*. La mayoría de las formas negativas se pueden combinar de dos maneras. Use cualquiera de estas *contracciones*.

	sujeto + *not*	verbo + *not*	
I am not	*I'm not*		(yo) no soy
he is not	*he's not*	*he isn't*	(él) no es
she is not	*she's not*	*she isn't*	(ella) no es
it is not	*it's not*	*it isn't*	no es
we are not	*we're not*	*we aren't*	(nosotros) no somos
you are not	*you're not*	*you aren't*	(Uds.) no son
they are not	*they're not*	*they aren't*	(ellos) no son

Para formar una pregunta, ponga el verbo antes del sujeto.

Afirmativo		Negativo	
Am I?	¿Verdad?	*Am I not?* (formal)	¿Verdad?
		Aren't I? (informal)	
Is he?	¿Verdad?	*Isn't he?*	¿Verdad?
Is she?	¿Verdad?	*Isn't she?*	¿Verdad?
Is it?	¿Verdad?	*Isn't it?*	¿Verdad?
Are we?	¿Verdad?	*Aren't we?*	¿Verdad?
Are you?	¿Verdad?	*Aren't you?*	¿Verdad?
Are they?	¿Verdad?	*Aren't they?*	¿Verdad?

Para indicar sorpresa en la respuesta, use la norma, sujeto + verbo + ?

Ejemplos

Statement	Declaración	Respuesta indicando sorpresa	Surprised response
You are the best student in the class.	Ud. es el mejor estudiante de la clase.	¿De verdad?	*I am?*
Ronald isn't here yet.	Ronald todavía no está aquí.	¿No?	*He isn't? / He's not?*
We're not sisters.	No somos hermanas.	¿Verdad que no?	*You're not? / You aren't?*

Frecuentemente se contestan las preguntas con una forma corta.

Question	Pregunta	Respuesta afirmativa	Respuesta negativa
Are you in this class?	¿Estás en esta clase?	Yes, I am.	No, I'm not.
Is he a student?	¿Es estudiante él?	Yes, he is.	No, he's not. No, he isn't.
Is she from Cuba?	¿Es de Cuba ella?	Yes, she is.	No, she's not. No, she isn't.
Is it too late?	¿Es demasiado tarde?	Yes, it is.	No, it's not. No, it isn't.
Are the answers correct?	¿Son correctas las respuestas?	Yes, they are.	No, they're not. No, they aren't.

§9.112
Uso

El uso del verbo *be*
El verbo *be* conecta el sujeto de una oración con un dato del sujeto. Representa los significados de los verbos <u>ser</u>, <u>estar</u>, <u>haber</u>, y en ciertos casos, de <u>hacer</u> y <u>tener</u>.

§9.1121

Be identifica el sustantivo que lo sigue como la misma persona, el mismo lugar, o la misma cosa que el sujeto. (§4.121)

Who *are* you? I *am* Joseph Carlson.	¿Quién es Ud.? Soy Joseph Carlson.
Who *is* she? She *is* the doctor.	¿Quién es ella? Ella es la médico.
Who *are* you? We *are* your assistants.	¿Quiénes son Uds.? Somos sus ayudantes.
Who *are* your friends? They *are* Alex and Sam.	¿Quiénes son sus amigos? Son Alex y Sam.
What *is* your name? My name *is* Bill Andrews.	¿Cuál es su nombre? Mi nombre es Bill Andrews.

What are their names?	¿Cuáles son los nombres de ellas?
Their names are Michelle and Bonnie.	Sus nombres son Michelle y Bonnie.
What is this?	¿Qué es esto?
It is a notebook.	Es un cuaderno.
What is that?	¿Qué es eso?
It is the wind.	Es el viento.
What are these?	¿Qué son éstos?
They are DVDs.	Son DVDs.
What are those?	¿Qué son ésos?
They are CDs.	Son discos compactos.

§9.1122 *Be* + la forma posesiva de un sustantivo, de un pronombre o de un adjetivo, identifica a la persona a quien le pertence el sujeto.

Whose (coat) is this?	¿De quién es este abrigo?
That (coat) is Mary's.	Ese abrigo es de Mary.
Whose hat is this?	¿De quién es este sombrero?
It's hers.	Es de ella.
Whose (shoes) are these?	¿De quién son estos zapatos?
They are my shoes.	Son mis zapatos.
They're mine.	Son míos.
Whose gloves are those?	¿De quién son esos guantes?
They're Larry's.	Son de Larry.
They're his.	Son suyos.

§9.1123 *Be* + un adjetivo descriptivo describe el sujeto o la condición del sujeto.

What are you like?	¿Cómo es Ud.?
I'm athletic.	Soy atlético.
What is your friend like?	¿Cómo es su amiga?
She is serious.	Ella es seria.

What is her house like?	¿Cómo es la casa de ella?
It is big.	Es grande.
What are the teachers like?	¿Cómo son los maestros?
They're patient.	Son pacientes.
What color is the dress?	¿De qué color es el vestido?
It's blue.	Es azul.
What color are his eyes?	¿De qué color son los ojos de él?
They're brown.	Son de color café.
How are you?	¿Cómo estás?
I'm fine, thanks.	Estoy bien, gracias.
I'm cold.	Tengo frío.
How is Annette?	¿Cómo está Annette?
She's sick.	Está enferma.
She's thirsty.	Tiene sed.
How are your parents?	¿Cómo están tus padres?
They're better.	Están mejor.

§9.1124   *Be* + un adverbio o expresión con preposición identifica el lugar, el origen, o el tiempo del sujeto.

Where is the car?	¿Dónde está el carro?
It's there.	Está ahí.
It's in the garage.	Está en el garaje.
Where are my keys?	¿Dónde están mis llaves?
They're here.	Están aquí.
They're on the table.	Están en la mesa.
Where are you from?	¿De dónde es Ud?
I'm from Virginia.	Soy de Virginia.
Where is he from?	¿De dónde es él?
He's from Toronto.	Es de Toronto.
Where are they from?	¿De dónde son ellos?
They're from Spain.	Son de España.

Where is your jewelry from?	¿De dónde son sus joyas?
It's from Costa Rica.	Son de Costa Rica.
When is the test?	¿Cuándo es la prueba?
It's on Monday.	Es el lunes.
When are the exams?	¿Cuándo son los exámenes?
They are in December.	Son en diciembre.
What time is the party?	¿A qué hora es la fiesta?
It's at 9 o'clock.	Es a las nueve.
It's at night.	Es en la noche.
What time is our meeting?	¿A qué hora es nuestra reunión?
It's at 10:30.	Es a las 10:30.
It's in the morning.	Es en la mañana.

§9.1125

El sujeto *there + be* significa <u>hay</u>.
(1) Use *there is* con un sustantivo singular o no-contable.
Ejemplos con sustantivos singulares

What is there in the room?	¿Qué hay en la sala?
There is a lamp.	Hay una lámpara.
Is there a rug?	¿Hay una alfombra?
Yes, there is.	Sí, hay una.
Is there a piano?	¿Hay un piano?
No, there isn't.	No, no hay ninguno.

Ejemplos con sustantivos no-contables

Is there any food in the kitchen?	¿Hay comida en la cocina?
Yes, there is.	Sí, hay.
What equipment is there?	¿Qué aparatos hay?
There is a stove and a refrigerator.	Hay una estufa y una nevera.

(2) Use *there are* con un sustantivo plural.

How many children are there in the family?	¿Cuántos niños hay en la familia?
There are three children.	Hay tres niños.
There are two boys and a girl.	Hay dos muchachos y una muchacha.

(3) Use *there are* para indicar <u>0</u> (cero).

How many girls are there?	¿Cuántas muchachas hay?
There aren't any girls.	No hay ninguna muchacha.
There are no girls.	

§9.1126

Use *it* + *is* para indicar la hora y el tiempo del presente.

What time is it?	¿Qué hora es?
It is one o'clock.	Es la una.
It is four o'clock.	Son las cuatro.
It is ten-thirty a.m.	Son las diez y media de la mañana.

How is the weather?	¿Qué tiempo hace?
It's fine.	Hace buen tiempo.
It's hot.	Hace calor.
It's windy.	Hace viento.
It's not raining.	No está lloviendo.
It isn't raining.	
It isn't cold.	No hace frío.
It's not cold.	

§9.12
El *present*
***tense* de**
todos los
otros verbos

Todos los verbos, con la excepción de <u>be</u>, siguen las normas siguientes.

(a) Con los sujetos, *I, <u>you</u>, <u>we</u>* y *<u>they</u>* o un sustantivo plural, use el <u>verbo básico</u> para una declaración.

Use *do* + el sujeto + el <u>verbo básico</u> para formar una pregunta.

Use *do* + <u>not</u> *(don't)* + <u>el verbo básico</u> para hacer una oración negativa.

Use *do* o *don't* sin el verbo básico para formar una respuesta corta.

**§9.121
Formas**

Declaración		*I/You/We/They*		*work.*
Pregunta	*Do*	*I/you/we/they*		*work?*
Respuesta corta *Yes,*		*I/you/we/they*	*do.*	
Negativa		*I/You/We/They*	*do*	*not work.*
Respuesta corta *No,* negativa		*I/you/we/they*	*don't.*	

(b) Con los sujetos, *he*, *she* y *it* o un sustantivo singular, use el <u>verbo básico</u> + *s* para una declaración.
Use *does* + el sujeto + el <u>verbo básico</u> para formar una pregunta.
Use *does* + *not (doesn't)* + el <u>verbo básico</u> para hacer una oración negativa.
Use *does* o *doesn't* sin el verbo básico para hacer una respuesta corta.

¡OJO! Con el uso de *does*, el verbo no lleva *s*.

Declaración		*He/She/It*		*works.*
Pregunta	*Does*	*he/she/it*		*work?*
Respuesta corta *Yes,*		*he/she/it*	*does.*	
Negativa		*He/She/It/*	*does not*	*work.*
Respuesta corta *No,* negativa		*he/she/it*	*doesn't.*	

Para escribir la forma correspondiente a *he*, *she*, *it*
—añada *s* a la mayoría de los verbos básicos:

he	*works*	*lives*	*rises*	él trabaja/vive/sube
she	*puts*	*smiles*	*praises*	ella pone/sonríe/adula
it	*cuts*	*comes*	*loses*	corta/viene/pierde

—añada *es* a los verbos que terminan con *o*, *ch*, *sh*, *ss*, y *x:*

John   goes   watches   kisses   boxes
John va/mira/besa/boxea
Ann   does   washes   misses faxes
Ann hace/lava/extraña/manda por fax

—con los verbos que terminan con *y* después de una consonante, elimine la letra *y* y añada *ies:*

cry	*The baby*	*cries*	El niño llora.
fly	*The airplane*	*flies*	El avión vuela.
study	*Susie*	*studies*	Susie estudia.
testify	*Terry*	*testifies*	Terry testifica.

—*has* para el verbo *have.*

What does she have in her hair?	¿Qué tiene ella en el pelo?
She has a ribbon.	Tiene una cinta.

What color car does he have?	¿De qué color es el carro que tiene él?
He has a red car.	Tiene un carro/coche rojo.

What does his new car have?	¿Qué tiene su carro nuevo?
It has air-conditioning.	Tiene aire acondicionado.

§9.122
Usos

Preguntas y Declaraciones

§9.1221

Use el *Present Tense* del verbo para pedir información o para declarar una verdad.

Do I need a license?	¿Necesito licencia?
Yes, you do.	Sí.
You need a license.	Necesita licencia.
No, you don't.	No.
You don't need a license.	No necesita licencia.

Do you have a ticket?	¿Tiene Ud. boleto?
Yes, I do.	Sí.
I have a ticket.	Tengo boleto.
No, I don't.	No.
I don't have a ticket.	No tengo boleto.

Do we need an appointment?	¿Necesitamos una cita?
Yes, you do.	Sí.
You need an appointment.	Necesitan una cita.
No, you don't.	No.
You don't need an appointment.	No necesitan cita.
Do you need help?	¿Necesitan Uds. ayuda?
Yes, we do.	Sí.
We need help.	Necesitamos ayuda.
No, we don't.	No.
We don't need help.	No necesitamos ayuda.
Do they live here?	¿Viven ellos aquí?
Yes, they do.	Sí.
They live here.	Viven aquí.
No, they don't.	No.
They don't live here.	No viven aquí.
Does he have time?	¿Tiene tiempo él?
Yes, he does.	Sí.
He has time.	Tiene tiempo.
No, he doesn't.	No.
He doesn't have time.	No tiene tiempo.

Para indicar sorpresa en la respuesta, use la norma: sujeto + forma de *do* + ?

Statement	**Declaración**	**Respuesta indicando sorpresa**	***Surprised response***
I don't like that.	No me gusta eso.	¿Verdad que no?	*You don't?*
He doesn't live here.	Él no vive aquí.	¿Verdad que no?	*He doesn't?*
We don't have any money.	No tenemos dinero.	¿No?	*You don't?*
They have a new baby.	Ellos tienen un bebé nuevo.	¿De verdad?	*They do?*
She works in that office.	Ella trabaja en esa oficina.	¿Sí?	*She does?*

Para pedir información, utilice una palabra interrogativa con el verbo en el *Present Tense* como sigue:
Palabra Interrogativa + *do/does* + sujeto + verbo básico

§9.1222   Preguntas con un verbo copulativo **(§4)**

How do you feel?   ¿Cómo te sientes?
sujeto + verbo copulativo + adjetivo
I feel tired.   Me siento cansado.

How does she seem?   *She seems happy.*
sujeto + verbo copulativo + adjetivo
¿Cómo está ella?   Parece contenta.

How does the food taste?   ¿Cómo está la comida?
sujeto + verbo copulativo + adjetivo
It tastes great.   Está sabrosa.

How does it smell?   ¿Cómo huele?
sujeto + verbo copulativo + adjetivo
It smells delicious.   Huele rica.

How does the chorus sound?   ¿Cómo suena el coro?
sujeto + verbo copulativo + adjetivo
It sounds good.   Suena bien.

How does the house look?   ¿Cómo luce la casa?
sujeto + verbo copulativo + adjetivo
It looks beautiful.   Está bonita.

How do I look?   ¿Cómo me veo?
sujeto + verbo copulativo + adjetivo
You look wonderful.   Te ves maravillosa.

Antes de un sustantivo, añada *like*.

Who do I look like?   ¿A quién me parezco?
sujeto + verbo copulativo + sustantivo
You look like your mother.   Te pareces a tu mamá. **(§13)**

Who *does* she *sound like*?	¿Cómo quién suena ella?

sujeto + verbo copulativo + sustantivo

She *sounds like* a rock star.	Suena como una estrella de música rock.

What *does* the music *sound like*?	¿Cómo suena la música?

sujeto + verbo copulativo + sustantivo

It *sounds like* a full orchestra.	Parece una orquesta completa.

What *does* the dessert *taste like*?	¿Qué sabor tiene el postre?

sujeto + verbo copulativo + sustantivo

It *tastes like* oranges and coconut.	Sabe a naranja y coco.

What *does* the perfume *smell like*?	¿Qué olor tiene el perfume?

sujeto + verbo copulativo + sustantivo

It *smells like* gardenias.	Huele a gardenia.

§9.1223   Preguntas que tienen <u>complemento directo</u> como respuesta **(§4)**

What *do you want*?	¿Qué quiere Ud.?
I *want* a new car.	Quiero un carro/coche nuevo.

What *does* he *want*?	¿Qué quiere él?
He *wants* a cookie.	Quiere una galleta.

What *do you want*?	¿Qué quieren Uds?
We *want* jobs.	Queremos trabajo.

What *do they want*?	¿Qué quieren ellos?
They *want* help.	Quieren ayuda.

Which color *do you like*? **(§9.22)**	¿Cuál de los colores te gusta?
I *like* red.	Me gusta el color rojo.

Which color *does* she *like*?	¿Cuál de los colores le gusta a ella?
She *likes* blue.	A ella le gusta el color azul.
How much money *does* he *have*?	¿Cuánto dinero tiene?
He *has* a lot.	Tiene mucho.
How much jewelry *do* you *have*?	¿Cuántas joyas tienes?
I *have* a little. **(§5)**	Tengo unas pocas.
How many books *do* they *want*?	¿Cuántos libros quieren ellos?
They *want* 100 books.	Quieren cien libros.
How many tickets *do* you *need*?	¿Cuántos boletos necesitan ustedes?
We *need* five tickets.	Necesitamos cinco boletos.

§9.1224

(Preguntas que tienen adverbio como respuesta **(§18)**

Where *do you live*?	¿Dónde vive Ud.?
I *live* nearby.	Vivo cerca.
Where *does* Mike *work*?	¿Dónde trabaja Mike?
He *works* a long way from here.	Trabaja lejos de aquí.
How *do* they *speak* English?	¿Cómo hablan inglés?
They *speak* well.	Hablan bien.
How *does* Jackie *drive*?	¿Cómo maneja Jackie?
She *drives* fast.	Maneja rápido.

§9.1225

Preguntas que tienen preposición + sustantivo como respuesta **(§17)**

Where *do you live*?	¿Dónde vive Ud.?
I *live* in the city.	Vivo en la ciudad.
Where *does* Mike *work*?	¿Dónde trabaja Mike?
He *works* at the university.	Trabaja en la universidad.

*Who(m) *do they* **study** with?*	¿Con quién estudian ellos?
They **study** with their tutor.	Estudian con su tutor.
*Who(m) *does she* **talk** to?*	¿Con quiénes habla ella?
She **talks** to her friends.	Habla con sus amigas.
What school *do they* **go** to?	¿A qué escuela asisten ellos?
They **go** to Spring Hill School.	Van a la escuela Spring Hill.
What *does he* **write** with?	¿Con qué escribe él?
He **writes** with a pencil.	Escribe con un lápiz.

*Véase el **§4.32**

§9.1226

Preguntas que tienen <u>adverbio de frecuencia</u> como respuesta **(§18.4)**
Se pone el adverbio antes del verbo.

When *do you* **wear** a coat?	¿Cuándo usas abrigo?
I never **wear** a coat.	Nunca uso abrigo.
When *do you* **go** out?	¿Cuándo sales?
I rarely **go** out.	No salgo casi nunca.
When *does he* **call** you?	¿Cuándo te llama él?
He seldom **calls** me.	No me llama casi nunca.
When *does she* **visit** you?	¿Cuándo te visita ella?
She hardly ever **visits** me.	No me visita casi nunca.
How often *do you* **travel**?	¿Con qué frecuencia viajan Uds.?
We occasionally **travel**.	Viajamos de vez en cuando.

When *do you dance?* ¿Cuándo bailas?
I often dance. Bailo a menudo.

When *do you eat* ¿Cuándo comen Uds.
early? temprano?
We *frequently eat* Comemos temprano
early. frecuentemente.

How often *does she* ¿Con qué frecuencia los ayuda?
help them?
She *usually helps* Generalmente los ayuda.
them.

How often *does the* ¿Con qué frecuencia llega a
train *arrive on time?* tiempo el tren?
It *always arrives on* Siempre llega a a tiempo.
time.

¡OJO! El adverbio *sometimes* es una excepción. En
general, va antes del sujeto o al final de la frase.

How often *does he* ¿Con qué frecuencia usa él un
wear *a coat?* abrigo?
Sometimes he wears A veces usa un abrigo.
a coat.
He *wears a coat*
sometimes.

¡OJO! Cuando no hay expresión de tiempo, con un verbo
de acción,
una declaración positiva = <u>a veces</u>
una declaración negativa = <u>nunca</u>

Do you *drink coffee?* ¿Toma Ud. café?
Yes, *I do.* Sí, a veces tomo café.
I *drink coffee.*
No, *I don't.* No, no tomo café nunca.
I *don't drink coffee.*

Does *she wear* ¿Usa lentes ella?
glasses?
Yes, *she does.* Sí, los usa a veces.
She *wears glasses.*
No, *she doesn't.* No usa lentes nunca.
She *doesn't wear*
glasses.

§9.1227   Preguntas que se contestan con <u>adverbio</u> o <u>preposición</u>
La expresión de tiempo va al final de la oración.

*When do you wear
a coat?*   ¿Cuándo usas abrigo?

*I wear a coat in the
winter.*   Uso abrigo en el invierno.

*When do you
exercise?*   ¿Cuándo hacen Uds. ejercicio?

*We exercise in the
morning.*   Hacemos ejercicio en la
                           mañana.

When do you rest?   ¿Cuándo descansan Uds?
*We rest in the
afternoon.*   Descansamos en la tarde.

*When does he
celebrate his
birthday?*   ¿Cuándo celebra él su
                           cumpleaños?

*He celebrates his
birthday in July.*   Celebra su cumpleaños en julio.

*When do they write
letters?*   ¿Cuándo escriben cartas?

*They write letters on
weekends.*   Escriben cartas los fines de
                           semana.

*When do they stay
home?*   ¿Cuándo se quedan en casa
                           ellos?

*They stay home on
holidays.*   Se quedan en casa los días de
                           fiesta.

*When do we have
classes?*   ¿Cuándo tenemos clases?

*We have classes on
Mondays.*   Tenemos clases los lunes.

*When does she
study?*   ¿Cuándo estudia ella?

She studies at night.   Estudia en la noche.

*When does the
movie start?*   ¿Cuándo empieza la película?

It starts at 9 o'clock.   Empieza a las nueve.

How often do you exercise?	¿Con qué frecuencia hace Ud. ejercicio?
I exercise every day.	Hago ejercicio todos los días.
How often do you go to the store?	¿Con qué frecuencia vas de compras?
I go every other day.	Voy un día sí, otro no.
How often do you see her?	¿Con qué frecuencia la ves?
I see her once a week.	La veo una vez a la semana.
How often does he take the medicine?	¿Con qué frecuencia toma la medicina?
He takes it every three hours.	La toma cada tres horas.
How often does he cook?	¿Con qué frecuencia cocina él?
He cooks once in a while.	Cocina de vez en cuando.

§9.1228

Preguntas que se contestan con *because* + sujeto + verbo

Why do you eat hot dogs?	¿Por qué comes las salchichas?
I eat them because I like them.	Las como porque me gustan.
Why does he study so much?	¿Por qué estudia tanto?
He studies because he wants to learn.	Estudia porque quiere aprender.

§9.1229

Preguntas que se contestan con *because of* + complemento

Why are you so unhappy?	¿Por qué estás tan triste?
I'm unhappy because of the rain.	Estoy triste por la lluvia.
Why does she worry?	¿Por qué se preocupa?
She worries because of her children.	Se preocupa por sus hijos.

§9.1230

Las preguntas con *Who* y *Whom*
(a) *"Who..."* se refiere al sujeto de la oración respuesta.
Use la norma, *Who* + la forma del verbo correspondiente a *he, she, it*

¡OJO! No use *do* ni *does* en la pregunta.

Who talks to Jack every day?	¿Quién habla con Jack todos los días?
I talk to Jack.	Yo hablo con Jack.
Who calls Sarah a lot?	¿Quién llama mucho a Sarah?
We call Sarah.	Nosotros llamamos a Sarah.
Who needs the teacher?	¿Quiénes necesitan a la maestra?
They need the teacher.	Ellos necesitan a la maestra.
Who wants to talk to Val?	¿Quién quiere hablar con Val?
She wants to talk to Val.	Ella quiere hablar con Val.
Who works on Wednesdays?	¿Quiénes trabajan los miércoles?
We work on Wednesdays.	Nosotros trabajamos los miércoles.
Who sings well?	¿Quiénes cantan bien?
They sing well.	Ellos cantan bien.
Who lives here?	¿Quién vive aquí?
Mary lives here.	Mary vive aquí.
Who travels a lot?	¿Quién viaja mucho?
Mike travels a lot.	Mike viaja mucho.

¡OJO! *Who* siempre está seguido por la forma del verbo correspondiente a *he / she / it* aunque la respuesta sea en el plural.

Who plays tennis?	¿Quién juega al tenis?
I play tennis.	Yo juego al tenis.
He plays tennis.	Él juega al tenis.
Who plays tennis?	¿Quiénes juegan al tenis?
We play.	Nosotros jugamos.
They play.	Ellos juegan.

Use *do* o *does* con las respuestas cortas y con las preguntas y respuestas negativas.

Who works on Wednesdays?	¿Quiénes trabajan los miércoles?
We do.	Nosotros.
Who sings well?	¿Quiénes cantan bien?
They do.	Ellos.
Who lives here?	¿Quién vive aquí?
Mary does.	Mary.
Who travels a lot?	¿Quién viaja mucho?
Mike does.	Mike.
Who doesn't work on Wednesdays?	¿Quién no trabaja los miércoles?
I don't.	Yo.
I don't work on Wednesdays.	Yo no trabajo los miércoles.
Who doesn't travel a lot?	¿Quién no viaja mucho?
Bill doesn't.	Bill.
Bill doesn't travel a lot.	Bill no viaja mucho.

(b) *"Whom...?"* se refiere al complemento de la respuesta. En una conversación, es aceptable usar "*Who...*" para referirse al complemento. El uso correcto de *do* y *does* es muy importante. Use la norma:
Who(m) + *do/does* + sujeto + verbo (+ preposición) + ?

Who(m) do you talk to on Sundays?	¿Con quién habla Ud. los domingos?
I talk to Jack.	Hablo con Jack.
Who(m) do we call?	¿A quién llamamos?
We call Sarah.	Llamamos a Sarah.
Who(m) do they need?	¿A quién necesitan ellos?
They need the teacher.	Necesitan a la maestra.

Who(m) does she love?	¿A quién quiere ella?
She loves Val.	Quiere a Val.

Compare los ejemplos.

Jeff calls Carol.	Jeff llama a Carol.
Who(m) does Jeff call?	¿A quién llama Jeff?
Jeff calls Carol.	Jeff llama a Carol.
Who calls Carol?	¿Quién llama a Carol?
Jeff calls Carol.	Jeff llama a Carol.
Jeff does.	
Does Jeff call Carol?	¿Llama Jeff a Carol?
Yes, he does.	Sí, la llama.
Does Carol call Jeff?	¿Llama Carol a Jeff?
No, she doesn't.	No, no lo llama.

§9.1231

Las preguntas con *What*

(a) Cuando *"What..."* se refiere al sujeto de la oración respuesta, use la norma, *What* + la forma del verbo correspondiente a *he, she, it*

¡OJO! No use *do* ni *does* en la pregunta.

What works?	¿Qué funciona?
Nothing works.	No funciona nada.
What goes here?	¿Qué cosas van aquí?
The dishes go there.	Los platos van ahí.
What happens now?	¿Qué pasa ahora?
The excitement happens now.	Lo emocionante pasa ahora.
What comes next?	¿Qué parte viene ahora?
The sad part comes next.	La parte triste viene ahora.
What causes the flu?	¿Qué causa la gripe?
Germs cause the flu.	Los gérmenes causan la gripe.

What animals live on the farm?	¿Qué animales viven en el rancho?
Cows and chickens live on the farm.	Las vacas y las gallinas viven en el rancho.

Use *do* o *does* para las respuestas cortas y las preguntas y respuestas negativas.

Question	Pregunta	*Short answer*	Respuesta corta
What works?	¿Qué funciona?	*Nothing does.*	Nada.
What happens now?	¿Qué pasa ahora?	*The excitement does.*	Lo emocionante.
What comes next?	¿Qué parte viene ahora?	*The sad part does.*	La parte triste.
What causes the flu?	¿Qué causa la gripe?	*Germs do.*	Los gérmenes.
What animals live on the farm?	¿Qué animales viven en el rancho?	*Cows and chickens do.*	Las vacas y las gallinas.
What doesn't work?	¿Qué no funciona?	*The car doesn't.*	El carro.
What animals don't live on the farm?	¿Qué animales no viven en el rancho?	*Wolves don't.*	Los lobos no.

¡OJO! *What* siempre está seguido por la forma del verbo correspondiente a *he / she / it* aunque la respuesta sea en el plural.

What goes here?	¿Qué cosa va aquí?
The toaster goes there.	El tostador va ahí.

What goes here?	¿Qué cosas van aquí?
The dishes go there.	Los platos van ahí.

(b) Cuando *What...?* se refiere al complemento de la respuesta, use *do* o *does* en la pregunta.

What do you prefer?	¿Qué prefiere Ud.?
I prefer ice cream.	Prefiero el helado.

What does she write?	¿Qué escribe ella?
She writes poems.	Escribe poemas.

What do they want?   ¿Qué quieren ellos?
They want a new car.   Quieren un carro nuevo.

§9.1232   Las preguntas con *Which* y *Whose*
"*Which...?*" o "*Whose...?*" se refiere al sujeto de la
oración respuesta.
Use la norma
Which / Whose + la forma del verbo correspondiente a
he / she / it.

¡OJO!   No use *do* ni *does* en la pregunta.

Which cars park   ¿Qué carros/coches se
  here?   estacionan aquí?
Small cars park here. Los carros pequeños se
                         estacionan aquí.

Whose dress needs   ¿El vestido de quién necesita
  ironing?   un planchado?
Ann's dress needs   El vestido de Ann necesita un
  ironing.   planchado.

Use *do* o *does* con las respuestas cortas y con las
preguntas y respuestas negativas.

Which cars park   ¿Qué carros/coches se
  here?   estacionan aquí?
Small cars do.   Los pequeños.

Whose dress needs   ¿El vestido de quién necesita
  ironing?   un planchado?
Ann's dress does.   El de Ann.

Which cars don't   ¿Qué carros/coches no se
  park here?   estacionan aquí?
The big ones don't.   Los grandes no.

Whose dress doesn't   El vestido de quién no necesita
  need ironing?   un planchado?
Mine doesn't.   El mío no.

§9.13 Auxiliares modales en el presente

Un auxiliar modal es una palabra que se usa antes de un verbo para modificar el significado. Las formas son sencillas: use la misma forma para todos los sujetos. El uso es más complicado:

* el modal puede tener otro significado cuando se usa en otro tiempo;
* el modal puede tener otro significado cuando se usa en el negativo;
* el modal de una pregunta puede exigir otro modal en la respuesta;
* algunos modales tienen contracciones en el negativo, otros no.
* los verbos *be* y *have* funcionan como modales en ciertas expresiones, pero siguen sus normas usuales.

§9.131

Can expresa posibilidad o habilidad. (poder / saber hacer)

Declaración		*I/You/He/She/It/We/They*	*can*	*work.*
Pregunta	*Can*	*I/you/he/she/it/we/they*		*work?*
Respuesta corta	*Yes,*	*I/you/he/she/it/we/they*	*can.*	
Negativa		*I/You/He/She/It/We/They*	*can't / cannot*	*work.*
Respuesta corta negativa	*No,*	*I/you/he/she/it/we/they*	*can't.*	

What can you do?	¿Qué puedes hacer?
I can wash the dishes.	Puedo lavar los platos.
What can she do?	¿Qué sabe hacer ella?
She can play the guitar.	Sabe tocar la guitarra.
Can he leave now?	¿Puede salir ahora él?
No, he cannot.	No, no puede.
No, he can't.	
Can they sing here?	¿Pueden ellos cantar aquí?
Yes, they can.	Sí, pueden.

§9.132

May y *might* expresan posibilidad. Significan quizás.

Declaración	*I/You/He/She/It/We/They*	*may/might*	*be.*
Pregunta (no posible)			
Negativa	*I/You/He/She/It/We/They*	*may/might not*	*be.*
Contracción (no posible)			

Are you sick?	¿Está Ud. enfermo?
I may be sick.	Quizás esté enfermo.
I might be sick.	

Does he have the flu?	¿Tiene él la gripe?
He may have the flu.	Quizás tenga la gripe.
He might have the flu.	
He may not have the flu.	Quizás no tenga la gripe.
He might not have the flu.	

Maybe tiene el mismo significado. Se pone antes del sujeto.

Maybe I am sick.	Tal vez esté enfermo.
Maybe he has the flu.	Quizás tenga la gripe.

§9.133

May y *can* se usan para pedir o dar permiso. Tienen el mismo significado, pero *may* es más formal.

Declaración		*You/He/She/They*	*may*	*work.*
Pregunta	*May*	*I/he/she/we/they*		*work?*
Respuesta corta	*Yes,*	*you/he/she/they*	*may.*	
Negativa		*You/He/She/They*	*may not*	*work.*
Respuesta corta negativa	*No,*	*you/he/she/they*	*may not.*	

May we have the day off?	¿Podríamos tener el día libre?
Yes, you may.	Sí, pueden.
No, you may not.	No, no pueden.

May I read your book?	¿Puedo leer su libro?
Yes, you may.	Sí, puede.
No, you may not.	No, no puede.

Can I read your book?   ¿Puedo leer su libro?
Yes, you can.   Sí, puede.
No, you can't.   No, no puede.

§9.134

Can, could, will, y would se usan para pedir un favor. Use please antes del verbo o al final de la frase.

Can you please open   ¿Puede abrir la puerta, por
  the door?   favor?
Sure!   ¡Claro que sí!

Could you please   ¿Podría abrir la puerta?
  open the door?
I'll be glad to!   ¡Con mucho gusto!

Will you open the   ¿Me abre la puerta, por favor?
  door, please?
Yes, I will.   Sí, te la abro.

Would you open the   ¿Me hace el favor de abrir la
  door, please?   puerta?
I'm sorry. I can't help   Lo siento. No lo puedo ayudar.
  you.

§9.135

Should, ought to, y had better expresan consejos.

Declaración		I/You/He/She/It/We/They should	work.
Pregunta	Should	I/you/he/she/it/we/they	work?
Respuesta corta	Yes,	I/you/he/she/it/we/they should.	
Negativa		I/You/He/She/It/We/They shouldn't work.	
Respuesta corta negativa	No,	I/you/he/she/it/we/they shouldn't.	

Declaración	I/You/He/She/It/We/They ought to work.
Pregunta (use should)	
Respuesta corta (use should)	
Negativa	I/You/He/She/It/We/They ought not to work.
Respuesta corta negativa (use should)	

Declaración		I/You/He/She/It/We/They	had better	work.
Pregunta *(use should)*				
Respuesta corta	Yes,	I/you/he/she/it/we/they	'd better.	
Negativa		I/You/He/She/It/We/They	had better not	work.
Respuesta corta negativa	No,	I/you/he/she/it/we/they	'd better not.	

Ejemplos

You *should* arrive on time.	Ud. debería llegar a tiempo.
You *ought to* arrive on time.	Ud. debería llegar a tiempo.
You *shouldn't* go alone.	No debería ir sola.
You *ought not to go* alone.	No debería ir sola.
You *had better* arrive on time.	Le aconsejo que llegue a tiempo.
You'*d better not* arrive late.	Le aconsejo que no llegue tarde.

§9.136

Must y *have to* expresan necesidad u obligación. *Must* es un auxiliar modal; *have to* se conjuga como *have*.

Use *have to* o *has to* (no *must*) para preguntas y declaraciones negativas.

Declaración	I/You/He/She/It/We/They	must	work.
Pregunta *(use have to)*			
Respuesta corta *(use have to)*			
Negativa *(use have to)*			

Declaración		I/You/We/They		have to	work.
Pregunta	Do	I/you/we/they		have to	work?
Respuesta corta	Yes,	I/you/we/they	do.		
Negativa		I/You/We/They	don't	have to	work.
Respuesta corta negativa	No,	I/you/we/they	don't.		

Declaración		He/She/It		has to	work.
Pregunta	*Does*	*he/she/it*		*have to*	*work?*
Respuesta corta	*Yes,*	*he/she/it*	*does.*		
Negativa		*He/She/It*	*doesn't*	*have to*	*work.*
Respuesta corta negativa	*No,*	*he/she/it*	*doesn't.*		

What do you have to do?	¿Qué tiene que hacer?
I have to study.	Tengo que estudiar.
What do you have to do?	¿Qué tiene que hacer?
I must study.	Tengo que estudiar.
Do you have to study?	¿Tienes que estudiar?
I don't have to study.	No, no tengo que estudiar.

Be supposed to indica comportamiento que se hace por costumbre.

Am I supposed to wear a tie?	¿Debo usar corbata?
Yes, you are.	Sí, debes usar una corbata.
Why are they mad at me?	¿Por qué están molestos conmigo?
Because you are supposed to arrive on time.	Porque debes llegar a tiempo.
Are we supposed to stay here?	¿Debemos quedarnos aquí?
No. You are not supposed to stay.	No, no deben quedarse.

§9.137   *Must not* expresa prohibición.

Declaración		I/You/He/She/It/We/They	*must not*	work.
Pregunta *(use may)*				
Respuesta corta	*No,*	*I/you/he/she/it/we/they*	*mustn't.*	

Ejemplos

You *must not cross the street here.*	Se prohibe cruzar la calle aquí.
She *must not drive without a license.*	Ella no debe manejar sin licencia.
They *mustn't make any noise.*	Ellos no deben hacer ruido.

§9.138   *Must* también puede expresar probabilidad.

Declaración	*I/You/He/She/It/We/They*	*must*	*be lost.*
Pregunta (use *posible*)			
Negativa	*I/You/He/She/It/We/They*	*must not*	*be lost.*

Why isn't he here?	¿Por qué no está él?
He must be lost.	A lo mejor está perdido.
Why is she coughing?	¿Por qué tose?
She must have a cold.	A lo mejor tiene un resfriado.
Why do they speak so well?	¿Por qué hablan ellos tan bien?
They must practice a lot.	A lo mejor practican mucho.
Why is he resting?	¿Por qué está descansando él?
He must not* be busy.	A lo mejor no está ocupado.

*No se puede usar una contracción con *must not* cuando tiene el significado de probabilidad.

§9.139   *Would like to* expresa deseo, cortésmente.

Declaración		*I/You/He/She/It/We/They*	*would*	*like to*	*work.*
Pregunta	*Would*	*you/he/she/they*		*like to*	*work?*
Respuesta corta	*Yes,*	*I/you/he/she/we/they*		*would.*	
Negativa		*I/You/He/She/It/We/They*		*wouldn't like to*	*work.*
Respuesta corta negativa	*No,*	*I/you/he/she/we/they*		*wouldn't.*	

What *would you like to do?*	¿Qué te gustaría hacer?
I'd like to walk.	Me gustaría caminar.
What *would your* friend *like to do?*	¿Qué le gustaría hacer a tu amiga?
She'd like to rest.	Le gustaría descansar.
Would you like a cup of coffee?	¿Te gustaría un café?
Yes, I would, thanks.	Sí, gracias.
Would your son like a sandwich?	¿Quisiera un sándwich su hijo?
No, thank you.	No, gracias.
He isn't hungry.	No tiene hambre.

§9.140   *Would rather* expresa preferencia.

Declaración	*I/You/He/She/We/They*		*would*	*rather*	*work.*
Pregunta	*Would*	*you/he/she/they*		*rather*	*work?*
Respuesta corta	*Yes,*	*I/you/he/she/we/they*		*would.*	
Negativa	*I/You/He/She/We/They*		*would*	*rather not work.*	
Respuesta corta negativa	*No,*	*I/you/he/she/we/they*		*wouldn't.*	

Would you rather dance or watch TV?	¿Prefieres bailar o ver la televisión?
I would rather dance.	Prefiero bailar.
What *would you* rather *do?*	¿Qué prefiere hacer Ud.?
I'd rather dance.	Yo prefiero bailar.
What *would they* rather *do?*	¿Qué prefieren hacer ellos?
They'd rather watch TV.	Prefieren ver la televisión.
Wouldn't your friend rather *dance?*	¿No prefiere bailar tu amigo?
Yes, he would.	Sí, lo prefiere.
No, he would rather not dance.	No, él prefiere no bailar.

§9.2
PRESENT
PROGRESSIVE
TENSE

El *present progressive tense* expresa acción ya empezada pero no terminada.

(a) Para formar este tiempo, use una forma de *be* + el *present participle* del verbo. **(§8)**

(1) *I am working.* = Yo estoy trabajando. / Yo trabajo ahora.

Declaración		*I*	*am*		*working.*
Pregunta	*Am*	*I*			*working?*
Respuesta corta	*Yes,*	*I*	*am.*		
Negativa		*I*	*am ('m)*	*not*	*working.*
Respuesta corta negativa	*No,*	*I*	*'m*	*not.*	

(2) *You are working.* =
Ud. está trabajando. / Ud. trabaja ahora.
Tú estás trabajando. / Tú trabajas ahora.
Uds. están trabajando. / Uds. trabajan ahora.

Declaración		*You/We/They*	*are*		*working.*
Pregunta	*Are*	*you/we/they*			*working?*
Respuesta corta	*Yes,*	*you/we/they*	*are.*		
Negativa		*You/We/They*	*are*	*not*	*working.*
Respuesta corta negativa	*No,*	*you/we/they*	*aren't.*		

(3) *He is working.* = Él está trabajando. / Él trabaja ahora.
She is working. = Ella está trabajando. / Ella trabaja ahora.
It is working. = (La máquina) está funcionando. / Funciona ahora.

Declaración		*He/She/It*	*is*		*working.*
Pregunta	*Is*	*he/she/it*			*working?*
Respuesta corta	*Yes,*	*he/she/it*	*is.*		
Negativa		*He/She/It*	*is*	*not*	*working.*
Respuesta corta negativa	*No,*	*he/she/it*	*isn't.*		

(b) La acción del *Present Progressive* es lo que está pasando <u>ahora</u>. Se usa solamente con verbos de acción. **(§9.128)**
Como no se usa el *present tense* para indicar acción ya en progreso, hay que usar el *present progressive* con los adverbios que significan <u>ahora</u>. La ubicación de estas expresiones de tiempo presente es después del *present participle*.

Expresiones que significan <u>ahora</u>:

now	ahora
right now	ahora mismo
presently	actualmente
at present	ahora
at this time	ahora
at the moment	en este momento
this week	esta semana
this month	este mes
this year	este año
this summer	este verano
this afternoon	esta tarde
this evening	esta tarde / esta noche
tonight	esta noche
these days	en estos días
nowadays	hoy en día

What are you doing?	¿Qué haces ahora?/ ¿Qué estás haciendo?
I am studying.	Estudio ahora./ Estoy estudiando.
Who is talking?	¿Quién habla?/ ¿Quién está hablando?
Joe is talking.	Joe habla ahora./ Joe está hablando.
What are they doing this summer?	¿Qué hacen ellos? / ¿Qué están haciendo este verano?
They are working.	Trabajan. / Están trabajando.

¡OJO! Para traducir <u>Hablo con John ahora</u> sería incorrecto decir "*I talk to John now.*" La forma correcta es *I am talking to John.*

§9.21
Formas
separadas
del progresivo

(a) Emplee la palabra *still* con el *present progressive* para dar énfasis a la duración de la acción. Use *not any more* para indicar que la acción se ha terminado. *Still* y *not* separan *be* y el *present participle*. Las normas son

sujeto + *be* + *still* + *present participle;*
sujeto + *be* + *not* + *present participle* + *anymore.*

Are they still sleeping?	¿Ellos están durmiendo todavía?
Yes, they are.	Sí. Todavía están durmiendo.
They are still sleeping.	

Are you still working?	¿Ud. está trabajando todavía?
No, I'm not.	No, ya no estoy trabajando.
I'm not working anymore.	

(b) Los adverbios que intensifican el verbo siempre separan *be* y el *present participle*. **(§18.6)**

We are really enjoying our vacation.	Estamos gozando mucho de nuestras vacaciones.
He is hardly working. **(§18.8)**	Él está trabajando muy poco.

(c) No se usan los adverbios de frecuencia *(sometimes, never, occasionally, seldom, often)* con el *present progressive*. **(§18.4)**
En una conversación informal, *always*, empleado con el *present progressive* indica molestia o preocupación. En este caso, *always* separa la forma de *be* del *present participle*.

Ejemplos

He is always calling me.	Me molesta que él me llame tanto.
She is always talking in class.	Me molesta que ella siempre hable en la clase.
She is always sneezing.	Me preocupa que ella estornude tanto.

(d) Los adverbios que indican la hora, la ubicación, o la manera de la acción se pueden colocar entre *be* y el *present participle*, o al final de la frase.

She is now working on her degree. She is working on her degree now.	Ella está estudiando para su título ahora.
We are here playing tennis. We are playing tennis here.	Estamos jugando al tenis aquí.
They are happily playing outside. They are playing outside happily.	Ellos están contentos jugando afuera.

§9.22 Verbos generalmente no progresivos

Ciertos verbos expresan hechos que se realizan inconscientemente. Emplee el *present tense*—no el *present progressive*—con estos verbos.

(a) los verbos de significación semejante al *be*

be	ser / estar
exist	existir
appear	parecer
seem	parecer
smell	oler a
taste	saber a

Who is she?	¿Quién es ella?
She is the teacher.	Ella es la maestra.
How does it seem to you?	¿Qué le parece?
It seems unfair.	Me parece injusto.
What is that perfume like?	¿Cómo es ese perfume?
It smells good.	Huele bien.
What does that ice cream taste like?	¿Cómo está ese helado?
It tastes good.	Está bien.

(b) los verbos que expresan conocimientos, pensamientos, y opiniones

believe	creer
know	saber / conocer

think	pensar / creer / opinar
understand	entender
remember	recordar
forget	olvidar

| *Do you believe in love at first sight?* | ¿Cree Ud. en el amor a primera vista? |
| *No, I don't. I don't believe in love at first sight.* | No, no creo en el amor a primera vista. |

| *Does he know the secret?* | ¿Sabe él el secreto? |
| *He doesn't know it.* | No lo sabe. |

| *What does your mother think?* | ¿Qué opina su mamá? |
| *She thinks it's wonderful.* | Ella cree que es maravilloso. |

| *Do you understand the lesson?* | ¿Entiendes tú la lección? |
| *Yes. I understand it.* | Sí, la entiendo. |

| *Does she remember me?* | ¿Ella se acuerda de mí? |
| *No. She doesn't remember you.* | No. No se acuerda de ti. |

(c) los verbos que significan posesión

have	tener
own	poseer
contain	contener

| *Do you have a car?* | ¿Tienes carro? |
| *Yes, I do. I have a car.* | Sí, tengo carro. |

| *Does he own a house?* | ¿Posee él una casa? |
| *Yes. He owns a house.* | Sí, posee una casa. |

| *What does this box contain?* | ¿Qué contiene esta caja? |
| *It contains books.* | Contiene libros. |

(d) los verbos que expresan el uso automático de los
    sentidos

see	ver
hear	oír / escuchar
smell	oler

| *What do you see?* | ¿Qué ve Ud.? |
| *I see the man.* | Veo al hombre. |

| *Do you hear a strange noise?* | ¿Oye Ud. un ruido extraño? |
| *No. I don't hear anything.* | No, no oigo nada. |

¡OJO! En inglés es incorrecto decir, "I am seeing this,"
o "She is hearing that."

(e) los verbos que expresan deseo, necesidad, y preferencia

want	querer
need	necesitar
prefer	preferir
hate	odiar
like*	gustar
love**	encantar / querer / amar

*Like significa gustar (para cosas y personas), pero se usa
como querer. La persona a quien le gusta algo es el sujeto
de la oración.

**Love significa encantar. La persona a quien le encanta
algo es el sujeto de la oración.

Love también significa querer y amar (para personas).

Ejemplos

| *I like the dress.* | Me gusta el vestido. |
| *I like the dresses.* | Me gustan los vestidos. |

| *You like the dress.* | Te gusta el vestido. |
| *You like the dresses.* | Te gustan los vestidos. |

| *She likes the dress.* | Le gusta el vestido. |
| *She likes the dresses.* | Le gustan los vestidos. |

| *We like the dress.* | Nos gusta el vestido. |
| *We like the dresses.* | Nos gustan los vestidos. |

They like the dress.	Les gusta el vestido.
They like the dresses.	Les gustan los vestidos.

I like the new boy.	Me gusta el muchacho nuevo.
He likes you.	Le gustas a él.
He likes me.	Le gusto a él.

I love ice cream.	Me encanta el helado.
I love my brother.	Quiero a mi hermano.
He loves his wife.	Ama a su esposa.

What does he want?	¿Qué quiere él?
He wants a cold drink.	Quiere un refresco.

Do they need anything?	¿Ellos necesitan algo?
They need books.	Necesitan libros.

What color does he prefer?	¿Qué color prefiere él?
He prefers red.	Prefiere el rojo.

What flavor of ice cream do you like?	¿Qué sabor de helado te gusta?
I like chocolate.	Me gusta el chocolate.

Does he love her?	¿Él la quiere?
Yes. He loves her.	Sí, la quiere.

¡OJO! Cuando estos verbos expresan un esfuerzo o acción consciente, se usa el *present progressive*, y el significado cambia.

being	actuando a propósito / fingiendo
thinking	concentrando
remembering	pensando en un evento del pasado
seeing a person	andando con alguien
smelling	olfateando
loving	gozando de un suceso temporal
hating	pasando muy mal un suceso temporal

Ejemplos

He is being difficult.	Él no está cooperando.
She is being selfish.	Ella se está portando de una manera egoísta.
I am thinking about you.	Estoy pensando en ti.
She is remembering her wedding.	Ella está pensando en su boda.

She is seeing John.	Ella anda con John.
The dogs are smelling all the boxes.	Los perros están olfateando todas las cajas.
They are loving every minute of their vacation.	Ellos están gozando de cada minuto de sus vacaciones.
She is hating her stay in the hospital.	Ella no está contenta en el hospital.

Cuando *have* significa pasar temporalmente, se puede usar en el *present progressive*.

Ejemplos

We are having lunch.	Nosotros estamos almorzando ahora.
She is having a good time.	Ella la está pasando muy bien.
They are having fun.	Ellos se están divirtiendo.
He is having trouble parking.	Él no puede estacionarse.
They are having an argument.	Ellos están discutiendo.
We are having a meeting.	Estamos en una reunión.
She is having a party.	Ella tiene una fiesta en su casa.
She is having a baby.	Ella está embarazada.
She is having a baby.	Ella está dando a luz.

§9.3 PRESENT PERFECT TENSE

El *present perfect* tense se usa para explicar la influencia del pasado en el presente.

§9.31 Forma

Use una forma presente de *have* + el *past participle* del verbo.

Declaración		*I/You/We/They*	*have*		*worked.*
Pregunta	*Have*	*I/you/we/they*			*worked?*
Respuesta corta	*Yes,*	*I/you/we/they*	*have.*		
Negativa		*I/You/We/They*	*have*	*not*	*worked.*
Respuesta corta negativa	*No,*	*I/you/we/they*	*haven't.*		

Declaración		He/She/It	has		worked.
Pregunta	Has	he/she/it			worked?
Respuesta corta	Yes,	he/she/it	has.		
Negativa		He/She/It	has	not	worked.
Respuesta corta negativa	No,	he/she/it	hasn't.		

§9.32
Usos del present perfect

El *present perfect* tiene los usos siguientes.

§9.321

Para indicar que la acción acaba de pasar, use *just* o *finally*.

Modelo: *have   +   just   +   past participle*
    have   +   finally   +   past participle

Have they arrived yet?	¿Han llegado ellos ya?
Yes. They have just arrived.	Sí, acaban de llegar.
What has happened?	¿Qué acaba de pasar?
The President has just entered.	El presidente acaba de entrar.
Have you finished?	¿Han terminado Uds.?
We have finally finished.	Por fin hemos terminado.

§9.322

Para expresar una acción que empezó en el pasado y que todavía ocurre.

Use *for* + un período de tiempo, o *since* + una hora o fecha específica.

*How long **have you lived** here?*	¿Hace cuánto tiempo que Ud. vive aquí?
I have lived here for five months.	Hace cinco meses que vivo aquí.
I have lived here since February.	Vivo aquí desde febrero.

§9.323

Para indicar experiencia.
Antes del *past participle*, use

ever	alguna vez
never	nunca / jamás

Al final de la frase, use

before	antes
once	una vez
twice	dos veces
three times	tres veces
many times	muchas veces

Have you ever driven a truck?	¿Has manejado un camión alguna vez?
Yes, I have.	Sí, manejé un camión una vez.
I have driven a truck before.	
No, I haven't.	No, no he manejado un camión nunca.
I have never driven a truck.	

How many times have you been in Mexico?	¿Cuántas veces has estado en México?
I have been in Mexico four times.	He estado en México cuatro veces.

How many times has he seen that movie?	¿Cuántas veces ha visto él esa película?
He has seen it five times.	La ha visto cinco veces.

§9.324

Para explicar una condición del presente, use *already* o *not yet*.
Modelo: *have + already + past participle*
        have + not + past participle + yet

I am not hungry because I have already eaten.	No tengo hambre porque ya comí.

He does not want to see that movie because he has already seen it.	Él no quiere ver esa película porque ya la vio.

We are tired because we have not slept yet.	Estamos cansados porque todavía no hemos dormido.

She is hungry because she has not eaten yet.	Ella tiene hambre porque no ha comido todavía.

§9.325 Para indicar que una acción no na terminado todavía al final de la frase, use *so far* o *not yet*.

What have you done (so far)?	¿Qué has hecho (hasta ahora)?
I have taken half of my medicine.	He tomado la media parte de mis medicamentos.
How far has he walked?	¿Qué distancia ha caminado?
He has walked four miles.	Ha caminado cuatro millas.
Have you finished eating dinner yet?	¿Han terminado de cenar ya?
No, we haven't finished yet.	No, no hemos terminado todavía.

§9.326 Para indicar que se espera una acción, use *yet* al final de la frase.

Have you seen him?	¿Lo has visto?
No, I haven't seen him yet.	No, no lo he visto todavía.
I haven't seen him since 4 o'clock.	No lo he visto desde las cuatro.
Has she cooked dinner?	¿Ha cocinado la cena ya?
No, she hasn't cooked dinner yet.	No, no ha cocinado la cena todavía.
Have they arrived yet?	¿Han llegado ellos ya?
No, they haven't. They haven't arrived yet.	No, no han llegado todavía.

¡OJO! Con la excepción del uso de *since*, no se usa el Presente Perfecto con una noción temporal específica como *ayer, la semana pasada,* etc. Es incorrecto decir, "I have eaten yesterday," o "He has received a letter last week." Con las palabras que expresan horas o fechas específicas, hay que emplear el *Past Tense*. (§10)

§9.4
PRESENT PERFECT PROGRESSIVE TENSE

El *Present Perfect Progressive* enfatiza que la acción pasada estaba en progreso.

§9.41
Formas

Use el *Present Tense* de *have + been + present participle*.

Declaración		I/You/We/They	have	been	working.
Pregunta	Have	I/you/we/they		been	working?
Respuesta corta	Yes,	I/you/we/they	have.		
Negativa		I/You/We/They	have not	been	working.
Respuesta corta negativa	No,	I/you/we/they	haven't.		

Declaración		He/She/It	has	been	working.
Pregunta	Has	he/she/it		been	working?
Respuesta corta	Yes,	he/she/it	has.		
Negativa		He/She/It	has not	been	working.
Respuesta corta negativa	No,	he/she/it	hasn't.		

§9.42
Usos

Con este tiempo, se usan las palabras siguientes.

all day	todo el día
all night	toda la noche
all week	toda la semana
all year	todo el año
for ten minutes	por diez minutos (u otro período de tiempo)
since ten o'clock	desde las diez (u otra hora o fecha específica)

What have you been doing all day?	¿Qué has estado haciendo hoy?
I've been studying all day.	He estado estudiando todo el día.
How long has he been driving?	¿Hace cuánto tiempo que él está manejando?
He has been driving for six hours.	Hace seis horas que está manejando.
He has been driving since six A.M.	Está manejando desde las seis de la mañana.

Los ejercicios para este capítulo se encuentran en las páginas 315–324.

§10.
Verbos (tiempo pasado)— *Verbs (Past Tense)*

§10.1
PAST TENSE

Se usa el *Past Tense* para indicar una situación o una acción que empezó y terminó en el pasado.

Con este tiempo se usan las palabras siguientes al principio o al final de la frase.

before	antes
then	entonces
yesterday	ayer
last night	anoche
last week	la semana pasada
last month	el mes pasado
last year	el año pasado
five minutes ago	hace cinco minutos (u otro período de tiempo)
after that	después de eso

§10.11
Be (ser/estar)

Las formas del verbo *be* en el pasado son

Declaración		*I/He/She/It*	*was.*
Pregunta	*Was*	*I/he/she/it?*	
Respuesta corta	*Yes,*	*I/he/she/it*	*was.*
Negativa		*I/He/She/It*	*was not.*
Respuesta corta negativa	*No,*	*I/he/she/it*	*wasn't.*

I was	Yo estaba / estuve / era / fui
He was	El estaba / estuvo / era / fue
She was	Ella estaba / estuvo / era / fue
It was	(La cosa) estaba / estuvo / era / fue
There was	había / hubo

Declaración		*You/We/They*	*were.*
Pregunta	*Were*	*you/we/they?*	
Respuesta corta	*Yes,*	*you/we/they*	*were.*
Negativa		*You/We/They*	*were not.*
Respuesta corta negativa	*No,*	*you/we/they*	*weren't.*

You were	Ud. estaba / estuvo / era / fue
	Uds. estaban / estuvieron / eran / fueron
	Tú estabas / estuviste / eras / fuiste
We were	Nosotros estábamos / estuvimos /
	éramos / fuimos
They were	Ellos estaban / estuvieron / eran / fueron
There were	Había / hubo

How was the weather last week?	¿Cómo estaba el tiempo la semana pasada?
It was cloudy.	Estaba nublado.
How were you last night?	¿Cómo estabas anoche?
I was sick.	Estaba enfermo.
Where were you?	¿Dónde estabas?
I was at home.	Estaba en casa.
Were you alone?	¿Estabas solo?
Yes, I was.	Sí, estaba solo.
Where were your keys?	¿Dónde estaban tus llaves?
They were in my pocket.	Estaban en mi bolsillo.
Were my friends there?	¿Estaban allí mis amigos?
Yes, they were.	Sí, estaban allí.
Were they happy?	¿Estaban contentos?
No, they weren't.	No, no estaban contentos.
Whose coat was this?	¿De quién era este abrigo?
It was my sister's.	Era de mi hermana.
What was your mother like then?	¿Cómo era tu mamá entonces?
She was brilliant.	Era muy lista.
What color was this dress before it was washed?	¿De qué color era este vestido antes de lavarse?
It was blue.	Era azul.

What time was it when he called?	¿Qué hora era cuando él llamó?
It was five-thirty.	Eran las cinco y media.
What was that noise last night?	¿Qué fue ese ruido anoche?
That was the wind.	Eso fue el viento.
When was the test?	¿Cuándo fue el examen?
It was yesterday.	Fue ayer.
Was the test hard?	¿Fue difícil el examen?
Yes, it was.	Sí, fue difícil.
Was it long?	¿Fue largo?
No, it wasn't.	No, no fue largo.
What was there in the room before?	¿Qué había en la habitación antes?
There was a lamp.	Había una lámpara.
How many chairs were there before?	¿Cuántas sillas había?
There were ten chairs.	Había diez sillas.

§10.12
Todos los otros verbos

Con la excepción del verbo *be* (**§10.11**), la forma del verbo en el *Past Tense* es la misma para todos los sujetos.
Para una declaración positiva, use el <u>sujeto</u> + el *Past Tense* del verbo.
Para una pregunta, una declaración negativa, o una respuesta corta, use *did* + el <u>verbo básico</u>.

Declaración		*I/You/He/She/It/We/They*	*worked.*
Pregunta	*Did*	*I/you/he/she/it/we/they*	*work?*
Respuesta corta	*Yes,*	*I/you/he/she/it/we/they*	*did.*
Negativa		*I/You/He/She/It/We/They*	*did not work.*
Respuesta corta negativa	*No,*	*I/you/he/she/it/we/they*	*didn't.*

Para formar el *Past Tense* de los verbos regulares,
(1) añada *ed* al verbo básico, o *d* a un verbo que termine
con *e:*

ed		*d*	
I walked.	Yo caminé.	*I danced.*	Yo bailé.
He helped.	Él ayudó.	*He changed.*	Él cambió.
They laughed.	Ellos se rieron.	*We believed.*	Creímos.

(2) Cuando el verbo básico termina con *y* después de una
consonante, elimine la *y* y añada *ied.*

cry	llorar	*I cried.*	Yo lloré.
try	tratar	*She tried.*	Ella trató.
study	estudiar	*We studied.*	Nosotros estudiamos.
testify	testificar/ declarar	*They testified.*	Ellos testificaron.

Muchos verbos tienen formas irregulares en el *Past Tense.*
Véase al Apéndice en la página 406 para una lista de los
verbos irregulares más comunes.

Ejemplos

What did you do?	¿Qué hizo Ud?
I laughed a lot.	Me reí mucho.
I didn't laugh.	No me reí.
Did he study?	¿Estudió él?
Yes, he did.	Sí, estudió.
No, he didn't.	No, no estudió.
What did you do?	¿Qué hiciste?
I ran to the store.	Corrí a la tienda.
I didn't run home.	No corrí a casa.
What did she do?	¿Qué hizo ella?
She went to the movies.	Fue al cine.
She didn't go home.	No fue a casa.
What did you do?	¿Qué hicieron Uds.?
We read in the afternoon.	Leímos en la tarde.
We didn't sleep.	No dormimos.

| What *did they do?* | ¿Qué hicieron ellos? |
| They *slept* nine hours. | Durmieron nueve horas. |

Did you run?	¿Corriste?
Yes, I did.	Sí, corrí.
No, I didn't.	No, no corrí.

Did he go?	¿Fue él?
Yes, he did.	Sí, fue.
No, he didn't.	No, no fue.

Did you read?	¿Leyeron Uds.?
Yes, we did.	Sí, leímos.
No, we didn't.	No, no leímos.

Did they sleep?	¿Durmieron ellos?
Yes, they did.	Sí, durmieron.
No, they didn't.	No, no durmieron.

§10.13 Modales en el pasado

Significado	Presente	Pasado	Pasado negativo
habilidad	*can*	*could*	*couldn't*
permiso	*may*	*could* *was allowed to*	*couldn't* *wasn't allowed to*
posibilidad	*may / might*	*may have +* *past participle /* *might have +* *past participle*	*may not have +* *past participle /* *might not have +* *past participle*
consejo	*should*	*should have +* *past participle*	*should not have* *+ past participle*
necesidad	*have to / must*	*had to*	*didn't have to*
probabilidad	*must*	*must have +* *past participle*	*must not have +* *past participle*

Were you able to work?	¿Pudiste / podías trabajar?
Yes, I was.	Sí, pude / podía trabajar.
I was able to work.	
No, I wasn't.	No, no pude trabajar.
I wasn't able to work.	

Could you work?	¿Pudiste / podías trabajar?
Yes, I could.	Sí, pude / podía trabajar.
I could work.	
No, I couldn't.	No, no pude / podía trabajar.
I couldn't work.	

Did he work?	¿Trabajó él?
He may have.	Es posible que haya trabajado.
He may have worked.	
He might have.	
He might have worked.	
He may not have.	Es posible que no haya trabajado.
He may not have worked.	
He might not have.	
He might not have worked.	
Was she allowed to work?	¿Se le permitió a ella trabajar?
Yes, she was.	Sí, se le permitió.
She was allowed to work.	Se le permitió trabajar.
No, She wasn't.	No, no se le permitió.
She wasn't allowed to.	
Should we have worked?	¿Debiéramos haber trabajado? / ¿Debimos trabajar?
Yes, you should have.	Sí, debieran haber trabajado.
You should have worked.	Sí, debieron trabajar.
No, you shouldn't have.	No debieran haber trabajado. / No debieron trabajar.
You shouldn't have worked.	
Did they have to work?	¿Tuvieron/tenían que trabajar?
Yes, they did.	Sí, tuvieron/tenían que trabajar.
They had to work.	
No, they didn't.	No, no tuvieron / tenían que trabajar.
They didn't have to work.	
Did he work?	¿Trabajó él?
Yes, he must have.	Sí, se supone que ha trabajado.
He must have worked.	
No, he must not have.	No. Se supone que no ha trabajado.
He must not have worked.	

§10.14
Casos
especiales

Note la traducción de los verbos siguientes.

| conocer | Yo lo conocía. | *I knew him.* |
| | Yo lo conocí ayer. | *I met him yesterday.* |

| estar | El estaba aquí. | *He was here.* |
| | El estuvo aquí a las ocho. | *He got here at eight.* |

| poder | Ella podía hacerlo. | *She could do it.* |
| | Por fin ella pudo hacerlo. | *She finally managed to do it.* |

querer	Yo quería hacerlo.	*I wanted to do it.*
	Yo quise hacerlo.	*I tried to do it.*
	Yo no quise hacerlo.	*I refused to do it.*

saber	Ellos sabían la verdad.	*They knew the truth.*
	Ellos supieron la verdad ayer.	*They learned the truth yesterday.*
	La supieron ayer.	*They found out yesterday.*

§10.2
PAST PROGRESSIVE TENSE

El *Past Progressive* describe una acción que ya estaba pasando cuando otra acción ocurrió. Este tiempo equivale al uso progresivo del imperfecto o del imperfecto de estar + gerundio. Use el pasado de *be* + el *present participle*.

Declaración		I/He/She/It	was		working.
Pregunta	Was	I/he/she/it			working?
Respuesta corta	Yes,	I/he/she/it	was.		
Negativa		I/He/She/It	was	not	working.
Respuesta corta negativa	No,	I/he/she/it	wasn't.		

I was working. — Yo trabajaba. / Yo estaba trabajando.
He was working. — Él trabajaba. / Él estaba trabajando.
She was working. — Ella trabajaba. / Ella estaba trabajando.
It was working. — (La máquina) trabajaba. / Estaba trabajando.

Declaración		You/We/They	were		working.
Pregunta	Were	you/we/they			working?
Respuesta corta	Yes,	you/we/they	were.		
Negativa		You/We/They	were	not	working.
Respuesta corta negativa	No,	you/we/they	weren't.		

You were working.   Tú trabajabas. / Tú estabas trabajando.
Ud. trabajaba. / Ud. estaba trabajando.
Uds. trabajaban. / Uds. estaban trabajando.
We were working.   Nosotros trabajábamos. / Nosotros estábamos trabajando.
They were working.   Ellos trabajaban. / Ellos estaban trabajando.

¡OJO! Siempre se usa el *Past Progressive* en relación con un tiempo o evento del pasado.

What were you doing at 10 o'clock?   ¿Qué hacías a las diez?
I was sleeping.   Yo dormía.

What was he doing at that time?   ¿Qué hacía él a esa hora?
He was working.   Estaba trabajando.

What was she doing when I arrived?   ¿Qué estaba haciendo ella cuando yo llegué?
She was sleeping.   Ella dormía.

What were they doing when it started to rain?   ¿Qué hacían ellos cuando empezó a llover?
They were having a picnic.   Hacían un picnic.

What were you doing then?   ¿Qué hacían Uds. entonces?
We were dancing.   Estábamos bailando.

Otro modelo común es
when / while / as + sujeto + *was / were* + *present participle* + coma + evento del pasado

When they were eating, the phone rang.
Mientras comían, sonó el teléfono.

When we were dancing, John called.
Mientras bailábamos, llamó John.

While they were having a picnic, it started to rain.
Mientras hacían un picnic, empezó a llover.

As I was walking to the store, I fell down.
Cuando estaba caminando a la tienda, me caí.

Compare el *Past Progressive Tense* con el *Past Tense*.

My friends were laughing when I arrived at the party.
Mis amigos estaban riéndose cuando yo llegué a la fiesta. (Empezaron a reírse antes de mi llegada.)

My friends laughed when I arrived at the party.
Mis amigos se rieron cuando yo llegué a la fiesta. (Empezaron a reírse al verme.)

She was crying when he left.
Ella estaba llorando cuando él se fue. (Empezó a llorar antes que se fuera él.)

She cried when he left.
Ella empezó a llorar cuando él se fue.

Cuando hay dos o más eventos en progreso en el pasado, se puede usar el *Past Progressive* para describir todas las acciones.

When they were dancing, we were watching television.
Mientras bailaban ellos, nosotros veíamos la televisión.

While you were talking on the phone, I was washing the dishes.
Mientras tú hablabas por teléfono, yo lavaba los platos.

As he was walking down the street, he was singing.
Mientras él caminaba por la calle, cantaba.

§10.21
Palabras que separan *be* del participio

Las palabras *still* y *not* siempre separan *be* del *present participle*. (§18, §17)

They were still talking on the phone when I left.	Todavía estaban hablando por teléfono cuando yo salí.
When I got home, they were not talking on the phone anymore.	Cuando yo llegué a casa, ya no estaban hablando por teléfono.

Los adverbios que intensifican los verbos (§18.6) también separan *be* del participio.

He was hardly paying attention.	Él casi no estaba prestando atención.
She was really trying.	Ella de verdad estaba haciendo un esfuerzo.

Los adverbios que demuestran ubicación, tiempo o manera pueden separar *be* del participio, o se pueden colocar al final de la frase.

He was there watching TV. He was watching TV there.	Él estaba ahí viendo la televisión.
She was in bed sleeping. She was sleeping in bed.	Ella estaba durmiendo en la cama.
We were later walking down the street. We were walking down the street later.	Más tarde, caminábamos por la calle.
I was slowly driving home. I was driving home slowly.	Yo manejaba lentamente a mi casa.

¡OJO! El imperfecto en español equivale al *Present Progressive* en inglés solamente cuando el sentido es progresivo. Los otros sentidos del imperfecto se expresan en inglés con el *Past Tense* (§10.12), con *used to* (§10.3), y con *would* (§10.4).

Ejemplos

I played with dolls when I was a child.	Yo jugaba con muñecas cuando era niña.
He used to call his mother a lot.	Él llamaba mucho a su mamá.
We often went to the beach.	Íbamos con frecuencia a la playa.
Sometimes they would watch TV at night.	A veces ellos veían la tele por la noche.

§10.22 Verbos no-progresivos en el pasado

Los verbos que no expresan acción, sino hechos, no se usan en el progresivo, aunque tengan un sentido progresivo. Generalmente, se usa el *Past Tense* con los verbos siguientes. (**§9.22**)

(a) los verbos con significado semejante al *be:*

be	ser / estar
exist	existir
appear	parecer
seem	parecer
smell	oler a
taste	tener sabor a

Who was the teacher?	¿Quién fue / era la maestra?
Miss Smith was the teacher.	La Srta. Smith fue / era la maestra.
How did it seem to you?	¿Qué te pareció / parecía?
It seemed unfair.	Me pareció/parecía injusto.
What was the perfume like?	¿Cómo era el perfume?
It smelled good.	Olía bien.
How did the pies taste?	¿Cómo estaban los pasteles?
They tasted good.	Estaban buenos.

(b) los verbos que expresan conocimiento, estado mental, u opinión:

believe	creer
know	saber / conocer
think	creer / pensar

understand	entender
remember	recordar
forget	olvidar

Did you believe it?	¿Lo creías / creíste?
Yes. I believed it.	Sí, lo creía / creí.

Did you know him then?	¿Lo conocías entonces?
No, I didn't know him.	No, no lo conocía.

What did they think about the new professor?	¿Qué pensaban / pensaron del nuevo profesor?
They thought he was good.	Pensaban / pensaron que era bueno.

Did you understand what he was saying?	¿Entendías/entendiste lo que estaba diciendo?
No. I didn't understand anything.	No, no entendía / entendí nada.

(c) los verbos que significan <u>posesión</u>:

have	tener
own	poseer
contain	contener

Did you have enough money?	Tenías / tuviste suficiente dinero?
No. I didn't have enough.	No, no tenía / tuve suficiente.

Did she own a house?	¿Poseía una casa?
No. She didn't own a house.	No, no poseía una casa.

What did the bottle contain?	¿Qué contenía la botella?
It contained poison.	Contenía veneno.

(d) verbos que expresan el uso automático de los sentidos:

see	ver
hear	oír
smell	oler

What did you see?	¿Qué vio Ud.?
I saw the man.	Vi al hombre.
What were you looking at?	¿Qué miraba / veía Ud.?
I was looking at the man.	Miraba / veía al hombre.
What did you hear?	¿Qué oyó Ud.?
I heard the man.	Oí al hombre.
What were you listening to?	¿Qué oía / escuchaba Ud.?
I was listening to the man.	Oía / escuchaba al hombre.

(e) verbos que expresan deseo, necesidad, o preferencia:

want	querer
need	necesitar
prefer	preferir
hate	odiar
*like**	
*love**	

Like y *love* se conjugan como todos los otros verbos regulares.
Like = gustarle a uno
Love = encantarle a uno (para las cosas), querer / amar (para las personas)

What did they want?	¿Qué querían ellos?
They wanted to buy a diamond.	Querían comprar un diamante.
Did you need anything?	¿Necesitabas algo?
No. I didn't need anything.	No, no necesitaba nada.
Which one did you prefer?	¿Cuál de ellos preferías/ preferiste?
I preferred the red one.	Prefería /preferí el rojo.

Did you like the movie?	¿Te gustaba / gustó la película?
Yes. I liked it.	Sí, me gustaba / gustó.
Did your friend like the movie?	¿Le gustaba / gustó la película a su amiga?
Yes. She loved it.	Sí, le encantaba / encantó.
Did she love her husband?	¿Ella amaba a su esposo?
No. She didn't love him.	No, no lo amaba / amó.

Cuando estos verbos expresan un esfuerzo consciente en el pasado, sí se usan en el progresivo, pero cambian de sentido.

being	actuando a propósito / fingiendo
thinking	pensando
remembering	pensando en el pasado
seeing *(a person)*	andando con alguien
smelling	olfateando
loving	pasándola bien
hating	pasándola muy mal
having	pasando una experiencia temporal

Ejemplos

She was being silly.	Ella se estaba portando de una manera tonta.
He was being so kind to me.	Él me trataba de una manera muy cariñosa.
We were thinking about you.	Estábamos pensando en Ud.
He was seeing her last year.	Él andaba con ella el año pasado.
The dogs were smelling the boxes.	Los perros olfateaban las cajas.
They were loving their vacation until she got sick.	Estaban pasando muy bien sus vacaciones hasta que ella se enfermó.
I was having dinner when you called.	Estaba comiendo cuando tú me llamaste.
She was having a good time.	Ella la estaba pasando muy bien.
We were having fun.	Nos divertíamos mucho.
Were you having trouble with the machine?	¿Tenías problemas con la máquina?

They were having an argument.	Ellos estaban discutiendo.
We were having a meeting.	Estábamos en una reunión.
They were having a party.	Ellos estaban de fiesta.

§10.23

Was going to + el verbo básico indica las intenciones que no resultaron.

Ejemplos

I was going to call Mary, but I fell asleep.	Yo iba a llamar a Mary, pero me dormí.
He was going to go to the party, but he got sick.	Él iba a ir a la fiesta, pero se enfermó.
They were going to get married, but her mother disapproved.	Ellos iban a casarse, pero la mamá de ella no lo aprobó.

§10.3
USED TO

Used to + el verbo básico tiene dos usos.

§10.31

Enfatiza que un hecho del pasado ha terminado de ser verdad.

She used to be the mayor.	Ella era la alcaldesa, pero ya no.
We used to be friends.	Éramos amigas, pero ya no.
I used to live in Europe.	Vivía en Europa, pero ya no.
He used to smoke.	Él fumaba, pero ya no.

§10.32

Indica acción habitual en el pasado.

We used to visit her on Sundays.	Nosotros la visitábamos los domingos.
They used to read poems to us.	Ellos nos leían versos.
He didn't use to help me.	Él no me ayudaba.
I used to stay after school to talk to the teacher.	Yo me quedaba en la escuela después de las clases para hablar con la maestra.

El significado de este uso de *used to* también se puede expresar con el *Past Tense* + una expresión que indica frecuencia o con *would* + el verbo básico. **(§10.4)**

*We used to visit her
   on Sundays.*
*We often visited her
   on Sundays.*   } La visitábamos los domingos.
*We would visit her
   on Sundays.*

*They used to read
   poems to us.*
*They always read
   poems to us.*   } Nos leían versos.
*They would always
   read poems to us.*

He didn't use to help me.
He never helped me.   } Él no me ayudaba.
He would never help me.

*I used to stay after
   school every afternoon.*
*I stayed after school
   every afternoon.*   } Yo me quedaba todas las tardes después de las clases.
*I would stay after
   school every afternoon.*

¡OJO! En el pasado, las palabras *always* y *never* indican acción habitual en inglés.

10.4 WOULD

Como se ve en los ejemplos anteriores, *would* + el verbo básico indica con frecuencia en el pasado.
Se usa la misma forma con todos los sujetos.
Use *would* para recordar los sucesos habituales del pasado.

Ejemplo

| *"When we were children, on Sundays we would always go to my grandmother's house. I would play with my cousin. My grandmother would always make a delicious dinner, and the whole family would eat at her big table. After dinner, we would all help wash the dishes, and it was fun. My mother would always talk to her mother in the kitchen for a long time, and then we would go home."* | Cuando éramos niños, íbamos todos los domingos a la casa de mi abuela. Yo jugaba con mi primo. Mi abuela de costumbre preparaba una comida muy rica, y comíamos con toda la familia alrededor de la mesa grande. Después de la comida, todos ayudábamos a lavar los platos y la pasábamos muy bien. Mi mamá solía hablar por un tiempo largo con mi abuela en la cocina y después nos íbamos a casa. |

Se puede usar *used to* o una expresión de frecuencia + el *Past Tense* como alternativas a este uso de *would*. **(§10.3)**

§10.5 PAST PERFECT TENSE

El *Past Perfect* relata un evento del pasado que sucedió antes de otro evento del pasado.

Use *had + past participle*

Declaración		*I/You/He/She/It/We/They*	*had*	*worked.*
Pregunta	*Had*	*I/you/he/she/it/we/they*		*worked?*
Respuesta corta	*Yes,*	*I/you/he/she/it/we/they*	*had.*	
Negativa		*I/You/He/She/It/We/They*	*had not*	*worked.*
Respuesta corta negativa	*No,*	*I/you/he/she/it/we/they*	*hadn't.*	

Use el *Past Perfect* con las palabras siguientes.

for	por / durante
since	desde
before	antes
ever	jamás / alguna vez
never	nunca / jamás
once	una vez
twice	dos veces

already	ya
yet	todavía
so far	hasta entonces
by then	antes de esa hora
just	ahorita
finally	por fin

(a) Use el *Past Tense* para el suceso más reciente y el *Past Perfect* para el suceso anterior.

Steve took his first trip to Central America last summer.	Steve hizo su primer viaje a Centroamérica el verano pasado.
Steve had never been in Central America before last summer.	Antes del verano pasado, Steve nunca había estado en Centroamérica.

John ate lunch at 1 o'clock.	John almorzó a la una.
At 1:30, Mr. Smith invited John to eat with him.	A la una y media, el Sr. Smith invitó a John a comer.
John had already eaten lunch when Mr. Smith invited him.	John ya había almorzado cuando el Sr. Smith lo invitó.

(b) Para enfatizar el resultado de la primera acción, mencione primero el suceso más reciente.

Joel won the election on Friday.	Joel ganó las elecciones el viernes.
On Saturday he had a big party.	Hizo una gran fiesta el sábado.
Joel had a party because he had finally won the election.	Joel hizo una fiesta porque por fin había ganado las elecciones.

Mike didn't read the newspaper.	Mike no leyó el periódico.
He didn't know the news.	No sabía las noticias.
Mike didn't know the news because he hadn't read the paper yet.	Mike no sabía las noticias, porque no había leído el periódico.

Kathleen didn't do her homework yesterday.	Kathleen no hizo su tarea ayer.
She couldn't go to the party last night.	No pudo ir a la fiesta anoche.

Kathleen couldn't go to the party because she hadn't done her homework.	Kathleen no pudo ir a la fiesta, porque no había hecho su tarea.
Brenda didn't study for the test.	Brenda no estudió para el examen.
She failed the test.	Falló en el examen.
Brenda failed the test because she hadn't studied.	Brenda falló en el examen, porque no había estudiado.

§10.6 PAST PERFECT PROGRESSIVE TENSE

El *Past Perfect Progressive* enfatiza que la acción anterior estaba en progreso.
Use *had been + present participle*.

Declaración		*I/You/He/She/It/We/They*	*had*	*been*	*working.*
Pregunta	*Had*	*I/you/he/she/it/we/they*		*been*	*working?*
Respuesta corta	*Yes,*	*I/you/he/she/it/we/they*		*had.*	
Negativa		*I/You/He/She/It/We/They*		*had not been working.*	
Respuesta corta negativa	*No,*	*I/you/he/she/it/we/they*		*hadn't.*	

Ejemplos

What had you been doing before you started to work?	¿Qué habías estado haciendo antes que empezaste a trabajar?
I had been studying for five years.	Había estado estudiando durante cinco años.
How long had he been driving when he fell asleep?	¿Hacía cuánto tiempo que manejaba cuando se durmió?
He had been driving for three hours.	Hacía tres horas que estaba manejando.

Los ejercicios para este capítulo se encuentran en las páginas 325–331.

§11.
Verbos (tiempo futuro)—
Verbs (Future Time)

Los tiempos del futuro expresan la anticipación de la acción. Antes del sujeto, o después del verbo, use

later	más tarde
tonight	hoy en la noche
tomorrow	mañana
the day after tomorrow	pasado mañana
next Tuesday	el martes próximo
next week	la semana que viene
next January	el enero próximo
next month	el mes que viene
next year	el año que viene
soon	pronto
some time / some day	algún día
ten years from now	de hoy en diez años
at ten o'clock	a las diez

La manera de expresar el futuro indica lo que la persona cree que va a suceder.

§11.1
PRESENT PROGRESSIVE USADO PARA EL FUTURO

Para indicar lo que uno tiene planeado, use el *present progressive* (§9.2) con una expresión del futuro.

What are you doing tomorrow?	¿Qué vas a hacer mañana?
I am studying.	Voy a estudiar.
What is she doing next week?	¿Qué va a hacer ella la semana que viene?
She is flying to San Antonio.	Vuela a San Antonio.
What is he speaking about next Friday?	¿De qué hablará la semana próxima?
He is speaking about taxes.	Hablará de los impuestos.

What are you wearing to the party tonight?	¿Qué van a ponerse para la fiesta hoy en la noche?
We are wearing long skirts.	Vamos a usar faldas largas.
When are they coming home?	¿Cuándo llegan a casa?
They are coming home next month.	Llegan a casa el mes que viene.
Are you working tomorrow?	¿Piensas trabajar mañana?
Yes, I am.	Sí, pienso trabajar.
Is she coming home next week?	¿Viene ella a casa la semana próxima?
No, she isn't.	No, no viene.

§11.2
BE GOING TO

Igualmente, para indicar lo que uno intenta hacer, se puede usar *be* + *going to* + el verbo básico.

What are you going to do tomorrow?	¿Qué vas a hacer mañana?
I am going to study.	Voy a estudiar.
What is she going to do next week?	¿Qué va a hacer ella la semana próxima?
She is going to fly to San Antonio.	Va a volar a San Antonio.
What is he going to speak about next Friday?	¿De qué va a hablar él el viernes próximo?
He is going to speak about taxes.	Va a hablar de los impuestos.
What are you going to wear to the party?	¿Qué van a ponerse para la fiesta?
We are going to wear long skirts.	Vamos a usar faldas largas.
When are they going to come home?	¿Cuándo vienen ellos a casa?
They are going to come home next month.	Vienen el mes que viene.

Para las respuestas cortas y las negativas, use el *present tense* del verbo *be*.

Are you going to study medicine?	¿Va a estudiar medicina Ud.?
Yes, I am.	Sí.
No, I'm not.	No.

Is he going to call you tonight?	¿Va a llamar a Ud. hoy en la noche?
Yes, he is.	Sí.
No, he isn't.	No.

Are they going to eat?	¿Van a comer ellos?
Yes, they are.	Sí.
No, they aren't.	No.

§11.3
WILL Y OTROS AUXILIARES MODALES

Use un auxiliar modal—*may, might, should*, o *will* + un verbo básico—para expresar una posibilidad, probabilidad, promesa, o predicción. Use la misma forma con todos los sujetos.

(1) Use *may, might* o *maybe* para indicar una posibilidad:

What are you doing tomorrow?	¿Qué vas a hacer mañana?
I may work. / I might work. / Maybe I will work.	Es posible que trabaje.
I may not work. / I might not work. / Maybe I won't work.	Es posible que no trabaje.

What is she doing tomorrow?	¿Qué va a hacer ella mañana?
She may not work. / She might not work. / Maybe she won't work.	Es posible que no trabaje.

(2) Use *should* para indicar <u>a lo mejor</u>:

What time are you going to get here?	¿A qué hora estarán ustedes aquí?
We should get there at 8 P.M.	A lo mejor estaremos ahí a las ocho de la noche.

When is he going to know the answer?	¿Cuándo sabrá la respuesta?
He should know it tomorrow morning.	A lo mejor la sabrá mañana en la mañana.

(3) Use *will probably* para indicar <u>probablemente</u>:

Are you working tomorrow?	¿Vas a trabajar mañana?
I will probably work.	Es probable que trabaje.

Is she going to work next week?	¿Ella va a trabajar la semana próxima?
She will probably work.	Es probable que trabaje.

(4) Use *probably won't* para indicar que la acción no es probable:

Are you working tomorrow?	¿Trabaja Ud. mañana?
I probably won't work.	Es probable que no trabaje.

Is she going to work next week?	¿Trabaja ella la semana próxima?
She probably won't work.	Es probable que no trabaje.

(5) Use *will* para pedir un favor o aceptar un compromiso; use *won't* para negar un compromiso:

Will you (please) work tomorrow?	¿Me hace el favor de trabajar mañana?
Yes, I will.	Sí, claro.

Will you help my friend next week?	¿Me hace el favor de ayudar a mi amigo la semana próxima?
No, I won't help him.	No. Me niego a ayudarlo.

(6) Use *will* para hacer una predicción.

What *will* happen in the next twenty years?	¿Qué pasará dentro de veinte años?
We *will* travel to the moon for a vacation.	Viajaremos a la luna para las vacaciones.
My baby *will* be a doctor.	Mi niño será médico.

(7) Otros usos de auxiliares modales para el futuro son

Significado	Presente	Futuro	Negativo del futuro
habilidad	*can*	*will be able to*	*won't be able to*
permiso	*may*	*will be allowed to*	*won't be allowed to*
obligación	*must / have to*	*will have to*	*won't have to*
	have to	*will have to*	*won't have to*
	be supposed to	*will be expected to*	*won't be expected to*
deseo	*would like*	*will want to*	*won't want to*

Ejemplos

I can't sleep. After I take my medicine, I *will be able to sleep.*	No puedo dormir. Después de tomar los medicamentos, podré dormir.
He can't play the piano, and he *won't be able to play* unless he practices.	Él no puede tocar el piano, y no podrá tocarlo si no practica.
You may not leave the room during the test.	Se prohibe salir del aula durante el examen.
You *will be allowed to leave* when the test is over.	Tendrán permiso para salir cuando se termine el examen.
She doesn't have to take the test now, but she *will have to take* it before next semester.	Ella no tiene que hacer el examen ahora, pero tendrá que hacerlo antes que empiece el semestre próximo.
I wouldn't like to eat now, but I *will want to eat* before I go to bed.	No quisiera comer ahora, pero querré comer antes de que me acueste.

§11.4
PRESENT
TENSE
USADO PARA
EL FUTURO

§11.41

Use el *Present Tense* para indicar la hora de un evento programado, o con horario.

When is the party?	¿Cuándo es la fiesta?
It is tomorrow.	Es mañana.

What time does the movie start?	¿A qué hora empieza la película?
It starts at 7 o'clock.	Empieza a las siete.

When do they leave for the beach?	¿Cuándo salen ellos para la playa?
They leave next month.	Salen el mes que viene.

§11.42

Use el verbo en el *Present Tense* después de *before, after, as soon as, when* y *if* para expresar el futuro.

Ejemplos

I am going to leave before he gets here.	Voy a salir antes de que él llegue.
He is speaking after the chairman speaks.	Él va a hablar después de que hable el director.
She will come as soon as she finishes.	Ella vendrá en cuanto termine.
They should be here when you arrive.	Ellos estarán aquí cuando llegues.
I might cry when I say good-bye.	Es posible que yo llore al despedirme.
I might cry if he says good-bye.	Es posible que yo llore si él se despide.

§11.5
FUTURE
PROGRESSIVE
TENSE

El *future progressive tense* enfatiza que la acción del futuro estará en progreso. Para formar el *future progressive,* use *will be* + el *present participle.*

Declaración		I/You/He/She/It/We/They	will be	working.
Pregunta	Will	I/you/he/she/it/we/they	be	working?
Respuesta corta	Yes,	I/you/he/she/it/we/they	will.	
Negativa		I/You/He/She/It/We/They	won't be working.	
Respuesta corta negativa	No,	I/you/he/she/it/we/they	won't.	

What *will you be*   ¿Qué estarás haciendo mañana
doing tomorrow at   a las cuatro?
four?
I *will be studying.*   Estaré estudiando.

What *will your sister*   ¿Qué estará haciendo tu
be doing this time   hermana mañana a esta
tomorrow?   hora?
She *will be taking*   Ella estará haciendo un
an exam.   examen.

§11.6 FUTURE PERFECT TENSE

El *future perfect tense* se usa para expresar una acción que se terminará en un tiempo específico del futuro.
Use + *will have* + *past participle* + *by* + una fecha
                                                              una hora
                                                              un evento

Ejemplos
I *will have finished my*   Yo ya habré terminado con mis
exams by June 1st.   exámenes para el primer día
          de junio.
We *will have read the*   A las diez ya habremos leído
reports by 10 o'clock.   los informes.
She *will have lost* ten   Para el día de su boda ella ya
pounds by her   habrá perdido diez libras.
wedding day.

Otro modelo
Use *by the time* o *when* + sujeto + verbo en el *present tense* + coma + sujeto + *will have* + *past participle*.

Ejemplos

By the time I see you, I will have graduated.	Para el día que nos veamos, yo ya me habré graduado.
When I get home, I will have finished my exams.	Cuando yo llegue a casa, ya habré terminado con mis exámenes.
By the time you read this, I will have left.	Cuando tú leas esto, yo ya me habré ido.

§11.7 FUTURE PERFECT PROGRESSIVE TENSE

El *future perfect progressive* expresa una acción que habrá estado pasando durante un período específico del futuro. Use sujeto + *will have been* + *present participle*.

Ejemplos

I am going to start cooking at eight o'clock tomorrow morning.	Mañana voy a empezar a cocinar a las ocho de la mañana.
At noon I will have been cooking for four hours.	A mediodía habré estado cocinando cuatro horas.
By the time you get home at six, I will have been cooking for ten hours.	Cuando tú llegues a casa, a las seis, yo habré estado cocinando diez horas.

Los ejercicios para este capítulo se encuentran en las páginas 332–336.

§12.

Verbos (otros modelos)— *Verbs (Other Patterns)*

§12.1
VERBOS
USADOS COMO
SUSTANTIVOS

§12.11
Gerundios

El gerundio (*gerund*) de inglés es el *Present Participle* (verbo básico + *ing*) **(§8)** usado como sujeto o complemento directo de una oración, o después de una preposición. **(§17)**

Gerund como sujeto	*Singing is fun.*	Es divertido cantar.
Gerund como complemento	*I like singing.*	Me gusta cantar.
Gerund después de una preposición	*I am tired of singing.*	Estoy cansado de cantar.

(1) Después de los verbos siguientes, use el verbo en forma de gerundio.

admit	aceptar
appreciate	apreciar
avoid	evitar
consider	pensar hacer algo, como una posibilidad
deny	negar
discuss	platicar
enjoy	gozar de
finish	terminar de
imagine	imaginar
keep / keep on	continuar
mind	estar molesta por
miss	extrañar
postpone	posponer
quit	dejar de
recall	recordar
resist	tener fuerzas para no
risk	arriesgar

stop	dejar de
suggest	sugerir
tolerate	tolerar

Ejemplos
consider

He is considering taking the train.	Está pensando en la posibilidad de ir en tren.

discuss

Did you discuss visiting Canada?	¿Platicaron Uds. la posibilidad de visitar Canadá?

enjoy

We enjoy traveling.	Nos gusta viajar.

finish

They are going to finish cleaning soon.	Ellos van a terminar de limpiar pronto.

keep (on)

He kept (on) talking to me.	Siguió hablando conmigo.

mind

Do you mind helping me?	¿Podrías ayudarme?

postpone

We will postpone going on the trip.	Vamos a posponer el viaje.

quit

They have quit smoking.	Ellos han dejado de fumar.

stop

It has stopped snowing.	Ha dejado de nevar.

(2) Use *feel like* + *gerund* para indicar <u>tener ganas de</u>.

What do you feel like doing?	¿Qué tienes ganas de hacer?
I feel like dancing.	Tengo ganas de bailar.
What does he feel like doing?	¿Qué tiene ganas de hacer él?
He feels like taking a nap.	Tiene ganas de tomar una siesta.

What do you all feel like doing?	¿Qué tienen ganas de hacer Uds.?
We feel like going shopping.	Tenemos ganas de ir de compras.

(3) Use *would you mind + gerund* para pedir algo con mucha cortesía.

Would you mind moving over?	¿Podría Ud. cambiarse de asiento?
Would you mind helping me?	¿Podría Ud. ayudarme?
Would you mind closing the window?	¿Podría Ud. cerrar la ventana?

(4) Use el gerundio después de una preposición.

Thank you for helping.	Gracias por ayudar.
I did it by working quickly.	Lo hice trabajando rápido.
She is tired of living there.	Ella está cansada de vivir ahí.
I want to keep on studying.	Quiero seguir estudiando.
He is thinking about quitting smoking.	Él piensa dejar de fumar.

(5) Use el gerundio después de un posesivo.

I love Carolyn's singing.	Me encanta como canta Carolyn.
He appreciates my being here.	A él le agrada el hecho de que yo esté aquí.
We appreciated his helping us.	Le agradecimos mucho su ayuda.
They regret your moving so far away.	Ellos sienten mucho que te hayas mudado tan lejos.

§12.12
Infinitivos

La forma del infinitivo (*infinitive*) es *to + el verbo básico*. Se puede usar el infinitivo como sujeto o como complemento directo de una oración.

Infinitivo como sujeto	*To win the lottery would be fun.* Ganar la lotería sería divertido.
Infinitivo como complemento	*They wanted to win the game.* Ellos quisieron ganar el juego.

(1) Después de los verbos siguientes, use el verbo en forma de ínfinitivo.

afford	tener suficiente dinero para algo
agree	ponerse de acuerdo
appear	parecer
beg	suplicar
claim	insistir en que
decide	decidir
expect	planear
forget	olvidarse de
hope	tener esperanzas de
intend	pensar hacer
learn	aprender a
manage	hallar modo de
mean	querer
need	necesitar
offer	ofrecer
plan	planear
pretend	fingir
promise	prometer
refuse	negarse a
seem	parecer
try	tratar de
wait	esperar
want	querer

Ejemplos

We can't afford to go on vacation.	No tenemos suficiente dinero para ir de vacaciones.
I'm learning to swim.	Estoy aprendiendo a nadar.
He didn't mean to hurt you.	Él no quería herirte.
We need to try harder.	Necesitamos hacer más esfuerzo.
They are offering to help us.	Se están ofreciendo para ayudarnos.

(2) Use el infinitivo (o *in order* + infinitivo) para dar el motivo de una acción.

I went to the store to buy milk.
I went to the store in order to buy milk.
Fui a la tienda para comprar leche.

They are studying to get good grades.
They are studying in order to get good grades.
Ellos estudian para sacar buenas notas.

(3) Use el infinitivo después de *too* + adjetivo y *enough* + adjetivo.

She is too young to drive.	Ella es demasiado joven para manejar.
She is tall enough to drive.	Ella tiene suficiente altura para manejar.
She is not old enough to drive.	Ella no tiene suficiente edad para manejar.

(4) Use el infinitivo después de *be supposed*. Esta expresión indica comportamiento o acción esperada.

You are supposed to wear a hat.	Se debe usar sombrero.
You are supposed to stand in line.	Se debe hacer cola.
You are not supposed to talk in class.	No se habla durante la clase.
It is supposed to rain.	Dicen que va a llover.
I was supposed to buy the tickets.	Yo debía comprar los boletos.

(5) Use el infinitivo después de *be glad* y *be sorry*.

I'm glad to meet you.	Me da mucho gusto conocerlo.
I was glad to help him.	Me dio mucho gusto ayudarlo.
She will be glad to hear that.	A ella le dará mucho gusto oír eso.
I am sorry to hear your news.	Siento mucho saber sus noticias.
He was sorry to tell her that.	Él sintió mucho decirle eso.

(6) Use el infinitivo después de *it takes* + un período de tiempo. Esta expresión significa que el período de tiempo es necesario para la actividad.

It takes three hours to get home.	Se necesitan tres horas para llegar a casa.
It took ten minutes to write the letter.	Fueron necesarios diez minutos para escribir la carta.

(7) Use el infinitivo después de un verbo + complemento directo (§15.5)

(a) para expresar deseo de acción por parte de otra persona:

I want Judy to call me.	Quiero que Judy me llame.
I want her to call me.	Quiero que ella me llame.
We want Charles to study more.	Queremos que Charles estudie más.
We want him to study more.	Queremos que él estudie más.
Charles wants Dad to leave him alone.	Charles quiere que mi papá lo deje en paz.
Charles wants him to leave him alone.	Charles quiere que él lo deje en paz.

(b) para pedir la acción de alguien por medio de una tercera persona.

Ask Judy to call me.	Pídale a Judy que me llame.
Ask her to call me.	Pídale a ella que me llame.
Tell Charles to study more.	Dígale a Charles que estudie más.
Tell him to study more.	Dígale que estudie más.
I don't want to ask my parents to help me.	No quiero pedir a mis padres que me ayuden.
I don't want to ask them to help me.	No quiero pedirles que me ayuden.

§12.13 Otros usos de gerundios e infinitivos

(1) Los verbos siguientes se pueden usar con gerundio o infinitivo, sin diferencia de sentido.

begin	empezar
hate	odiar
like	gustar
love	encantar
continue	continuar / seguir

They began studying last night.	Ellos empezaron a estudiar anoche.
They began to study last night.	
She hates washing dishes.	Ella odia lavar los platos.
She hates to wash dishes.	
He likes going to school.	A él le gusta ir a la escuela.
He likes to go to school.	
I love dancing.	A mí me encanta bailar.
I love to dance.	

We want to continue reading.	Queremos seguir leyendo.
We want to continue to read.	

(2) Use el infinitivo después de un adjetivo descriptivo.

It is nice to see you.	¡Qué gusto de verlo!
It is important to finish early.	Es importante terminar temprano.
It was great to be there.	Fue maravilloso estar ahí.

En una conversación informal, cuando dos personas se despiden, se puede usar *it was* + adjetivo descriptivo + gerundio.

It was nice knowing you.	Fue un placer conocerte.
It was fun working with you.	Fue muy divertido trabajar contigo.
It was great seeing you.	Fue maravilloso verte de nuevo.

(3) *stop*

Stop + gerundio y *stop* + infinitivo tienen distintos significados.

stop + gerundio = *dejar de hacer algo*

Please stop talking.	Por favor, deje de hablar.

stop + infinitivo = *detenerse para hacer algo*

Please stop to talk.	Por favor, deténgase para hablar conmigo.

(4) *try*

Try + gerundio y *try* + infinitivo tienen distintos significados.

try + gerundio = *considerar como solución*

I couldn't open the door, so I tried using a different key.	No pude abrir la puerta, y por eso intenté con otra llave.
He decided to try taking aspirin for his headache.	Él decidió probar la aspirina para aliviar su dolor de cabeza.

try + infinitivo = *hacer el esfuerzo*

Please try to sleep.	Por favor, trate de dormir.
I need to try to practice every day.	Necesito hacer el esfuerzo para practicar todos los días.

(5) *used to* y *be used to*

Used + infinitivo expresa un hecho o una acción del pasado que ya no sea verdad. **(§10.3)**

I used to live in Chicago. Viví en Chicago, pero ya no
vivo ahí.

used to + infinitivo = expresa acción habitual del pasado
(§10.32)
We used to play poker   Jugábamos póker en la
in the cafeteria.   cafetería.

be used to + gerundio = estar acostumbrado
I am used to living in   Estoy acostumbrado a vivir en
Chicago.   Chicago.

get used to + gerundio = acostumbrarse a
I have to get used to   Tengo que acostumbrarme a
 waking up at 6 A.M.   despertarme a las seis de la
   mañana.
I can't get used to   No puedo acostumbrarme a
 going to bed before   acostarme antes de las once.
 11 o'clock.

(6) *remember* y *forget*
Remember + infinitivo significa que el recuerdo causa la
acción.
I remembered to turn off Me acordé de apagar la plancha.
 the iron.

Forget + infinitivo significa que el olvido causa la inacción.
I forgot to turn off the iron. Se me olvidó apagar la plancha.

Remember + gerundio significa que uno recuerda la
acción.
I remember turning off   Recuerdo bien el acto de
 the iron.   apagar la plancha.
I will never forget shaking No olvidaré nunca cuando le di
 hands with the   la mano al presidente.
 president!

(7) *consider*
Consider + complemento directo + infinitivo = creer
I consider him to be   Lo considero muy inteligente.
 very intelligent.

consider + gerundio = deliberar
You should consider   Debieras pensar en tomar ese
 taking that course.   curso.
We are considering   Estamos pensando en asistir a
 going to that play.   esa obra de teatro.

(8) *imagine*

Imagine + complemento directo + infinitivo = imaginarse

I imagine her to be a lot of fun.	Me imagino que ella es muy divertida.
I don't imagine him to be a very good cook.	No me imagino que él sea muy buen cocinero.

imagine + gerundio = imaginar

I can imagine skiing down those mountains.	Puedo imaginar como sería esquiar en esas montañas.
I can't imagine living with him.	No puedo imaginar como sería vivir con él.

(9) *come*

Come se puede usar con el verbo básico o el infinitivo en el tiempo futuro y en un mandato **(§15)**, sin diferencia de significado.

They are going to come (to) visit soon.	Ellos vendrán a visitarnos pronto.
They will come (to) visit soon.	
Come see us.	Venga a vernos.
Come to see us.	

En otros tiempos, *come* se usa con el infinitivo.

He comes to see us every day.	Él viene a vernos todos los días.
I am coming to see you.	Voy a verte.
She has come to see us.	Ella está aquí para vernos.
They came to visit.	Ellos vinieron a visitar.

Para una comparación de los usos de *come* y *go*, véase el **§13**.

(10) *go*

(a) Se usa con el verbo básico en un mandato.

Go help your friend.	Ve a ayudar a tu amigo.
Go buy a bottle of milk.	Ve a comprar una botella de leche.

¡OJO! Una excepción es

Go to sleep!	¡Duérmete!

(b) Use *go* + *gerund* para hablar de ciertas actividades.

go boating	pasear en bote
go bowling	jugar a los bolos
go camping	ir de camping

go dancing	bailar
go fishing	pescar
go hiking	hacer alpinismo
go jogging	correr lentamente
go running	correr
go sailing	navegar
go shopping	ir de compras
go skating	patinar
go skiing	esquiar
go swimming	nadar

Ejemplos

Please go bowling with us.	Venga a jugar a los bolos con nosotros.
We are going to go camping.	Vamos a ir de camping.
They went fishing last week.	Ellos pescaron la semana pasada.
He has never gone sailing before.	Él no ha navegado nunca.
They have to go shopping.	Ellas tienen que ir de compras.

(11) *Help* se usa con el <u>verbo básico</u>, no con gerundio ni infinitivo.

Please help clean the floor.	Por favor, ayuda a limpiar el piso.
I have to help sell tickets.	Tengo que ayudar a vender los boletos.
They helped me shovel the snow.	Me ayudaron a limpiar la nieve.
We will help them win.	Los ayudaremos a ganar.

(12) *make* + complemento directo + verbo básico = obligar que alguien haga algo

have + complemento directo + verbo básico = arreglar que alguien haga algo

let + complemento directo + verbo básico = dar permiso para que alguien haga algo

Ejemplos

She makes him leave.	Ella le obliga a salir.
She has him leave.	Ella hace que él salga.
She lets him leave.	Ella deja que él salga.

They *made* her cut her hair.	Ellos la obligaron a cortarse el pelo.
They *had* her cut her hair.	Ellos hicieron que ella se cortara el pelo.
They *let* her cut her hair.	Ellos dejaron que ella se cortara el pelo.

(13) *see* + complemento directo + verbo básico o gerundio = ver a alguien hacer algo

I *always see* him *walk* to the park.	Siempre lo veo caminar al parque.
I *always see* him *walking* to the park.	

hear + complemento directo + verbo básico o gerundio = oír a alguien hacer algo

He *heard* me *come in* last night.	Él me oyó entrar anoche.
He *heard* me *coming in* last night.	

§12.2 PALABRAS TEXTUALES Y DISCURSO INDIRECTO

(1) Palabras textuales de una declaración
Para repetir las palabras exactas de una persona, use comillas antes de las palabras ("), y después de la puntuación al final de la frase (").

Bob said, *"It's snowing!"*	Bob dijo—¡Está nevando!
Mary said, *"I'm not going to go to school."*	Mary dijo—Yo no voy a ir a la escuela.
"I will not shovel snow," said Mary.	Yo me niego a limpiar la nieve—dijo Mary.
I answered, *"It snowed yesterday, too."*	Yo contesté—Nevó ayer también.

Si las palabras textuales están al principio de la frase, esas palabras terminan con coma en vez de punto. Sin embargo, no se cambian los signos interrogativos ni los signos de admiración.

"She's sick," said Patty.	Ella está enferma—dijo Patty.
"Should we call the doctor?" she asked.	¿Debiéramos llamar al médico? —preguntó ella.
"Let's go to the hospital!" cried Fred.	¡Vamos al hospital!—exclamó Fred.

Si las palabras textuales están al final de la frase, se pone una coma después de la introducción:

Patty said, "She's sick."	Patty dijo—Ella está enferma.
She asked, "Should we call the doctor?"	Ella preguntó—¿Debiéramos llamar al médico?
Fred cried, "Let's go to the hospital!"	Fred exclamó—¡Vamos al hospital!

(2) Discurso indirecto
Para reportar lo que ha dicho otra persona, use el modelo siguiente.
sujeto + verbo en el pasado + (*that*) + sujeto + verbo en un tiempo anterior.

(a) El verbo de una declaración del presente o del futuro se cambia al pasado.

Bob said, "It's snowing."	Bob dijo—Está nevando.
Bob said (that) it was snowing.	Bob dijo que estaba nevando.
Bob said, "Mary works hard at school."	Bob dijo—Mary trabaja mucho en la escuela.
Bob said (that) Mary worked hard at school.	Bob dijo que Mary trabajaba mucho en la escuela.
Mary said, "I'm not going to go to school."	Mary dijo—No voy a ir a la escuela.
Mary said (that) she wasn't going to go to school.	Mary dijo que no iba a ir a la escuela.
Mary said, "I will not shovel snow."	Mary dijo—Yo me niego a limpiar la nieve.
Mary said (that) she would not shovel snow.	Mary dijo que no limpiaría la nieve.

(b) El verbo de una declaración del *Past Tense* o del *Present Perfect* se cambia al *Past Perfect*.

I answered, "It snowed yesterday."	Yo contesté—Nevó ayer.
I answered that it had snowed the day before.	Yo contesté que había nevado ayer.
Bob said, "Mary worked hard at school."	Bob dijo—Mary trabajó mucho en la escuela.

Bob said (that) Mary had   Bob dijo que Mary había
worked hard at school.   trabajado mucho en la
    escuela.

I said, "It has snowed five   Yo dije—Ha nevado cinco
times this winter."   veces este invierno.
I said (that) it had   Yo dije que había nevado cinco
snowed five times   veces este invierno.
this winter.

(3) Palabras textuales de las preguntas
Para repetir las palabras exactas de una pregunta, use
comillas.
(a) Preguntas que se contestan con "sí" o "no"

"Are you going to   ¿Vas al trabajo?—preguntó
work?" asked Mary.   Mary.
"Will you help me?"   ¿Me ayudas?—pidió Patsy.
asked Patsy.
"Have you eaten   ¿Has desayunado?—preguntó
breakfast?" asked   Ron.
Ron.

(b) Preguntas que buscan información

"What are you doing?"   ¿Qué estás haciendo?—
asked Bob.   preguntó Bob.
"Why did Judy leave?"   ¿Por qué se fue Judy?—
I asked.   pregunté yo.
"Where have they   ¿Dónde han estado ellos?—
been?" Jane asked.   preguntó Jane.

(4) Preguntas indirectas
Para decir lo que alguien ha preguntado,
(a) con las preguntas que se contestan con "sí" o "no", use
sujeto + verbo + *if* + sujeto + verbo en un tiempo anterior:

Mary asked if I was   Mary me preguntó si yo iba al
going to work.   trabajo.
Patsy asked if we would   Patsy nos preguntó si la
help her.   ayudaríamos.
Ron asked if I had eaten   Ron me preguntó si yo había
breakfast.   comido.

(b) con una pregunta que busca información, use
sujeto + verbo + palabra interrogativa + sujeto + verbo en
un tiempo anterior.

Bob asked what I was doing.	Bob me preguntó qué estaba haciendo.
I asked why Judy had left.	Yo pregunté por qué se había ido Judy.
Jane asked where they had been.	Jane preguntó dónde habían estado ellos.

(5) Palabras textuales de los mandatos **(§15)**

My teacher told me, "Do your homework!"	Mi maestra me dijo—¡Haz la tarea!
Tiffany said to her, "Go home!"	Tiffany le dijo—¡Ve a tu casa!
"Leave me alone!" John said.	¡Déjame en paz!—dijo John.

(6) Discurso indirecto de los mandatos
sujeto + verbo + complemento indirecto + infinitivo

My teacher told me to do my homework.	Mi maestra me dijo que hiciera la tarea.
Tiffany told her to go home.	Tiffany le dijo que fuera a casa.
John told us to leave him alone.	John nos dijo que lo dejara en paz.

§12.3 PREGUNTAS Y DECLARACIONES INCLUIDAS

Para hacer una pregunta que está dentro de otra pregunta, use el modelo siguiente.
primera pregunta + palabra interrogativa + sujeto + verbo + ?

Do you know who that man is?	¿Sabe Ud. quién es ese hombre?
Can you tell me where the White House is?	¿Puede Ud. decirme dónde está la Casa Blanca?
Will you find out when they are coming?	¿Averiguas tú cuándo vienen?
Do you know why he did that?	¿Sabes por qué él hizo eso?

Para contestar estas preguntas, use el modelo siguiente.
respuesta primera + palabra interrogativa + sujeto + verbo

I don't know who that man is.	No sé quién es ese hombre.

I can't tell you where the White House is.	No le puedo decir dónde está la Casa Blanca.
I can't find out when they are coming.	No puedo averiguar cuándo vienen.
I don't care what they say.	No me importa lo que digan.

Cuando la pregunta incluida indica acción del futuro, use el modelo siguiente.
primera pregunta o respuesta + palabra interrogativa + infinitivo

Do you know what to do?	¿Sabes lo que debes hacer?
Can you tell me how to get there?	¿Me puedes decir cómo llegar ahí?
Will you find out when to arrive?	¿Averiguas tú cuándo debiéramos llegar?
Do you know who(m) to call?	¿Sabes a quién tienes que llamar?
Can you tell her where to go?	¿Le puedes decir a ella adónde debe ir?

I don't know what to do.	No sé qué hacer.
I can't tell you how to get there.	No te puedo decir cómo llegar ahí.
I will find out when to arrive.	Voy a averiguar cuándo debiéramos llegar.
I don't know who(m) to call.	No sé a quién llamar.
I don't know where to go.	No sé adónde ir.

§12.4 PREGUNTAS AÑADIDAS

Frecuentemente, después de una declaración, se añade una pregunta que pide confirmación. Esto equivale a *¿verdad?* o *¿no es así?*
(a) Después de una frase positiva, use una pregunta negativa.

be

I am crazy, am I not?	Estoy loca, ¿verdad?
I am crazy, aren't I?	
Yes, you are.	Sí.
No, you aren't.	No.

I'm studying hard, aren't I?	Estoy estudiando mucho, ¿no es así?
Yes, you are.	Sí.
No, you aren't.	No.

You are smart, aren't you?	Eres inteligente, ¿verdad?
Yes, I am.	Sí.
No, I'm not.	No.

You are studying, aren't you?	Estás estudiando, ¿verdad?
Yes, I am.	Sí.
No, I'm not.	No.

We are lost, aren't we?	Estamos perdidos, ¿verdad?
Yes, we are.	Sí.
No, we aren't.	No.

They are wonderful, aren't they?	Ellos son maravillosos, ¿no?
Yes, they are.	Sí.
No, they aren't.	No.

She is sweet, isn't she?	Ella es dulce, ¿verdad?
Yes, she is.	Sí.
No, she isn't.	No.

He is nice, isn't he?	Él es simpático, ¿no?
Yes, he is.	Sí.
No, he isn't.	No.

It is interesting, isn't it?	Es interesante, ¿verdad?
Yes, it is.	Sí.
No, it isn't.	No.

Todos los otros verbos

I work hard, don't I?	Trabajo mucho, ¿verdad?
Yes, you do.	Sí.
No, you don't.	No.

You study a lot, don't you?	Ud. estudia mucho, ¿no?
Yes, I do.	Sí.
No, I don't.	No.

We help you, don't we?	Nosotros lo ayudamos, ¿no es así?
Yes, you do.	Sí.
No, you don't.	No.

They live here, don't they?	Ellos viven aquí, ¿verdad?
Yes, they do.	Sí.
No, they don't.	No.

She works there, doesn't she?	Ella trabaja ahí, ¿verdad?
Yes, she does.	Sí.
No, she doesn't.	No.

He studies English, doesn't he?	Él estudia inglés, ¿no es verdad?
Yes, he does.	Sí.
No, he doesn't.	No.

It works, doesn't it?	Funciona, ¿verdad?
Yes, it does.	Sí.
No, it doesn't.	No.

(b) Después de una declaración negativa, use una pregunta positiva.

be

I'm not crazy, am I?	No estoy loca, ¿o sí?
No, you aren't.	No.
Yes, you are.	Sí.

You aren't worried, are you?	No estás preocupado, ¿o sí?
No, I'm not.	No.
Yes, I am.	Sí.

We aren't ready, are we?	No estamos listos, ¿verdad?
No, we aren't.	No.
Yes, we are.	Sí.

They aren't honest, are they?	Ellos no son honestos, ¿no es así?
No, they aren't.	No.
Yes, they are.	Sí.

She isn't prepared, is she?	Ella no está preparada, ¿o sí?
No, she isn't.	No.
Yes, she is.	Sí.

He isn't upset, is he?	Él no está alterado, ¿verdad?
No, he isn't.	No.
Yes, he is.	Sí.

Todos los otros verbos

I don't need that, do I?	Yo no necesito eso, ¿verdad?
No, you don't.	No, no lo necesitas.
Yes, you do.	Sí, lo necesitas.

You don't care, do you?	A ti no te importa, ¿verdad?
No, I don't.	No, no me importa.
Yes, I do.	Sí, me importa.

We don't want that, do we?	No queremos eso, ¿verdad?
No, we don't.	No, no lo queremos.
Yes, we do.	Sí, lo queremos.

They don't see us do they?	Ellos no nos ven, ¿verdad?
No, they don't.	No, no nos ven.
Yes, they do.	Sí, nos ven.

Siga las mismas normas con los otros tiempos.

You were here, weren't you?	Tú estabas aquí, ¿verdad?
Yes, I was.	Sí.
No, I wasn't.	No.

He smiled at me, didn't he?	Él me sonrió, ¿no fue así?
Yes, he did.	Sí.
No, he didn't.	No.

We have been there, haven't we?	Ya hemos estado ahí, ¿no?
Yes, we have.	Sí.
No, we haven't.	No.

They had seen it, hadn't they?	Ellos ya lo habían visto, ¿no?
Yes, they had.	Sí.
No, they hadn't.	No.
You weren't here, were you?	No estabas aquí, ¿verdad?
No, I wasn't.	No, no estaba aquí.
Yes, I was.	Sí, estaba aquí.
He didn't smile at me, did he?	Él no me sonrió, ¿verdad?
No, he didn't.	No, no te sonrió.
Yes, he did.	Sí, te sonrió.
We haven't been there, have we?	No hemos estado ahí, ¿verdad?
No, we haven't.	No, no hemos estado ahí.
Yes, we have.	Sí, hemos estado ahí.
They hadn't seen it, had they?	Ellos no lo habían visto, ¿verdad?
No, they hadn't.	No, no lo habían visto.

§12.5 USO DE VERBOS CON COMPLEMENTOS INDIRECTOS

Las oraciones que tienen complementos indirectos siguen varios modelos. (§6.23)

(1) Hay dos modelos para emplear después de los verbos siguientes.

bring	traer	*offer*	ofrecer	*sell*	vender
give	dar	*owe*	deber	*send*	mandar
hand	entregar	*pass*	pasar	*serve*	servir
lend	prestar	*pay*	pagar	*take*	tomar
show	mostrar	*read*	leer	*sing*	cantar
teach	enseñar	*tell*	decir	*write*	escribir

(a) verbo + complemento directo + *to* + complemento indirecto (sustantivo o pronombre)

(b) verbo + complemento indirecto + complemento directo (sustantivo, no pronombre)

Ejemplos

Modelo (a)	Modelo (b)	
He brings flowers to me.	He brings me flowers.	Él me trae las flores.
He brings them to me.		Él me las trae.
I sold the car to him.	I sold him the car.	Le vendí el carro a él.
I sold it to him.		Se lo vendí.
They have told the truth to us.	They have told us the truth.	Ellos nos han dicho la verdad.
They have told it to us.		Ellos nos la han dicho.
She is going to serve lamb to us.	She is going to serve us lamb.	Ella nos va a servir el cordero.
She is going to serve it to us.		Ella nos lo va a servir.

¡OJO! No use el pronombre con el modelo (b). Sería incorrecto decir, "He brings me them", o "I sold him it".

(2) Se usan los mismos modelos, cambiando *to* por _for_ después de los verbos siguientes.

bake	cocinar en el horno	*buy*	comprar	*build*	construir
cook	cocinar	*do*	hacer	*draw*	dibujar
find	encontrar	*get*	conseguir	*make*	hacer/
		save	guardar		fabricar

Modelo (a)	Modelo (b)	
She is baking a cake for him.	She is baking him a cake.	Ella le está haciendo un pastel.
She is baking it for him.		
He bought a ring for her.	He bought her a ring.	Él le compró un anillo a ella.
He bought it for her.		
They have drawn pictures for me.	They have drawn me pictures.	Ellos me han hecho dibujos.
They have drawn them for me.		
Please save a seat for me.	Please save me a seat.	Por favor, guárdame un asiento.
Please save it for me.		

(3) Se usa solamente el modelo (a) después de los verbos siguientes.

con *to*

admit	admitir	*announce*	anunciar
describe	describir	*explain*	explicar
introduce	presentar	*mention*	mencionar
prove	probar	*recommend*	recomendar
repeat	repetir	*report*	reportar
say	decir	*suggest*	sugerir

She is describing the house to him.	Ella le está describiendo la casa.
She is describing it to him.	Ella se la está describiendo.

We explained the lesson to them.	Nosotros les explicamos la lección a ellos.
We explained it to them.	Nosotros se la explicamos.

I mentioned the party to her.	Yo le mencioné la fiesta a ella.
I mentioned it to her.	Yo se la mencioné.

con *for*

answer	contestar	*change*	cambiar	*close*	cerrar
open	abrir	*cash*	cambiar dinero		

Can you change a twenty for me?	¿Ud. me puede cambiar un billete de veinte dólares?
Can you change it for me?	¿Me lo puede cambiar?

Please answer this question for me.	Por favor, contéstame esta pregunta.
Please answer it for me.	Por favor, contéstamela.

(4) Después del verbo *ask,* se puede usar solamente el modelo (b).

May I ask you a question?	¿Le puedo hacer una pregunta?
Did you ask him a question?	¿Ud. le hizo una pregunta a él?

¡OJO! No se puede decir, "May I ask you it?" o "Did you ask him it?"

Los ejercicios para este capítulo se encuentran en las páginas 336–344.

§13.

Verbos (usos especiales)— *Verbs (Special Uses)*

(1) *get* + adjetivo

Get antes de un adjetivo significa "hacerse" o "volverse". Las combinaciones comunes incluyen

get angry, get mad	enojarse
get anxious	hacerse ansioso
get nervous	hacerse nervioso
get excited	emocionarse
get worried	preocuparse
get tall	llegar a ser alto
get big	llegar a ser grande
get old	envejecerse
get fat	engordarse
get thin	adelgazarse
get gray	llegar a ser canoso
get bald	llegar a ser calvo
get rich	enriquecerse
get poor	llegar a ser pobre
get busy	ocuparse
get hungry	empezar a tener hambre
get thirsty	empezar a tener sed
get cold	empezar a tener frío
get hot	empezar a tener calor
get sleepy	empezar a tener sueño
get tired	cansarse
get sick	enfermarse
get well	ponerse bien
get dizzy	marearse
get better	mejorarse
get worse	empeorarse
get late	hacerse tarde
get dark	oscurecerse
get light	iluminarse
get wet	mojarse
get dry	secarse

Otros ejemplos

I get cold in the evenings.	Empiezo a tener frío en la tarde.
Are you going to get involved?	¿Vas a involucrarte?
He gets excited at soccer games.	Él se emociona durante los juegos de fútbol.
Are you getting bored?	¿Te estás aburriendo?
It is getting dark.	Se está oscureciendo.
We got confused without the map.	Nos confundimos sin el mapa.
They got lost, too.	Ellos se perdieron también.
Did you get married?	¿Uds. se casaron?
No, but we got engaged.	No, pero nos comprometimos.

(2) *have* o *get* + *done* = otra persona le hace el servicio

Modelo: *have* + sustantivo + *past participle*
          get + sustantivo + *past participle*

I have my hair done.	Otra persona me arregla el pelo.
I get my hair done.	
We have our grass cut every week.	Otra persona nos corta el césped.
We get our grass cut every week.	
She had her curtains made last year.	Otra persona le hizo las cortinas el año pasado.
She got her curtains made last year.	
He has his oil changed often.	Otra persona le cambia el aceite con frecuencia.
He gets his oil changed often.	

(3) *ask* y *ask for*
ask + complemento indirecto = hacerle una pregunta a alguien

Ask Mary if she is sick.	Pregúntele a Mary si está enferma.
I need to ask her when she is leaving.	Necesito preguntarle cuándo piensa salir.
Did you ask him who his friend was?	¿Le preguntó a él quién era su amigo?

ask for + complemento directo = pedir algo

Ask for a hamburger with onions.	Pida una hamburguesa con cebolla.
I need to ask for more money.	Necesito pedir más dinero.
Did you ask for help?	¿Ud. pidió ayuda?

(4) *borrow* y *lend*

borrow = pedir algo prestado

May I please borrow a dollar (from you)?	¿Me prestas un dólar? (¿Puedo pedirte un dólar?)
Yes, you may borrow it.	Sí, te lo presto. (Sí, puedes tomarlo.)

lend = dar algo prestado

Will you lend me a dollar?	¿Me prestas un dólar?
I will you lend you a dollar.	Sí, te lo presto.

(5) *speak* y *talk*

speak = hablar un idioma
hablar en serio
dar un discurso

He doesn't speak Russian.	Él no habla ruso.
The teacher spoke to me about my son's behavior.	La maestra me habló en serio del comportamiento de mi hijo.
The president is going to speak on television.	El presidente va a dar un discurso en la televisión.

talk = conversar

I hope we can talk soon.	Ojalá podamos hablar pronto.
She talks to her mother on the phone every day.	Ella habla con su mamá por teléfono todos los días.

(6) *go* y *come* = ir y venir

go = movimiento a un lugar donde no está ni la persona que habla ni la persona que escucha

Please go to the store.	Por favor, ve a la tienda.
I'm going to Janet's house.	Voy a la casa de Janet.
My friends went home.	Mis amigos fueron a casa.

come = movimiento al lugar donde está o adonde va a estar la persona que escucha

I want to come see you.	Quiero ir a verte.
I am coming to your house tomorrow.	Voy a tu casa mañana.
We came to your party last week.	Fuimos a tu fiesta la semana pasada.
Is your family going to come here?	¿Tu familia víene?

come = movimiento al lugar donde está o adonde va a estar la persona que habla

Please come to see me.	Por favor, ven a verme.
Are you coming to my house tomorrow?	¿Vienes tú a mi casa mañana?
You came to my party, didn't you?	Tú viniste a mi fiesta, ¿verdad?
I wish my family could come to visit.	Ojalá pudiera venir mi familia a visitar.

(7) *take* y *bring* = llevar y traer

Use *take* con *go*.

Go home and take your things.	Ve a casa, y lleva tus cosas.
We're going to Janet's party, and we're taking a gift.	Vamos a la fiesta de Janet, y le llevamos un regalo.
He went to school and took his lunch.	Él fue a la escuela y llevó su almuerzo.

Use *bring* con *come*.

I'm coming to your house, and I'm bringing a pizza.	Voy a tu casa, y te llevo una pizza.
Did your husband come home from his trip? What did he bring you?	¿Ya llegó tu esposo de su viaje? ¿Qué te trajo?
I hope your children came home from school, and brought their books.	Espero que tus hijos hayan regresado a casa de la escuela, y que hayan traído sus libros.
Come home, dear daughter, and bring your things.	Ven a casa, hija querida, y trae tus cosas.
If you come to my party, will you bring some cookies?	Si vienes a mi fiesta, ¿me traes unas galletas?

Betty *came over and brought her new boyfriend.*	Betty vino a mi casa, y trajo su novio nuevo.

(8) *say* y *tell* = decir
(a) Con *say*, use *to* + el complemento directo.
   Con *tell*, use el complemento indirecto (sin *to*).
Please say what you think. Por favor, diga lo que piensa.

Please tell me what you think.	Por favor, dígame lo que piensa.

What did your friend say?	¿Qué dijo su amigo?

What did he say to you? *What did he tell you?*	¿Qué le dijo a Ud.?

He said he wanted to go home.	Dijo que quería ir a su casa.

He said to me that he wanted to go home. *He told me that he wanted to go home.*	Me dijo que quería ir a su casa.

(b) *Tell* también significa contar.

He told us the story of his life.	Él nos contó la historia de su vida.
Please tell me what happened.	Por favor, cuéntame lo que pasó.

(c) *Tell* también significa informar.

He is going to tell the police.	Él va a informar a la policía.
I hope nobody tells her parents.	Ojalá que nadie se lo diga a sus padres.
She told him her secret.	Ella le dijo su secreto.

(d) Use *tell* con *the truth*, "la verdad".

Always tell the truth.	Siempre diga la verdad.

(9) *do / make*
do = actuar
Use *do* antes de los sustantivos que significan trabajo o esfuerzo.

do work	hacer trabajo
do exercises	hacer ejercicios
do homework	hacer la tarea
do housework	limpiar la casa
do laundry	lavar la ropa
do dishes	lavar los platos

make = crear, fabricar, construir

make a cake, pie, sandwich	hacer un pastel, un postre, un sándwich
make a dress, suit	hacer un vestido, un traje
make a paper airplane	hacer un avión de papel

make + complemento directo + verbo básico = obligar a alguien a hacer algo

Don't make me go.	No me obligue a ir.
He made her do that.	Él le obligó a ella a que hiciera eso.
You can't make them study.	No se les puede obligar a estudiar.

Use *make* para ciertas expresiones.

make a bed	arreglar una cama
make a mess	desordenar
make an appointment	hacer una cita
make arrangements	organizar
make a mistake	cometer un error
make a fuss	armar un escándalo
make money	ganar dinero

(10) *expect / wait / hope / wish*
Expect expresa confianza de que algo pasará.

I expect he will win.	Creo que él va a ganar.
I expect him to win.	
She expects to get a promotion.	Ella espera un ascenso.

Wait expresa el acto de quedarse en un lugar o estado hasta que ocurra algo.

I'm waiting for a letter.	Estoy esperando una carta.
He's waiting for his sister's call.	Él está esperando la llamada de su hermana.

Hope expresa el deseo de algo posible.
(a) Deseo en el presente para el futuro:

I hope he wins.	Espero que él gane.
I hope he will win.	

I *hope* I *get a promotion.*	Espero que me den un ascenso.
I *hope* I *will get a promotion.*	

(b) Deseo en el presente acerca de lo que no se sabe del pasado:

I *hope* he won.	Espero que él haya ganado.
I *hope* I got a promotion.	Espero que me hayan dado un ascenso.

(c) Deseo en el pasado acerca del pasado:

I *hoped* he would win.	Yo esperaba que él ganara.
I *hoped* I would get a promotion.	Yo esperaba que me dieran un ascenso.

Wish expresa lamento de que una situación no sea verdadera. Después de *wish*, use el modo subjuntivo. (§16)
(a) en el presente

I *wish* he were here.	Me gustaría que estuviera aquí.
He *wishes* I lived there.	Le gustaría que viviera ahí.

(b) en el pasado

I *wish* he had been here.	Me gustaría que él hubiera estado aquí.
She *wishes* we had bought the car.	Le gustaría que hubiéramos comprado el coche.

(c) en el futuro

I *wish* I could travel.	Ojalá pudiera viajar.
She *wishes* she could go home.	Le gustaría poder ir a casa.

(11) *look at / watch*
Look at se usa con algo que no se está moviendo.

She *looks at* magazines.	Ella ve las revistas.
She *is looking at* some photographs.	Ella está mirando algunas fotos.

Watch se usa con algo que se está moviendo.

He *watches* TV a lot.	Él ve mucho la televisión.
They *are watching* a baseball game.	Ellos están viendo un partido de béisbol.

Watch también puede significar "cuidar".

Her sister is watching the baby.	Su hermana está cuidando al niño.

(12) *look / look alike / look like / be like*
look + adjetivo = parecer

She looks tired.	Ella parece cansada.
He looks unhappy.	Él parece desconsolado.
They don't look interested.	Ellos no parecen interesados.

alike = iguales

They are alike.	Son iguales.
They look alike.	Se parecen (físicamente).
They don't look alike.	No se parecen (físicamente).

look like + sustantivo = parecerse físicamente

She looks like her mother.	Ella se parece a su mamá.
He doesn't look like his brother.	Él no se parece a su hermano.

be like = parecerse en todo

She is like her mother.	Ella es igual a su mamá.

It + looks like + sujeto + verbo = parecer que

It looks like she is tired.	Parece que ella está cansada.
It looks like he is unhappy.	Parece que él está desconsolado.
It looks like they are not interested.	Parece que ellos no tienen interés.
It looks like it is going to rain.	Parece que va a llover.

(13) *know / meet*
(a) *know* = conocer / saber

I know Miss Jones.	Conozco a la Srta. Jones.
I don't know what she is doing.	No sé qué está haciendo.

(b) *meet* = conocer por primera vez / encontrarse

I want to meet your mother.	Quiero conocer a tu mamá.
You met my mother last year.	Tú conociste a mi mamá el año pasado.

We meet every day at the office.	Nos encontramos todos los días en la oficina.
Let's meet for lunch at one o'clock.	Vamos a encontrarnos para almorzar a la una.

(14) *ashamed / embarassed*
(a) *ashamed* = avergonzado / arrepentido

He is ashamed of the lies he told.	Él está avergonzado de las mentiras que dijo.

(b) *ashamed* = sin orgullo

She was ashamed of her dirty house.	Ella sintió vergüenza de su casa sucia.

(c) *embarrassed* = con vergüenza por timidez / con sonrojo

She was embarrassed when they made her sing a solo.	Ella tenía vergüenza cuando la obligaron a cantar sola.

(15) *Belong to* tiene dos significados.
(a) ser miembro de un grupo u organización

I *belong* to the Jockey Club.	Soy miembro del Club de los Jinetes.
She *belongs* to the Women's Association.	Ella es miembro de la Asociación de Mujeres.

(b) pertenecer a alguien

That book *belongs* to me.	Ese libro es mío.
Those dogs *belong* to our neighbors.	Esos perros pertenecen a nuestros vecinos.

(16) *Depend on* tiene dos significados.
(a) necesitar a alguien

They *depend* on their parents for everything.	Ellos dependen de sus padres para todo.
He *depends* on me to take him to work.	Él me necesita para que lo lleve a su trabajo.

(b) basada en

Whether we go on a picnic or not *depends* on the weather.	Si vamos de picnic o no depende del tiempo.
It *depends on* the time.	Depende de la hora.

Los ejercicios para este capítulo se encuentran en las páginas 345–347.

§14.

Verbos (voz pasiva)—
Verbs (Passive Voice)

En las secciones anteriores, los tiempos de los verbos se han presentado en <u>voz activa</u>, dando importancia al sujeto de la oración—la persona que hace la acción.
Ejemplos de voz activa:

My husband painted the house.	Mi esposo pintó la casa.
Thomas Edison invented the lightbulb.	Thomas Edison inventó la bombilla eléctrica.
Shakespeare wrote "Twelfth Night."	Shakespeare escribió "Twelfth Night."
Jeremy loves me.	Jeremy me quiere.

La <u>voz pasiva</u> (*passive voice*) se usa para cambiar el énfasis del actor al resultado de la acción. La persona que hace la acción no es el foco importante de la oración.

Para formar la voz pasiva, use una forma de *be* + el *past participle*.

Present Tense	I am invited Soy invitado.
Present Progressive	I am being invited Me están invitando./Me van a invitar.
Future	I am going to be invited Voy a ser invitado.
	I will be invited Seré invitado.
Present Perfect	I have been invited He sido invitado.
Past	I was invited Fui invitado.
Past Progressive	I was being invited Me estaban invitando.
Past Perfect	I had been invited Me habían invitado.

Para usar la voz pasiva con un auxiliar modal, use el modal + *be* + *past participle*.

Presente	*I can be* invited
	Puedo ser invitado.
Futuro	*I could be* invited
	Podría ser invitado.
Pasado	*I could have been* invited
	Pude haber sido invitado.
Presente	*I may be* invited
	Puede que sea invitado.
Futuro	*I might be* invited
	Puede que sea invitado.
Presente	*I might have been* invited
	Es posible que haya sido invitado.
Presente / Futuro	*He must be* invited
	Es preciso que sea invitado.
	He has to be invited
	Es preciso que sea invitado.
Pasado	*He had to be* invited
	Fue preciso que fuera invitado.

En las oraciones de voz pasiva, el resultado de la acción es lo importante.

The house was painted last month.	La casa fue pintada el mes pasado.
The lightbulb was invented a long time ago.	La bombilla eléctrica fue inventada hace mucho tiempo.
"Twelfth Night" was written in old English.	"Twelfth Night" fue escrito en inglés antiguo.
I am loved.	Yo soy amada.

La voz pasiva se usa también para evitar mención del autor de la acción.

She is spoiled.	Está mimada.
He is being punished.	Está castigado.
I'm going to be promoted.	Me van a subir de puesto.
We will be helped.	Nos van a ayudar.
He was told the truth.	Le dijeron la verdad.
You were being deceived.	Te estaban engañando.

La acción que se refiere a personas no específicas se puede expresar de varias maneras.

| *English is spoken here.* | Aquí se habla inglés. |
| *They speak English here.* | Aquí hablan inglés. |

How is that word spelled? *How do you spell that word?*	¿Cómo se escribe esa palabra?
How is that word pronounced? *How do you pronounce that word?*	¿Cómo se pronuncia esa palabra?
How do you say "pretty" in Spanish? *You say "bonita."*	¿Cómo se dice "pretty" en español? Se dice "bonita".

Los ejercicios para este capítulo se encuentran en las páginas 348–349.

§15.

Verbos (modo imperativo)— *Verbs (Imperative Mood)*

§15.1
MANDATOS

Para dar mandatos, órdenes y sugerencias, use el modo imperativo. Para formar el imperativo, use el verbo básico sin sujeto. Se usa la misma forma para *you* singular y *you* plural.
Use *please* (por favor) antes del verbo o al final de la frase.

Please come here!	Venga acá, por favor.
Come here, please!	
Please write soon.	Escribe pronto, por favor.
Sign your names, please.	Firmen Uds., por favor.

Para hacer un mandato negativo, use *don't* + el verbo básico:

Please don't come back!	¡No vuelvas, por favor!
Don't come back, please!	

Please don't drive fast.	Por favor, no maneje rápido.
Don't be late.	No lleguen tarde.
Don't forget to call me.	No olvides llamarme.

Ejemplos
Para dar instrucciones

To get to my house, get on Route 66, going west.	Para llegar a mi casa, pase por la Ruta 66, rumbo al oeste.
Take Exit 67 E.	Salga en la salida 67 E.
Go straight for three miles.	Siga derecho tres millas.
Turn right on Spring Street.	Doble a la derecha en la calle Spring.
Pass three traffic lights.	Siga derecho, pasando tres semáforos.
Turn left at the fourth light, onto Maple Avenue.	Doble a la izquierda al cuarto semáforo, en la avenida Maple.
Look for my house on on the right. It is the red brick colonial with the dogwood tree in front.	Busque mi casa al lado derecho. Es la casa de ladrillos rojos, estilo colonial, con un árbol cornejo por delante.
Don't park on the street.	No se estacione en la calle.
Turn into my driveway, and park there.	Entre en la calzada y deje el carro ahí.

195

To use the microwave, put the food on a paper, plastic or glass plate.	Para usar el microondas, ponga la comida en un plato de papel, de plástico, o de vidrio.
Do not use a plate with any metal parts.	No utilice ningún plato que tenga partes metálicas.
Cover the food loosely with a paper towel.	Cubra la comida sueltamente con una toalla de papel.
Pull the door open.	Abra la puerta.
Put the plate in the center of the oven.	Coloque el plato en el centro del horno.
Close the oven door.	Cierre la puerta del horno.
Press the timer button.	Aprete el boton "timer".
Indicate the number of minutes needed for the dish.	Indique el número de minutos necesarios para la comida.
Press the start button.	Aprete el botón "start".
Wait the required time.	Espere el tiempo indicado.
Listen for the beep.	Espere el tono.
Pull the door open, and remove your warmed food.	Abra la puerta y saque su comida calentada.

§15.2
SUGERENCIAS

Para hacer sugerencias que incluyen al hablante, use *let's (not)* + verbo básico.

Please let's go home. Let's go home, please!	Vamos a casa, ¡por favor!
Let's eat out.	Comamos en un restaurante.
Let's not stay late, please!	No nos quedemos tarde, por favor.
Let's not argue.	No discutamos.
Let's not spend too much money.	No gastemos demasiado dinero.

§15.3
SUGERENCIAS
FORMALES

Para hacer una sugerencia más formal, use *Shall we* + verbo básico + **?** .

Shall we dance?	¿Bailemos?
Shall we eat at 8 o'clock?	¿Comamos a las ocho?

§15.4
YOU
IMPERSONAL

Para pedir o dar instrucciones en una conversación, se usa *you* para referirse a "uno". (**§6.11**)

How *do you* start the machine?	¿Cómo se arranca la máquina?
You push the button.	Se aprieta el botón.
How *do you* get to the airport from here?	¿Cómo se llega al aeropuerto desde aquí?
You cross the bridge and go straight ahead.	Se cruza el puente y se sigue adelante.

§15.5
MANDATOS
INDIRECTOS

Si Ud. quiere que otra persona (con quien no está hablando) haga algo, use *want* + el nombre de la persona (o pronombre) + el infinitivo. (**§12.12**)

Ejemplos

I want Liz to call me.	Quiero que Liz me llame.
I want her to call me.	Quiero que ella me llame.
They want Barry to go home.	Ellos quieren que Barry vaya a casa.
They want him to go home.	Quieren que él vaya a casa.
She wants Helena to stay a little longer.	Ella quiere que Helena se quede un poquito más tiempo.
She wants her to stay a little longer.	Quiere que ella se quede un poquito más tiempo.
He wants his friends to lend him the money.	Él quiere que sus amigos le presten el dinero.
He wants them to lend him the money.	Quiere que ellos le presten el dinero.
We wanted Max to finish college.	Queríamos que Max terminara sus estudios en la universidad.
We wanted him to finish college.	Queríamos que él terminara sus estudios en la universidad.
Do you want me to help you?	¿Quieres que yo te ayude?
Yes, I want you to help me.	Sí, quiero que me ayudes.

Los ejercicios para este capítulo se encuentran en las páginas 350–351.

§16.

Verbos (modo subjuntivo)— Verbs (Subjunctive Mood)

§16.1
PRESENT SUBJUNCTIVE

§16.11
Formas

La forma fundamental del presente de subjuntivo para todos los sujetos es el verbo básico.

Be ser / estar

I / you / he / she / it / we / they	*be*

Todos los otros verbos

I / you / he / she / it / we / they	work / talk / come / go / etc.

§16.12
Usos

§16.121

Se usa el presente de subjuntivo para expresar una sugerencia, petición o demanda de acción después de cualquier tiempo de los verbos siguientes:

suggest	sugerir
recommend	recomendar
propose	proponer
ask	pedir
request	solicitar
insist	exhortar / insistir
require	requerir
demand	exigir

Ejemplos
(a) tiempo presente
   I suggest that you be quiet.   Te sugiero que estés tranquilo.

He recommends that we be on time.	Nos recomienda que lleguemos a tiempo.
She asks that they work fast.	Ella les pide que trabajen rápido.
We demand that you pay the bill.	Le exigimos a usted que pague la cuenta.

(b) tiempo pasado

I suggested that you be quiet.	Te sugerí que estuvieras tranquilo.
He recommended that we go home.	Nos recomendó que fuéramos a casa.
They demanded that I stay there.	Me exigieron que me quedara ahí.

(c) tiempo futuro

He will recommend that we be on time.	Nos recomendará que lleguemos a tiempo.
They will demand that you be punctual.	Le exigirán que sea puntual.
I will request that they send me a card.	Les pediré que me manden una tarjeta.

§16.122

Para indicar la necesidad o la importancia de una acción, se usa el presente de subjuntivo después de cualquier tiempo de las expresiones siguientes:

it is necessary that	es necesario que
it is important that	es importante que
it is vital that	es imprescindible que

Ejemplos:
(a) tiempo presente

It is necessary that you be careful.	Es necesario que tengas cuidado.
It is important that I learn this.	Es importante que aprenda esto.

(b) tiempo pasado

It was important that they be tenacious.	Fue importante que fueran tenaces.
It was vital that he find her.	Fue imprescindible que la encontrara.

(c) tiempo futuro

It will be important that *she* be *punctual.*	Será importante que sea puntual.

§16.2
PAST
SUBJUNCTIVE

§16.21
Formas

Las formas del *past subjunctive* son iguales a las formas indicativas del *past tense*. Se usa la misma forma con todos los sujetos.

Be　*I / you / he / she / it / we / they*　**were**

Todos los otros verbos

I / you / he / she / it / we / they　**worked / spoke / came / went / etc.**

§16.22
Usos

(a) Para lamentar que algo no sea verdad, se usa el *past subjunctive* después de *wish*:

I wish I were *thin.*	Ojalá fuera delgada.
He wishes she were *here.*	Lamenta que ella no esté aquí.
She wishes her daughter lived *nearby.*	Lamenta que su hija no viva cerca.
We wish he tried *harder.*	Lamentamos que él no haga más esfuerzo.

(b) Para expresar lo que uno haría si algo fuera verdad, se usa el *past subjunctive* después de *if*:

Ejemplos

If I wanted that dress, I would buy it.	Si quisiera ese vestido, lo compraría.
If I were you, I would call her.	Yo que tú, la llamaría.
If you worked here, you would understand.	Si tú trabajaras aquí, entenderías.

§16.3
PERFECT
SUBJUNCTIVE

§16.31
Formas

Las formas del *perfect subjunctive* son iguales a las formas indicativas del *past perfect*.

Be   I / you / he / she / it / we / they   *had been*

Todos los otros verbos

I / you / he / she / it / we / they   had worked / had come / had gone / had eaten / etc.

§16.32
Usos

(a) Use el *perfect subjunctive* después de *wish* para lamentar que algo no era verdad en el pasado.

I wish I had been at the beach with you.	Ojalá hubiera estado con ustedes en la playa.
He wishes she had accepted his proposal.	Lamenta que ella no aceptara su propuesta.
We wish we had had a car when we were in Los Angeles.	Ojalá que hubiéramos tenido un carro cuando estábamos en Los Angeles.

(b) Use el *perfect subjunctive* después de *if* para expresar lo que uno habría hecho si algo hubiera sido verdad.

If I had wanted that dress, I would have bought it.	Si hubiera querido ese vestido, lo habría comprado.
If you had worked here, you would have understood.	Si tú hubieras trabajado aquí, lo habrías entendido.

§16.4 EL SUBJUNTIVO VS. EL INDICATIVO DESPUÉS DE *IF*

(1) Use el <u>indicativo</u> después de *if* para pronosticar
(a) acción posible y resultado cierto;
Modelo: *If* + sujeto + verbo en el presente, coma *(then)* sujeto + verbo en el presente

If I eat too much, I get sick.	Si yo como demasiado, me enfermo.
If he is tired, he is grouchy.	Si él está cansado, está de mal humor.

(b) acción probable y resultado cierto.
Modelo: *If* + sujeto + verbo en el presente indicativo, coma *(then)* sujeto + verbo en el futuro

If I work tomorrow, the boss will be happy.	Si yo trabajo mañana, el jefe estará contento.
If we go to South America, we will go to Bolivia.	Si vamos a Sudamérica, iremos a Bolivia.

(2) Use el <u>subjuntivo</u> después de *if*
(a) para indicar acción improbable y resultado condicional;
Modelo: *If* + sujeto + <u>past subjuntive</u>, *(then)* sujeto + *would* + verbo básico

If I worked tomorrow, the boss would be happy.	Si yo trabajara mañana, el jefe estaría contento.
If we went to South America, we would go to Bolivia first.	Si fuéramos a Sudamérica, iríamos primero a Bolivia.

(b) para pedir permiso con mucha cortesía.
Modelo: *Would* + sujeto + *mind* + *if* + sujeto + verbo en el subjuntivo + ?

Would you mind if I opened the window?	¿Te importaría que abriera la ventana?
Would Mr. Smith mind if we borrowed his ladder?	¿Le importaría al Sr. Smith que le pidiéramos prestado su escalera?

Los ejercicios para este capítulo se encuentran en las páginas 352–354.

§17.

Preposiciones—*Prepositions*

La preposición es una palabra o serie de palabras que intervienen entre una palabra y un complemento (sustantivo o pronombre) para explicar la relación entre ellos.

§17.1 PREPOSI-CIONES DE LUGAR

over	arriba de
The white box is over the black box.	La caja blanca está arriba de la caja negra.
above	arriba de
The white box is above the black box.	La caja blanca está arriba de la caja negra.
below	debajo de
The black box is below the white box.	La caja negra está debajo de la caja blanca.
beneath	debajo de
The black box is beneath the white box.	La caja negra está debajo de la caja blanca.
under	debajo de
The black box is under the white box.	La caja negra está debajo de la caja blanca.
underneath	debajo de
The black box is underneath the white box.	La caja negra está debajo de la caja blanca.
behind	detrás de
Chair A is behind chair B.	La silla A está detrás de la silla B.
in back of	detrás de
Chair A is in back of chair B.	La silla A está detrás de la silla B.
in front of	delante de
Chair B is in front of chair A.	La silla B está delante de la silla A.
ahead of	delante de
Chair B is ahead of chair A.	La silla B está delante de la silla A.
across from	enfrente de
Chair C is across from chair B.	La silla C está enfrente de la silla B.
opposite	enfrente de
Chair C is opposite chair B.	La silla C está enfrente de la silla B.

A   B   C

A B   C

against	pegado a
Chair A is against chair B.	La silla A está pegada a la silla B.
by	al lado de
Chair B is by chair C.	La silla B está al lado de la silla C.
beside	al lado de
Chair B is beside chair C.	La silla B está al lado de la silla C.
next to	al lado de
Chair B is next to chair C.	La silla B está al lado de la silla C.

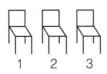

1   2   3

between	entre (dos cosas)
Chair 2 is between chair 1 and chair 3.	La silla 2 está entre la silla 1 y la silla 3.

among	entre (más de dos cosas)
The black spot is among the white spots.	La mancha negra está entre las manchas blancas.

A   B   C   D

near	cerca de
Chair A is near chair B.	La silla A está cerca de la silla B.
close to	cerca de
Chair A is close to chair B.	La silla A está cerca de la silla B.
far from	lejos de
Chair C is far from chair B.	La silla C está lejos de la silla B.
beyond	más allá de
Chair D is beyond chair C.	La silla D está más allá de la silla C.

A   B

on	encima de
The white lamp is on the table.	La lámpara blanca está encima de la mesa.
upon	encima de
The white lamp is upon the table.	La lámpara blanca está encima de la mesa.
off	fuera de
The black lamp is off the table.	La lámpara negra está fuera de la mesa.

A

B

in	dentro de
The apple is in the box.	La manzana está dentro de la caja.
inside	dentro de
The apple is inside the box.	La manzana está dentro de la caja.
within	dentro de
The apple is within the box.	La manzana está dentro de la caja.
out of	fuera de
The apple is out of the box.	La manzana está fuera de la caja.
outside of	fuera de
The apple is outside of the box.	La manzana está fuera de la caja.

Para indicar lugar, se usa

in   con los continentes, los países, los estados, las ciudades, los pueblos, y los rincones:

Quito is in South America.	Quito está en Sudamérica.
My friend is in Ecuador.	Mi amigo está en el Ecuador.
The house is in Quito.	La casa está en Quito.
The table is in the corner.	La mesa está en el rincón.

on   con las costas, las playas, los lados, las calles, los pisos, y las esquinas:

Ocean City is on the Atlantic coast.	Ocean City está en la costa Atlántica.
We live on the south side of the city.	Vivimos en la parte del sur de la ciudad.
We live on Maple Avenue.	Vivimos en la avenida Maple.
Our house is on the corner.	Nuestra casa está en la esquina.
We live on the 10th floor.	Vivimos en el piso número 10.

at   con los edificios y con los números de una dirección:

She is at the market.	Ella está en el mercado.
We are at my friend's house.	Estamos en casa de mi amigo.
I live at 2345 Maple Avenue.	Yo vivo en la avenida Maple, número 2345.

at   también con ciertos lugares comunes:
at home   en casa
at work   en el taller, la oficina, u otro lugar de trabajo
at school   en la escuela para estudiar o trabajar **(§7.22)**

at...in   con los lugares específicos dentro de un lugar
más grande:

Mary is at school in her classroom.	Mary está en la escuela en su clase.
Mom is at home in the kitchen.	Mi mamá está en casa en la cocina.
He works at the grocery store in the meat department.	Él trabaja en la carnicería del supermercado.

at...in...at   con un lugar aún más específico después de
in.

Mary is at school in her classroom at her desk.	Mary está en la escuela en su clase sentada en su pupitre.
Mom is at home in the kitchen at the stove.	Mi mamá está en casa en la cocina ante el horno.

§17.2 PREPOSI-CIONES DE RUMBO

across   a través de
The line goes across the box.   La línea va a través de la caja.

along   a lo largo de
The line goes along the box.   La línea va a lo largo de la caja.

by   por
The line goes by the box.   La línea va por la caja.

past   por enfrente de
The red line goes past the box.   La línea roja va por enfrente de la caja.
mas allá de
The black line goes past the box.   La línea negra va más allá de la caja.

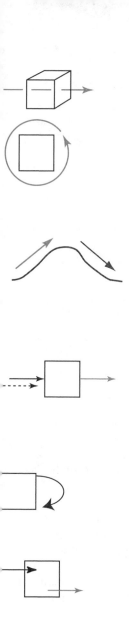

through
The line goes *through* the box.

por / a través de
La línea va por la caja.

around
The line goes *around* the box.

alrededor de
La línea va alrededor de la caja.

down
The black line goes *down* the hill.

hacia abajo
La línea negra va de la colina hacia abajo.

up
The red line goes *up* the hill.

hacia arriba
La línea roja va de la colina hacia arriba.

to
The black line goes *to* the box.

a / hasta
La línea negra va hasta la caja.

toward
The dotted line is going *toward* the box.

hacia / rumbo a
La línea interrumpida va hacia la caja.

(away) from
The red line goes *from* the box.

hacia afuera
La línea roja va de la caja hacia afuera.

back to
The black line goes *back* *to* the box.

regresar a
La línea negra regresa a la caja.

into
The black line goes *into* the box.

hacia adentro
La línea negra va hacia adentro de la caja.

out of
The red line goes *out* *of* the box.

hacia afuera
La línea roja va hacia afuera de la caja.

onto
The black line goes *onto* the table.

hacia encima de
La línea negra va hacia encima de la mesa.

off
The red line goes *off* the table.

hacia abajo de
La línea roja va de la mesa hacia abajo.

§17.3 PREPOSICIONES DE TIEMPO

before	antes de
The players practiced before the game.	Los jugadores practicaron antes del juego.
after	después de
They celebrated after the game.	Celebraron después del juego.
during	durante
The fans cheered during the game.	Los aficionados gritaron alegremente durante el juego.
since	desde
She hasn't eaten since last night.	Ella no come desde anoche.
until, up to	hasta
I will stay until noon.	Me quedaré hasta el mediodía.
around, about	aproximadamente
We will be there around 9:30.	Estaremos ahí aproximadamente a las nueve y media.
by	a esa hora o antes
Please call me by 4 o'clock.	Por favor, llámame a las cuatro a más tardar.
for	(indica un período de tiempo)
She waited for 30 minutes.	Ella esperó treinta minutos.
through	durante
He slept through the game.	Él durmió durante todo el juego.

Para expresar tiempo se usa
in con los siglos, las décadas, los años, las estaciones, los meses, los períodos del día:

in the 1800s	en el siglo diecinueve
in the 1950s	en los años cincuenta
in 1991	en 1991

in the spring	en la primavera
in February	en febrero
in the morning	por la mañana
in the afternoon	por la tarde
in the evening	por la tarde
in time	con suficiente tiempo para no perder el evento

| *He arrived in time to see the whole show.* | Él llegó a tiempo para ver todo el espectáculo. |

on   con los días, las fechas, los días de fiesta:

We are leaving on Monday.	Nos vamos el lunes.
We are leaving on the 15th.	Nos vamos el quince.
We celebrate on Independence Day.	Celebramos el Día de la Independencia.
She had a party on her birthday.	Ella dio una fiesta el día de su cumpleaños.
He has a class on Fridays.	Él tiene clase los viernes.
They relax on weekends.	Ellos descansan los fines de semana.

on time = a tiempo:

| *Mary is always on time for class.* | Mary siempre llega a tiempo para la clase. |

at   con *night,* y con horas específicas:

at night	en la noche
at 4 o'clock	a las cuatro
at midnight	a medianoche
at noon	a mediodía
at present	ahora

| *At present we are studying grammar.* | Ahora estudiamos la gramática. |

at the moment = en este momento

| *I am busy at the moment.* | En este momento estoy ocupado. |

§17.4 PREPOSICIONES DE OTRAS AFINIDADES

as como
She works as a secretary. Ella trabaja como secretaria.

by (a) método de comunicación
He sent the memo by fax. Él mandó el memo por fax.

(b) método de transporte
They went to town by bus. Ellos fueron a la ciudad en bus.

(c) autor de la acción
The dress was made El vestido fue hecho por mi
by my mother. mamá.
She made the dress Ella hizo el vestido sola.
by herself.

(d) método de construcción
She made it by hand and Ella lo hizo a mano y con la
by machine. máquina.

except aparte de
Everybody was happy Todo el mundo, aparte de Kathy,
except Kathy. estaba contento.

for (a) por
We marched for peace. Marchamos por la paz.
She came for a reason. Vino por algo.
(b) para
The gift is for you. El regalo es para Ud.
I left for Mexico. Yo salí para México.
(c) como parte de una comida
He had potatoes for Él comió papas para la cena.
dinner.

from origen
The bowl is from India. El tazón es de la India.
The present is from El regalo es de Bárbara.
Barbara.

of (a) materia de composición
The table is made of La mesa es hecha de vidrio.
glass.
(b) pertenecimiento
He is a friend of mine. Él es amigo mío.
Santiago is the capital Santiago es la capital de Chile.
of Chile.

with   con
He fixed the bookcase with a hammer.	Él reparó el estante con un martillo.
I opened the door with my key.	Yo abrí la puerta con mi llave.
I went with Stephen.	Yo fui con Stephen.
He left with his suitcase.	Él salió con su maleta.

without   sin
They left without her.	Salieron sin ella.
He is without money.	Él está sin dinero.

instead of   en lugar de
Bill came instead of Bob.	Bill vino en lugar de Bob.

in   (a) en un idioma
The letter is in English.	La carta es en inglés.

(b) durante un tiempo
Let's walk in the rain.	Vamos a caminar bajo la lluvia.
He stays home in bad weather.	Él se queda en casa cuando hace mal tiempo.

(c) de estados
Mark is always in a good mood.	Mark siempre está de buen humor.
Your mother is in good health.	Su madre está de buena salud.
She's in good shape because she exercises.	Ella está en forma porque hace ejercicio.

(d) vestido de
He arrived in shorts and a red shirt.	Él llegó vestido de pantalones cortos y una camisa roja.

(e) de moda
Flat shoes are in style.	Los zapatos sin tacón están de moda.

(f) de prisa
Let's go. We are in a hurry.	Vamos. Tenemos prisa.

(g) encargado de
You're the boss; you're in charge.	Ud. es el jefe; está encargado de todo.

(h) en materia escrita
I read that story in a magazine.	Yo leí ese cuento en una revista.

(i) materia de escribir
Please write in ink.	Por favor, escriba con tinta.

(j) cualidad de la voz

She speaks in a low, mysterious voice.	Ella habla en voz baja y misteriosa.

(k) dentro de un vehículo en el que no se puede caminar, como un carro, bote pequeño, avión pequeño, helicóptero

He's going in the car.	Él va en el carro.

on (a) dentro de un vehículo en el que sí se puede caminar, como un bus, tren, avión grande, barco

They're riding on the bus.	Ellos van en el bus.

(b) con transporte individual, como bicicleta, moto, patines, caballo

We came on the motorcycle.	Vinimos en la moto.

(c) a pie

I went on foot.	Fui a pie.

(d) método de comunicación oral

He's going to be on television today.	Él va a aparecer en la televisión hoy.
I heard the news on the radio.	Oí las noticias en la radio.
Your mother is on the phone.	Tu mamá está hablando por teléfono.

(e) en llamas

Look out! The pan is on fire!	¡Cuidado! El sartén está en llamas.

(f) por escrito

Please write it down on paper.	Por favor, hágalo por escrito.

(g) de huelga

They didn't get their benefits, so they are on strike.	Ellos no recibieron sus beneficios, y por eso están de huelga.

§17.5 PREGUNTAS CON PREPOSICIONES

La preposición generalmente va al final de las preguntas que empiezan con una palabra interrogativa.

Modelo: palabra interrogativa + *be* o verbo auxiliar + sujeto + verbo + preposición + ?

Where are you from?	¿De dónde es Ud.?
Who(m) are they with?	¿Con quién están ellos?

Who(m) is she going with?	¿Con quién va ella?
What are you waiting for?	¿Qué espera Ud.?
What are you thinking about?	¿En qué piensas?
Which street do you live on?	¿En qué calle vives?
Who(m) does he work for?	¿Para quién trabaja él?
What city were you born in?	¿En qué ciudad naciste?
Who(m) did they talk to?	¿Con quién hablaron ellos?
Who(m) did you sit next to?	¿Al lado de quién te sentaste?
What did he do that for?	¿Para qué hizo él eso?

§17.6 PREPOSICIONES DESPUÉS DE ADJETIVOS

Como la elección de la preposición no es siempre lógica, hay que aprender cada combinación de adjetivo + preposición como unidad completa.

about	
angry about (a thing)	enojado por
I am angry about the strike.	Estoy enojado por la huelga.
anxious about	ansioso de
They are anxious about her poor health.	Ellos están ansiosos por su mala salud.
concerned about / worried about	preocupado por
We are concerned about your grades.	Estamos preocupados por tus notas.
crazy about	enloquecido con
I am crazy about my new boyfriend.	Estoy enloquecida con mi nuevo novio.
excited about	emocionado por
She is excited about her date.	Ella está emocionada por su compromiso.
happy about	contento por
We are all happy about the good news.	Estamos contentos por las buenas noticias.

honest *about*
He is *honest about* his
  motives.

honrado acerca de
Él es honrado acerca de sus
  motivos.

nervous *about*
They are really *nervous*
  about the exam.

nervioso ante
Ellos están muy nerviosos ante
  el examen.

sad *about*
She is so *sad about* her
  father's death.

triste por
Ella está muy triste por la
  muerte de su papá.

sorry *about*
I am *sorry about* not
  calling you.

arrepentido de
Estoy arrepentido de no
  haberte llamado.

at
amazed *at*
I am *amazed at* the news
  of your wedding.

sorprendido ante
Estoy sorprendida ante la
  noticia de tu boda.

amused *at*
She was *amused at*
  the idea.

entretenido por
Ella estaba entretenida por la
  idea.

angry *at* / mad *at*
(a person)
Everybody was *angry*
  at the teacher.

enojado con

Todos estaban enojados con la
  maestra.

annoyed *at*
The teacher was
  annoyed at me.

fastidiado con
La maestra estaba fastidiada
  conmigo.

good *at* (skilled)
Mary is *good at* tennis.

bueno en
Mary es buena en el tenis.

by
amused *by*
The children were
  amused by the clown.

divertido por
Los niños estaban divertidos
  por el payaso.

annoyed *by*
I am *annoyed by* the
  traffic.

fasitidiado por (algo)
Estoy fastidiada por el tráfico.

bored by
He was so bored by his
father's jokes.

aburrido con
Él estaba muy aburrido con los
chistes de su papá.

confused by
I am confused by so
many rules.

confundido con
Estoy confundido con tantas
reglas.

disgusted by
The neighbors were
disgusted by the
smell of the garbage.

asqueado por
Los vecinos estaban asqueados
por el olor de la basura.

embarrassed by
She was embarrassed
by her brother's bad
manners.

avergonzado de
Ella estaba avergonzada del
comportamiento de su
hermano.

fascinated by
He was fascinated by
her beautiful manners.

fascinado con
Él estaba fascinado con sus
modales exquisitos.

frustrated by
They are frustrated by
so many delays.

frustrado con
Ellos están frustrados con
tantas demoras.

irritated by
Are you irritated by the
noise?

molesto por
¿Estás molesto por el ruido?

shocked by
We were shocked by
their foul language.

asombrado de
Estábamos asombrados de su
lenguaje cochino.

for
bad for
Too much fat is bad for
your health.

malo para
Demasiada grasa es mala para
la salud.

difficult for
It is difficult for me to
hear you.

difícil para
Es difícil para mí oírte.

eager for
We are eager for our
vacation.

ansioso por
Estamos ansiosos por nuestras
vacaciones.

easy for   fácil para
It is easy for her to   Es fácil para ella pararse de
   stand on her head.   cabeza.

good for   bueno para
Walking is good for you.   Es bueno para Ud. caminar.

grateful for (a thing)   agradecido de
She is so grateful for   Ella está muy agradecida de tu
   your help.   ayuda.

hard for   difícil para
It is hard for me to   Es difícil para mí comprenderte.
   understand you.

hungry for   con ganas de comer
I am hungry for a steak   Tengo ganas de comer un
   and french fries.   bistec y papas fritas.

known for   conocido por
She is known for her   Ella es conocida por sus
   dirty tricks.   malos trucos.

prepared for   preparado para
We are not prepared   No estamos preparados para el
   for the exam.   examen.   .

qualified for   capacitado para
He is very well qualified   Él está capacitado para ese
   for that job.   trabajo.

ready for   listo para
She is ready for the   Ella está lista para el concierto.
   concert.

remembered for   recordado por
She will be remembered   Ella será recordada por su
   for her kindness.   bondad.

responsible for   encargado de
You are responsible for   Tú estás encargado de
   buying the food.   comprar la comida.

sorry for   arrepentido de
I am sorry for disturbing   Siento molestarte.
   you.

suitable *for*
*Those casual clothes are
not* suitable *for the
office.*

apropiado para
Esa ropa informal no es
apropiada para la oficina.

thirsty *for*
Are you thirsty *for a
soda? I am!*

con ganas de tomar
¿Tienes ganas de tomar una
soda? Yo, ¡sí!

from
absent *from*
She was absent *from
class today.*

ausente de
Hoy ella estaba ausente de la
clase.

different *from*
Your shoes are different
from mine.

diferente a
Tus zapatos son diferentes a
los míos.

divorced *from*
Her mom is divorced
from her dad.

divorciado de
Su mamá está divorciada de su
papá.

exhausted *from*
They were exhausted
from working.

agotado de
Estaban agotados de tanto
trabajar.

safe *from*
At home he feels safe
from all harm.

protegido de
En casa, él se siente protegido
de todo daño.

in
disappointed *in*
*Her mother was
disappointed in her.*

desilusionado con
Su mamá estaba desilusionada
con ella.

interested *in*
They are interested *in
the history of the city.*

con interés en
Ellos tienen mucho interés en la
historia de la ciudad.

involved *in*
He is involved *in that
situation.*

involucrado en
Él está involucrado en esa
situación.

dressed *in*
She arrived dressed *in
shorts.*

vestido de
Ella llegó vestida de pantalones
cortos.

of

afraid of / scared of / *frightened of*	miedoso de
No wonder she is afraid of mice.	Con razón ella tiene miedo a los ratones.
ashamed of	avergonzado de
His family is ashamed of his problems.	Su familia está avergonzada de sus problemas.
aware of	consciente de
We were not aware of the problem.	No estábamos conscientes del problema.
capable of	capaz de
She is capable of doing better work.	Ella es capaz de hacer mejor trabajo.
composed of	compuesto de
The ocean is composed of salt water.	El océano está compuesto de agua salada.
convinced of	convencido de
I am convinced of his innocence.	Estoy convencida de su inocencia.
envious of	envidioso de
She is so envious of my friend.	Ella es envidiosa de mi amiga.
fond of	encariñado con
He is very fond of her.	Él está muy encariñado con ella.
full of	lleno de
This glass is full of cider.	Este vaso está lleno de sidra.
guilty of	culpable de
They found him guilty of the crime.	Lo juzgaron culpable del crimen.
in charge of	encargado de
We are in charge of the party arrangements.	Estamos encargados de los arreglos de la fiesta.

in favor *of*
He is *in favor of* the
   new law.

a favor de
Él está a favor de la nueva ley.

in danger *of*
You are *in danger of*
   being robbed.

en peligro de
Estás en peligro de ser robado.

innocent *of*
She is *innocent of*
   any wrongdoing.

inocente de
Ella es inocente de toda culpa.

jealous *of*
You are just *jealous*
   of her.

envidioso de
Tú nada más estás envidiosa
   de ella.

kind *of*
It was so *kind of* you to
   help us.

amable de
Ud. fue tan amable en
   ayudarnos.

made *of*
This bread is *made of*
   all natural ingredients.

hecho de
Este pan está hecho de puros
   ingredientes naturales.

proud *of*
I am very *proud of* you
   for graduating.

orgulloso de
Estoy muy orgullosa de ti por
   graduarte.

rid *of*
They are *rid of* that
   old car.

libre de
Están libres de ese carro viejo.

sure *of*
Are you absolutely *sure*
   of that?

seguro de
¿Está Ud. seguro de eso?

tired *of*
We are *tired of* playing
   games.

cansado de
Estamos cansados de jugar.

on
dependent *on*
She is completely
   dependent on her
   father.

dependiente de
Ella depende de su papá
   para todo.

to

accustomed to	acostumbrado a
We are not accustomed to driving in traffic.	No estamos acostumbrados a manejar en el tráfico.
addicted to	adicto
Unfortunately, he is addicted to drugs.	Por desgracia, él es adicto a las drogas.
bad to (a person)	abusivo con
They are bad to their mother.	Ellos son abusivos con su mamá.
clear to	claro para
It is clear to everyone that you are lying.	Está claro para todo el mundo que estás mintiendo.
compared to	comparado con
Compared to her, you are lucky!	Comparado con ella, tú tienes suerte.
connected to	conectado con
This street is not connected to that street.	Esta calle no está conectada con ésa.
courteous to	cortés con
You should be courteous to others.	Debieras ser cortés con los otros.
dedicated to	leal a
He is dedicated to his boss.	Él es leal a su jefe.
devoted to	dedicado a
She is devoted to her job, too.	Ella está dedicada a su trabajo, también.
engaged to	comprometido con
Her brother is engaged to my sister.	Su hermano está comprometido con mi hermana.

equal to
Her act is equal to
  treason.

equivalente a
Su acción es equivalente a la
  traición.

exposed to
At the beach you are
  exposed to the sun.

vulnerable ante
En la playa, uno es vulnerable
  ante el sol.

faithful to
She is faithful to her
  husband.

fiel a
Ella es fiel a su esposo.

friendly to
They are friendly to
  all newcomers.

amistoso con
Ellos son amistosos con toda la
  gente nueva.

good to (a person)
Those children are very
  good to their mother.

cariñoso con
Esos niños son muy cariñosos
  con su mamá.

grateful to (a person)
She is grateful to them
  for their kindness.

agradecido con
Ella está agradecida con ellos
  por su bondad.

inferior to
These products are
  inferior to the old
  ones.

inferior a
Estos productos son inferiores a
  los anteriores.

kind to
He is always kind to
  strangers.

amable con
El siempre es amable con los
  desconocidos.

limited to
With that license, you are
  limited to driving
  during the day; you
  cannot drive at night.

limitado a
Con esa licencia, estás limitado
  a manejar durante el día; no
  debes manejar en la noche.

married to
She was married to
  him once.

casado con
Ella estuvo casada con él una
  vez.

nice to
Thank you for being
  nice to me.

amable con
Gracias por ser amable
  conmigo.

opposed to	opuesto a
Our senator is opposed to that proposal.	Nuestro senador se opone a esa propuesta.
polite to	cortés con
Your son is always polite to me.	Su hijo es muy cortés conmigo.
related to	de la misma familia
How are you related to him? Is he your cousin?	¿Qué parentesco tienen Uds.? Es él tu primo?
relevant to	pertinente a
Please speak later; your ideas are not relevant to our discussion.	Por favor, hable más tarde; sus ideas no son pertinentes a nuestra plática.
responsible to (a person)	subordinado a
I am responsible to the Department Chairman.	Yo estoy subordinado al director del departamento.
similar to	parecido a
Your new car is similar to mine.	Su carro nuevo es parecido al mío.
superior to	superior a
His new car isn't superior to yours, but it was more expensive.	Su carro nuevo no es superior al carro de Ud., pero fue más caro.
with	
acquainted with (a person)	familiarizado con (una persona)
Are you acquainted with your classmates?	¿Has conocido a tus compañeros de clase?
annoyed with	fastidiado con
I think my friend is annoyed with me.	Creo que mi amigo está fastidiado conmigo.
associated with	asociado con
He is associated with a new company.	Él está asociado con una compañía nueva.

blessed with
You are blessed with
  many talents.

dichoso de tener
Tú eres dichoso de tener
  mucho talento.

bored with
They seem to be bored
  with school.

aburrido de
Ellos parecen estar aburridos
  de la escuela.

careless with
Don't be careless with
  your credit card.

irresponsable con
No sea irresponsable con su
  tarjeta de crédito.

cluttered with
The floor was cluttered
  with dirty clothes.

desordenado con
El piso estaba desordenado con
  ropa sucia.

content with
I am really content
  with my situation.

contento con
Estoy muy contenta con mi
  situación.

coordinated with
Our program is
  coordinated with
  yours.

coordinado con
Nuestro programa está
  coordinado con el suyo.

crowded with
The airport is crowded
  with stranded travelers.

lleno de
El aeropuerto está lleno de
  viajeros extraviados.

disappointed with
He was disappointed
  with the teachers.

desilusionado con
Él estaba desilusionado con los
  maestros.

disgusted with
I am disgusted with this
  dirty place.

con asco
Este lugar sucio me da asco.

equipped with
The car is equipped
  with air bags.

equipado con
El carro está equipado con
  bolsas de aire.

familiar with (a thing)
Are you familiar with
  this computer?

familiarizado con (una cosa)
¿Estás familiarizado con esta
  computadora?

fascinated with	fascinado con
The baby is fascinated with his new toy.	El niño está fascinado con su juguete nuevo.
filled with	lleno de
The tank is filled with gas.	El tanque está lleno de gasolina.
finished with	terminado con
We are finally finished with the painting.	Por fin terminamos con la pintura.
friendly with	amistoso con
He is friendly with all the newcomers.	Él es amistoso con toda la gente nueva.
furnished with	amueblado con
The apartments are furnished with extra beds.	Los apartamentos están amueblados con camas extras.
honest with	sincero con
Thank you for being honest with me.	Gracias por ser sincero conmigo.
patient with	paciente con
The nurses were very patient with us.	Las enfermeras fueron muy pacientes con nosotros.
pleased with	contento con
I am pleased with the results of the test.	Estoy contento con los resultados del examen.
satisfied with	satisfecho con
They were not satisfied with the outcome.	No estaban satisfechos con el resultado.
upset with	perturbado con
The woman was upset with her son.	La señora estaba perturbada con su hijo.

§17.7 PREPOSI- CIONES DESPUÉS DE VERBOS

Aprenda cada combinación como unidad completa.

about

argue *about*	discutir
They *argued about* the new rule all night.	Discutieron la nueva regla toda la noche.
ask *about*	preguntar sobre
She was *asking about* the homework.	Ella preguntaba sobre la tarea.
complain *about*	quejarse de
He *complains about* his chores.	Él se queja de sus tareas.
dream *about*	soñar con
I *dream about* you every night.	Sueño contigo todas las noches.
forget *about*	olvidarse de
Don't *forget about* the party you promised us.	No te olvides de la fiesta que nos prometiste.
know *about*	saber de
We don't *know* anything *about* this place.	No sabemos nada de este lugar.
laugh *about*	reírse de
You will *laugh about* this later on.	Te reirás de esto en el futuro.
talk *about*	hablar de
Don't *talk about* me when I'm not here.	No hable de mí cuando yo no esté aquí.
tell *about*	contar de
They *told us about* your accident.	Nos contaron de tu accidente.
think *about*	pensar en
Whom are you *thinking about*?	¿En quién piensa?
	pensar hacer
What are you *thinking about* doing?	¿Qué piensa hacer?
They are *thinking about* moving.	Ellos piensan mudarse.

worry *about*	preocuparse de
Try not to worry *about this problem.*	Trate de no preocuparse de este problema.
at	
arrive *at (a building)*	llegar a (un edificio)
She will arrive *at the airport at 6:10.*	Ella va a llegar al aeropuerto a las 6:10.
laugh *at*	burlarse de
Please don't laugh *at me when you see my haircut.*	Por favor, no te burles de mí al ver mi corte de pelo.
stare *at*	mirar con curiosidad
The child stared *at the stars.*	El niño miró las estrellas con curiosidad.
succeed *at*	tener éxito con
To succeed *at this job, you need to work hard.*	Para tener éxito con este empleo, tienes que trabajar fuerte.
for	
apologize *for*	pedir disculpa por
She apologized *for being late.*	Ella pidió disculpa por llegar tarde.
blame *for*	culpar por
She blamed *him* for *upsetting her.*	Ella lo culpó a él por haberla alterado.
care *for*	querer
He cares *for her a lot.*	Él la quiere mucho.
excuse *for*	perdonar por
Please excuse *me* for *interrupting.*	Por favor, perdóneme por interrumpir.
fight *for*	luchar por
Sometimes you have to fight *for your rights.*	A veces uno tiene que luchar por sus derechos.
forgive *for*	perdonar por
He forgave *her* for *telling a lie.*	Él la perdonó por haber mentido.

hope *for*
We are *hoping for*
   better weather.

esperar
Esperamos que el tiempo se
   mejore.

pay *for*
You can *pay for* that at
   the cash register.

pagar por
Puedes pagar por eso en la
   caja.

pray *for*
He *prayed for* peace.

rezar por
Rezó por la paz.

substitute *for*
Ms. Smith is *substituting*
   for the teacher today.

trabajar en lugar de
Ms. Smith está trabajando en
   lugar de la maestra hoy.

thank *for*
I want to *thank you for*
   all your help.

agradecerle
Quiero agradecerle toda su
   ayuda.

vote *for*
Please don't *vote for* him!

votar por
Por favor, ¡no vote por él!

from
borrow *from*
She *borrowed* the
   sweater *from* Sally.

pedir prestado de
Ella pidió prestado el suéter de
   Sally.

distinguish *from*
I can't *distinguish* X
   from Y on the chart.

distinguir
Yo no puedo distinguir la X de
   la Y en el diagrama.

escape *from*
They managed to *escape*
   from the building.

escapar de
Pudieron escapar del edificio.

graduate *from*
When are you going to
   graduate from college?

graduarse de
¿Cuándo vas a graduarte de la
   universidad?

hear *from* (get news)
I finally *heard from* my
   boyfriend.

tener noticias de
Por fin tengo noticias de mi
   novio.

hide *from*
She is trying to *hide*
   from her old boyfriend.

esconderse de
Ella está tratando de
   esconderse de su antiguo
   novio.

prevent from
She can't prevent him
  from calling her.
	evitar que
	Ella no puede evitar que él la
	  llame.

prohibit from
The law prohibits you
  from parking here.
	prohibir
	La ley le prohibe estacionarse
	  aquí.

protect from
The cream will protect
  you from sunburn.
	protegerse de
	La crema te va a proteger de
	  las quemaduras del sol.

recover from
She is recovering from
  the flu.
	recuperarse de
	Ella se está recuperando de la
	  gripe.

rescue from
He rescued her from
  the burning building.
	rescatar de
	Él la rescató del edificio que se
	  estaba quemando.

rest from
You need to rest from
  studying so much.
	descansar de
	Tienes que descansar de tanto
	  estudiar.

separate from
Try to separate the yolks
  from the whites.
	separar de
	Trate de separar las yemas de
	  las claras.

stop from
You can't stop them
  from trying.
	evitar que
	No puedes evitar que ellos
	  hagan el esfuerzo.

subtract from
To get the balance,
  subtract the debits
  from the credits.
	restar de
	Para figurar el saldo, reste las
	  deudas de los créditos.

in arrive in (a city, a country) When did you arrive in this country?	 llegar a (una ciudad, un país) ¿Cuándo llegó Ud. a este país?

believe in
Do you believe in love
  at first sight?
	creer en
	¿Crees tú en el amor a primera
	  vista?

excel *in*
Your son *excels in*
mathematics.

sobresalir en
Su hijo sobresale en las
matemáticas.

participate *in*
I hope you will *participate*
in this activity.

participar en
Espero que Ud. participe en
esta actividad.

succeed *in*
I hope he *succeeds in*
getting them to come.

tener éxito con
Espero que él tenga éxito en
lograr que ellos vengan.

of
accuse *of*
They *accused* us *of*
stealing the money.

acusar de
Nos acusaron de robar el
dinero.

approve *of*
Her mother doesn't
approve of her friends.

aprobar
La mamá de ella no aprueba a
sus amigas.

consist *of*
This mixture *consists*
of flour and water.

constar de
Esta mezcla consta de harina
y agua.

dream *of*
They are *dreaming of*
better times.

soñar con
Ellos sueñan con mejores días.

take advantage *of*
Try to *take advantage*
of this opportunity.
Don't let other people
take advantage of you.

aprovecharse de
Trata de aprovecharte de esta
oportunidad.
No dejes que los otros se
aprovechen de ti.

take care *of*
She *takes care of* her
sick aunt.
If your faucet leaks, the
plumber will *take*
care of it.

cuidar
Ella cuida a su tía enferma.

arreglar
Si el grifo gotea, el plomero lo
arreglará.

on
concentrate *on*
I can't *concentrate on*
my lesson.

concentrar en
No me puedo concentrar en la
lección.

count *on* / rely *on* / depend *on*	contar con
I know I can count *on* my friends.	Sé que puedo contar con mis amigos.
decide *on*	decidir
They can't decide *on* a date for the wedding.	No pueden decidir la fecha de la boda.
insist *on*	empeñarse en
He insisted *on* staying here.	Él se empeñó en quedarse.
plan *on*	pensar hacer
When do you plan *on* coming?	¿Cuándo piensa Ud. venir?
to	
add *to*	añadir a
Now add water *to* this mixture.	Ahora, añada agua a esta mezcla.
admit *to*	admitir
He admitted *to* being late three times.	Él admitió llegar tarde tres veces.
apologize *to* (a person)	disculparse con
She had to apologize *to* the whole family.	Ella tuvo que disculparse con toda la familia.
apply *to* (a place)	mandar una solicitud a
I am applying *to* the state university.	Voy a mandar una solicitud a la universidad del estado.
belong *to*	ser miembro de
Do you belong *to* a club?	¿Eres miembro de un club?
	pertenecer a
Does this car belong *to* you?	¿Te pertenece a ti este carro?
compare *to*	comparar con
Compare your schedule *to* mine.	Compare su horario con el mío.

complain to (a person)	quejarse a
Don't complain to me;	A mí no se queje; quéjese al
complain to the boss.	jefe.
contribute to	contribuir a
Your ideas contribute	Sus ideas contribuyen a la
to the solution.	solución.
lend to	prestarle (dar prestado)
Will you lend some	¿Le presta dinero a ella?
money to her?	
listen to	escuchar
She listens to the radio	Ella escucha la radio en el
in the car.	carro.
look forward to	le dará gusto a uno
We look forward to	Nos dará gusto verlo a Ud. en
seeing you in October.	octubre.
object to	oponerse a
He objected to her	Él se oponía a la actitud de ella.
attitude.	
respond to	responder a
I hope he responds to	Ojalá que él responda a mi
my letter.	carta.
subscribe to	suscribirse a
Which magazines do you	¿A cuáles revistas se suscribe
subscribe to?	Ud.?
talk to (a person)	hablar con
I need to talk to you	Tengo que hablar contigo hoy.
today.	
with	
agree with	estar de acuerdo con
I don't agree with you	No estoy de acuerdo con Ud.
about that.	en eso.
argue with	discutir
They always argue with	Ellos siempre discuten.
each other.	

compare with	comparar con
You can't compare apples with oranges.	No se puede comparar las manzanas con las naranjas.
cover with	cubrir con
Be sure to cover the food with plastic wrap.	Procura cubrir la comida con película plástica.
disagree with	no estar de acuerdo con
She disagrees with all his ideas.	Ella no está de acuerdo con ninguna de las ideas de él.
discuss with	platicar con
Can we discuss our plan with you?	¿Podemos platicar nuestro plan con Ud.?
help with	ayudar con
Please help with the cleaning.	Por favor, ayúdame con la limpieza.
provide with	proporcionar
The hotel provides you with room service.	El hotel le proporciona servicio de habitación.

§17.8 MODISMOS CON PREPO-SICIONES

Una preposición puede seguir un verbo y así cambiar su significado. Estas combinaciones son de dos tipos: las separables y las inseparables.

§17.81 Combinaciones separables

Con las combinaciones separables,

(a) si el complemento es sustantivo, el sustantivo va antes o después de la preposición.

Modelos:

sujeto	verbo	complemento (sustantivo)	preposición
He	*put*	*the toys*	*away.*

Él puso los juguetes en su lugar.

sujeto	verbo	preposición	complemento (sustantivo)
He	*put*	*away*	*the toys.*

Él puso los juguetes en su lugar.

(b) si el complemento es <u>pronombre</u>, el pronombre separa
el verbo de la preposición.
Modelo:

sujeto	verbo	complemento (pronombre)	preposición
He	*put*	*them*	*away*.

Los puso en su lugar.

Ejemplos
Verbo + Complemento + Preposición

put   it   away   ponerlo en su lugar
Please put the picture Por favor, ponga el cuadro en
  away.   su lugar.
Please put away the picture.

throw   it   away   botarla
Please throw that ball Por favor, bota esa pelota.
  away.
Please throw away that ball.

get   it   back   tenerlo de nuevo
I hope I get my book back. Espero tener mi libro de nuevo.
I hope I get back my book.

give   it   back   devolverlo
She will have to give my Ella tendrá que devolverme el
  book back.   libro.
She will have to give back
  my book.

pay   it   back   pagar (un préstamo)
We will pay the money   Vamos a devolver el dinero
  back soon.   pronto.
We will pay back the
  money soon.

put   it   back   volverlo a su lugar
Please put that chair back. Por favor, vuelve esa silla a
Please put back that chair.   su lugar.

cut   it   down   acortarlo
Cut the report down; it's Acorte el reporte; es muy largo.
  too long.
Cut down the report; it's
  too long.

put	*it*	*down*	soltarlo

Put my money down. Suelte mi dinero.
Put down my money.

put	*her*	*down*	criticarla

He always puts his Él siempre critica a su novia.
girlfriend down.
He always puts down his
girlfriend.

tear	*it*	*down*	destruirlo

They tore that building Destruyeron ese edificio.
down.
They tore down that
building.

turn	*it*	*down*	negar una oportunidad

She turned the job offer Ella no quiso la oferta de
down. empleo.
She turned down the job
offer.

bajar el volumen
I had to turn my radio Tuve que bajar el volumen de
down. mi radio.
I had to turn down my
radio.

turn	*him*	*down*	negarle su petición

She turned the young Ella no quiso la oferta del joven.
man down.
She turned down the
young man.

write	*it*	*down*	apuntarlo

Write my phone number Apunte mi número de teléfono.
down.
Write down my phone
number.

fill	*it*	*in*	completarlo

You have to fill this form in. Tienes que completar este
You have to fill in this form. formulario.

hand them in		entregarlos
Students, hand your papers in!		Estudiantes, ¡entreguen sus exámenes!
Students, hand in your tests!		

turn it in		entregarlo
I forgot to turn my paper in.		Se me olvidó entregar mi trabajo.
I forgot to turn in my paper.		

bring it on		causar
The weather brought my cold on.		El tiempo causó mi resfriado.
The weather brought on my cold.		

have it on		tener puesto
She has a new sweater on.		Ella tiene puesto un suéter nuevo.
She has on a new sweater.		

keep it on		no dejar de tenerlo puesto
Be sure to keep your ring on.		No dejes de usar tu anillo.
Be sure to keep on your ring.		

put it on		ponérselo
I can't wait to put my new dress on.		Tengo muchas ganas de ponerme mi vestido nuevo.
I can't wait to put on my new dress.		

try it on		probárselo
Did you try the dress on at the store?		¿Te probaste el vestido en la tienda?
Did you try on the dress at the store?		

turn it on		prenderlo
Turn the TV on.		Prende la televisión.
Turn on the TV.		

call	*it*	*off*	cancelarlo

They called the baseball game off.
They called off the baseball game.

Cancelaron el partido de béisbol.

drop	*it*	*off*	entregarlo

Drop the package off tonight.
Drop off the package tonight.

Entrega el paquete esta noche.

put	*it*	*off*	posponerlo

They put the picnic off until Friday.
They put off the picnic until Friday.

Pospusieron el picnic hasta el viernes.

shut	*it*	*off*	apagarlo

Shut the alarm clock off!
Shut off the alarm clock!

Apaga el despertador.

take	*it*	*off*	quitárselo

Please take your hat off.
Please take off your hat.

Por favor, quítese el sombrero.

tear	*it*	*off*	quitárselo rápidamente

He tore the bandage off.
He tore off the bandage.

Se arrancó la venda.

turn	*it*	*off*	apagarlo

She was ready to turn the computer off.
She was ready to turn off the computer.

Ella estaba lista para apagar la computadora.

check	*it*	*out*	inspeccionarlo

Will you check my heater out?
Will you check out my heater?

¿Me quiere inspeccionar la calefacción?

cut	*it*	*out*	dejar de hacerlo
Cut that annoying habit out.			Deja esa costumbre fastidiosa.
Cut out that annoying habit.			

cortar con tijeras

I cut the article out of the newspaper.
I cut out the article.

Corté el artículo del periódico.

---

cross   *it*   *out*   tachar un error
Please cross the mistake out.
Please cross out the mistake.

Por favor, tacha el error.

---

figure   *it*   *out*   resolverlo
I can't figure the riddle out.   No puedo resolver la adivinanza.
I can't figure out the riddle.

---

figure   *her*   *out*   comprenderla
They will never figure their sister out.
They will never figure out their sister.

Ellos nunca van a comprender a su hermana.

---

fill   *it*   *out*   completarla
Fill this form out.   Completa esta forma en blanco.
Fill out this form.

---

get   *it*   *out*   sacarla
Can you get this splinter out?
Can you get out this splinter?

¿Puedes tú sacar esta astilla?

---

hand   *them*   *out*   entregarlos
The teacher handed the papers out to the students.
The teacher handed out the papers to the students.

La maestra entregó los papeles a los alumnos.

---

leave   *it*   *out*   omitirlo
Leave that part out.   Omita Ud. esa parte.
Leave out that part.

pass	*it*	*out*	distribuirla
Can you pass this information out?			¿Puede Ud. distribuir esta información?
Can you pass out this information?			

pick	*it*	*out*	escogerlo
My boyfriend picked the ring out.			Mi novio escogió el anillo.
My boyfriend picked out the ring.			

point	*it*	*out*	señalarlo
She pointed her house out.			Ella señaló su casa.
She pointed out her house.			

put	*it*	*out*	extinguirlo
He was able to put the fire out.			Él pudo extinguir el fuego.
He was able to put out the fire.			

take	*it*	*out*	sacarlo
Take the key out.			Saca la llave.
Take out the key.			

tear	*it*	*out*	sacar una página
He tore the paper out of his notebook.			Él sacó la página de su cuaderno.
He tore out the paper.			

throw	*it*	*out*	botar a la basura
I'm glad you threw that shirt out.			Me alegro de que botaras esa camiseta.
I'm glad you threw out that shirt.			

try	*it*	*out*	probarlo
Let's try this bike out.			Vamos a montar esta bicleta para probarla.
Let's try out this bike.			

turn	*it*	*out*	apagarla
I'm sleepy; turn the light out.			Tengo sueño; ¡apaga la luz!
Turn out the light.			

*do   it   over * hacerlo de nuevo
I had to do the test over.   Tuve que hacer el examen de
                            nuevo.

look   it   over   echarle un vistazo a
Will you look my letter   ¿Le echas un vistazo a mi
over?   carta?
Will you look over my
letter?

*pick   them   over *   escoger los buenos
Some of these cherries   Algunas de estas cerezas no
are not ripe; you will   están maduras; tendrás que
have to pick them   escoger las buenas.
over.

start   it   over   empezarlo de nuevo
Let's start the music over Vamos a empezar la música de
and try again.   nuevo e intentar otra vez.
Let's start over the music
and try again.

*take   it   over * estudiarlo de nuevo
He took the course over   Estudió el curso de nuevo
because he failed it.   porque fracasó la primera
                            vez.

think   it   over   pensar algo bien
Think our offer over.   Piense bien nuestra oferta.
Think over our offer.

turn   it   over   ponerlo de cabeza abajo
Turn the pot over to see   Dé vuelta a la olla para
where it was made.   saber en dónde fue hecha.
Turn over the pot to see
where it was made.

call   us   up   llamarnos
He called his mother up   Él llamó a su mamá desde
from Hawaii.   Hawaii.
He called up his mother
from Hawaii.

bring   it   up   mencionarlo
Don't bring his accident up. No menciones su accidente.
Don't bring up his accident.

cheer him up   darle ánimo a alguien
The sun cheers   El sol le da ánimo a todo el
  everybody up.   mundo.
The sun cheers up
  everybody.

clean it up   limpiarlo/arreglarlo
She cleaned her room up. Ella limpió su cuarto.
She cleaned up her room.

fill it up   llenarlo
I filled the tank up.   Llené el tanque (de gasolina).
I filled up the tank.

hang it up   colgarlo
You have to hang your   Tiene que colgar su abrigo.
  coat up.
You have to hang up
  your coat.

keep it up   seguir haciéndolo
Keep the dancing up;   Sigue bailando, ¡lo haces bien!
  you do it well!
Keep up the dancing; you
  do it well!

look it up   buscarlo en un libro
I'll look that word up in   Buscaré esa palabra en el
  the dictionary.   diccionario.
I'll look up that word in
  the dictionary.

make it up   Hacer trabajo no realizado
He can make the test up. Él puede hacer el examen que
He can make up the test   perdió.
  he missed.

He made a crazy story up. inventarlo
He made up a crazy story. Él inventó un cuento ridículo.

pick it up   levantarlo / recogerlo
He picked the boxes up.   Él recogió las cajas.
He picked up the boxes.

show   her   *up*   sobrepasarla en público
The new singer showed   La nueva cantante sobrepasó a
  the old one up.   la antigua.
The new singer showed
  up the old one.

stand   him   *up*   dejarlo plantado
She stood her boyfriend   Ella dejó plantado a su novio
  up last night.   anoche.
She stood up her
  boyfriend last night.

take   it   *up*   platicarlo
They took the matter up   Ellos platicaron el asunto con el
  with the boss.   jefe.
They took up the matter
  with the boss.   hacerlo más pequeño o más
                            corto
The seamstress took   La costurera me hizo la falda
  my skirt up.   más corta (pequeña).
The seamstress took up
  my skirt.

tear   it   *up*   rasgarlo
I'm glad you tore that   Me alegro de que rasgaras
  photograph up.   esa foto.
I'm glad you tore up
  that photograph.

turn   it   *up*   aumentar el volumen
I love that song! Turn   ¡Me encanta esa canción!
  the radio up.   Aumenta el volumen del
I love that song! Turn up   radio.
  the radio.

wake   him   *up*   despertarlo
I can't wake John up.   No puedo despertar a John.
I can't wake up John.

follow   it   *through** asegurarse de que se lleve a
                                cabo
Follow that project through. Asegúrate de que ese proyecto
                                se lleve a cabo.

*Con estos ejemplos, hay que poner el sustantivo, como
el pronombre, entre el verbo y la preposición.

§17.82
Combinaciones inseparables de verbo y preposición

En estas combinaciones, el complemento (sustantivo o pronombre) siempre sigue la preposición.

Modelo:

Sujeto	+ Verbo	+ Preposición	+ Complemento	
She	cares	for	John.	Ella quiere a John.
She	cares	for	him.	Ella lo quiere.

¡OJO! No se puede decir "She cares John for" o "She cares him for."

Ejemplos

come *across* them / run *across* them	encontrarlos de casualidad
I came across these old photographs.	De casualidad encontré estas fotos viejas.
come *after* me	perseguirme
The reporters are coming after me.	Los reporteros me persiguen.
look *after* him	cuidarlo
His mom looks after him.	Su mamá lo cuida.
take *after* me	tener mis características
My son takes after me.	Mi hijo tiene mis características.
ask *for* it	pedirlo
You have to ask for the medicine.	Tienes que pedir la medicina.
care *for* him	quererlo
She really cares for her husband.	Ella quiere mucho a su esposo.
get back *from* it	volver de un viaje
When did you get back from your vacation?	¿Cuándo volviste de tus vacaciones?
hear *from* them	tener noticias de ellos
Have you heard from your children?	Tienen Uds. noticias de sus hijos?
get *in* it	entrarlo
I can't wait to get in the museum.	Tengo muchas ganas de entrar en el museo.

check into it / look into it   investigarlo
I'm going to check into   Voy a investigar esa situación.
    that situation.

run into it   chocar con algo
He ran into a tree!   ¡Él chocó con un árbol!

run into him   verlo de casualidad
We ran into him at   De casualidad, lo vimos en el
    the mall.   centro comercial.

hear of it   tener conocimiento de algo
I have never heard of   No conozco ese idioma.
    that language.

get out of it   salir de un vehículo pequeño
Help me get out of   Ayúdame a salir de la canoa.
    the canoe.

    liberarse de algo
She promised to babysit;   Ella prometió cuidar a los niños;
    now she wants to get   ahora quiere liberarse del
    out of it.   compromiso.

keep out of it /   no involucrarse en algo
stay out of it
You should keep out of   Tú no debes involucrarte en la
    their fight.   pelea de ellos.

run out of it   acabarse de
I ran out of laundry   Se me acabó el detergente.
    detergent.

drop out of it   dejar de participar en algo
She dropped out of that   Ella dejó de participar en esa
    organization.   organización.

get off it   bajarse de un vehículo
He had to get off the bus.   Él tuvo que bajarse del autobús.

call on him   pedirle ayuda a él
You can call on my   Ud. puede pedirle ayuda a mi
    brother any time.   hermano en cualquier
      momento.

drop in on him   visitarlo sin avisar de antemano
Drop in on my father   Visita a mi papá cuando
    when you can.   puedas.

get on it	subir a un vehículo en que se puede caminar
They got on the train at the station.	Subieron al tren en la estación.
look out for it	tener cuidado de
Look out for the potholes in the street.	Tenga cuidado de los baches en la calle.
go over it	repasarlo
She went over her paper last night.	Ella repasó su reporte anoche.
get over it	recuperarse de algo
He finally got over the flu.	Por fin él se recuperó de la gripe.
run over it	pasar por encima de algo
A car ran over my hat.	Un carro pasó por encima de mi sombrero.
catch up with him	alcanzarlo
The police finally caught up with the thief.	Por fin la policía alcanzó al ladrón.
	tener noticias de alguien
I would like to catch up with your brother.	Quisiera tener noticias de tu hermano.
fool around with it	jugar con algo
Stop fooling around with your pencil and get to work.	¡Deja de jugar con tu lápiz, y empieza a trabajar!
get along with them	llevarse bien con ellos
She is trying to get along with her neighbors.	Ella trata de llevarse bien con sus vecinos.
get away with it	salir sin castigo
He got away with the crime.	Él salió sin castigo después de haber cometido el crimen.
get through with it	terminar con algo difícil
She finally got through with her thesis.	Por fin ella terminó con su tesis.

keep up with them	mantener el nivel de ellos
I'm trying to keep up with the best students.	Estoy tratando de mantener el mismo nivel de los mejores estudiantes.
put up with her	tolerarla
I'm trying to put up with my roommate, who annoys me.	Estoy tratando de tolerar a mi compañera de cuarto, quien me fastidia.

§17.83
Combinaciones intransitivas

En estas expresiones, no se expresa un complemento, y la "preposición" sirve para cambiar el significado del verbo.

Ejemplos

get along	llevarse bien
She and her classmates get along.	Ella y sus compañeros de clase se llevan bien.
get around	informarse
Teenagers really get around.	Los jóvenes se informan de todo.
hang around	holgazanear
Sometimes they just hang around.	A veces ellos nada más holgazanean.
drop by	visitar sin avisar
My sister dropped by this afternoon.	Mi hermana me visitó sin avisarme hoy en la tarde.
check in	registrar
Upon arrival at the hotel, you should check in.	En cuanto llegue al hotel, debe registrarse.
drop in	visitar informalmente
Will you drop in later?	¿Me visitas más tarde?
get in	entrar
Please unlock the door; I can't get in.	Por favor, abre la puerta con llave; no puedo entrar.
turn in	acostarse
It's time to turn in.	Es hora de acostarse.

drop off
I dropped off when I
was reading.

dormirse
Me dormí mientras leía.

take off
What time does the
plane take off?

despegar
¿A qué hora despega el avión?

I'm going to take off
tomorrow.

tomar el día libre
Mañana no voy a trabajar.

drop out
It's too bad he dropped
out.

dejar los estudios
Es una lástima que él dejara los
estudios.

check out
We have to check out
before noon.

desocupar el cuarto de un hotel
Tenemos que desocupar el
cuarto antes de mediodía.

find out
I don't know where she
lives, but I'll try to find
out.

averiguar
No sé dónde vive, pero trataré
de averiguarlo.

get out

I'll pick you up when
you get out.

salir de clase, o de otro lugar
encerrado
Te voy a recoger cuando
salgas.

keep out
Keep out!

no entrar
¡Fuera de aquí!

look out
Look out! A car is coming!

tener cuidado
¡Tenga cuidado! ¡Viene un carro!

pass out
She passed out in the hall.

desmayarse
Ella se desmayó en el pasillo.

try out
The auditions are
tomorrow; are you
going to try out?

ensayar
Las audiciones serán mañana;
¿vas a ensayar?

turn out
How did the auditions
turn out?

resultar
¿Cómo resultaron las
audiciones?

watch out
This is a dangerous corner; you have to watch out.

tener cuidado
Esta es una esquina peligrosa; tienes que tener cuidado.

start over
I made a mistake; I want to start over.

empezar de nuevo
Cometí un error; quiero empezar de nuevo.

take over
Don't invite him; he always takes over.

tomar la iniciativa /ventaja
No lo invites; siempre toma la iniciativa.

cheer up
I sure hope he cheers up.

ponerse de buen humor
Ojalá que él se ponga de buen humor.

get up
What time do you get up?

levantarse
¿A qué hora se levanta Ud.?

give up
Keep trying; never give up.

darse por vencido
Sigue tratando; no te des por vencido.

grow up
Where did you grow up?

crecer / criarse
¿Dónde te criaste?

keep up
It is hard to keep up when you have two jobs.

mantener el paso
Es difícil mantener el paso cuando uno tiene dos empleos.

make up
I'm glad they finally made up.

reconciliar
Me alegro de que ellos se reconciliaran.

show up
What time did he show up?

aparecer
¿A qué hora apareció él?

throw up *(informal)*
The sick child threw up at school.

vomitar
El niño enfermo vomitó en la escuela.

turn up
Her old boyfriend just turned up!

aparecer de milagro
Su antiguo novio apareció de milagro.

wake up	despertarse
I woke up three times last night.	Me desperté tres veces anoche.
get through	terminar (con algo difícil o aburrido)
When are you going to get through?	¿Cuándo vas a terminar?
	hacer contacto
I'm calling, but I can't get through.	Estoy llamando, pero no puedo hacer contacto.

El uso de las preposiciones puede ser complicado. No son lógicas, a veces tienen más de un significado, y a veces cambian de significado. ¡Apréndalas como las encuentre!

Los ejercicios para este capítulo se encuentran en las páginas 355–359.

§18.

Adverbios—*Adverbs*

Las palabras interrogativas, *Where?*, *When?*, y *How?* y las palabras individuales que contestan estas preguntas son adverbios.

§18.1
ADVERBIOS
DE LUGAR

Después del verbo *be*, el adverbio puede indicar el lugar del sujeto. Después de otros verbos, el adverbio puede indicar el lugar de la acción.

Preposiciones usadas como adverbios de lugar
Ciertas preposiciones, cuando no tienen complemento, funcionan como adverbios.

in	aquí
inside	adentro
out	no aquí
outside	afuera
near	cerca
behind	detrás
up	arriba
down, below,	abajo
under, underneath	

Where is he?	¿Dónde está él?
He isn't in.	
He is out.	No está aquí.

Where do they live?	¿Dónde viven ellos?
They live inside.	Viven adentro.

Otros adverbios de lugar

here	aquí
there	ahí
everywhere	en todas partes
nowhere	en ninguna parte
not anywhere	en ninguna parte
anywhere	en algún (para una pregunta) lugar
away	en otro lugar
close, nearby	cerca

far	lejos
in front	delante
in back	detrás
indoors	dentro de un edificio
inside	adentro
outdoors	fuera de un edificio
outside	afuera
upstairs	en el piso de arriba
downstairs	en el piso de abajo
up/high	arriba/alto
down/low	abajo/bajo
underneath	por debajo

Los adverbios de lugar generalmente siguen al verbo.

Where is the airport?	¿Dónde está el aeropuerto?
It is there.	Está ahí.
Where are Alice and Jerry?	¿Dónde están Alice y Jerry?
They are away.	Están en otro lugar.
Where are the stores?	¿Dónde están las tiendas?
They are nearby / near / close.	Están aquí cerca.
Where is Joe?	¿Dónde está Joe?
He is here.	Está aquí.
Where are you going?	¿Adónde va Ud.?
I am not going far.	No voy lejos.
Where does he work?	¿Dónde trabaja él?
He works upstairs.	Trabaja arriba.
Where did she go?	¿Adónde fue ella?
She went outside.	Fue afuera.
Where have they gone?	¿Adónde han ido ellos?
They have gone ahead.	Han ido adelante.

Where will we see each other?	¿Dónde nos vemos?
We will see each other below.	Nos vemos abajo.

Para indicar sorpresa o emoción, ponga el adverbio antes del sujeto:

Here he is!	¡Aquí está él!
Up you go!	¡Te vas para arriba!
Away they went!	¡Se fueron!

§18.2 ADVERBIOS DE RUMBO

Preposiciones como adverbios de rumbo

across	hacia aquí / ahí / a través de otra parte
around	hacia aquí / ahí / alrededor de otra parte
by	por aquí / ahí
down	hacia abajo
in	hacia adentro
past	por aquí / ahí
out	hacia afuera
over	hacia aquí / ahí
through	por aquí / ahí
up	hacia arriba

Otro adverbio de rumbo es

away	a otra parte

Ejemplos

How did you get across the river?	¿Cómo cruzó el río?
I came across in a boat.	Vine en bote.
What is her temperature?	¿Qué temperatura tiene?
It's going down.	Está bajando.
Where did your balloon go?	¿Adónde fue tu globo?
It went up.	Fue hacia arriba.
Where did his friend go?	¿Adónde fue su amiga?
She went away.	Se fue a otra parte.

§18.3 ADVERBIOS DE TIEMPO

El adverbio puede indicar cuándo pasa la acción.

Preposiciones como adverbios
Cuando no tiene objeto, la preposición *before* funciona como adverbio.

Was he here?	¿Estuvo aquí él?
Yes. He was here before.	Sí, estuvo aquí antes.

Otros adverbio de tiempo

now	ahora
then	entonces
soon	pronto
later	más tarde
afterwards	después de eso
early	temprano
late	tarde
momentarily	muy pronto / por un instante
yet	todavía
already	ya
recently	recientemente
lately	últimamente
still	todavía
not anymore	ya no
ago	hace (un período de tiempo)
today	hoy
tonight	esta noche
yesterday	ayer
tomorrow	mañana

Combinaciones usadas como adverbios

the day before yesterday	anteayer
the day after tomorrow	pasado mañana
every other day	un día sí, otro no

this morning	esta mañana / hoy en la mañana
this afternoon	esta tarde / hoy en la tarde
this evening	esta tarde / esta noche

this week	esta semana
this Tuesday	el martes de esta semana (futuro o pasado)
this month	este mes
this February	el febrero más cercano (futuro o pasado)

last night	anoche
last week	la semana pasada
the week before last	hace dos semanas
last Friday	el viernes pasado
last month	el mes pasado
last May	el mayo pasado
last year	el año pasado

| next week | la semana próxima |
| the week after next | de hoy en dos semanas |

next Friday	el viernes de esta semana o de la próxima semana
next month	el próximo mes
next May	el próximo mayo
next year	el próximo año

Los adverbios de tiempo generalmente se colocan después del verbo.

| What time is it? | ¿Qué hora es? |
| It is early. | Es temprano. |

| When is your birthday? | ¿Cuándo es tu cumpleaños? |
| It is this Friday. | Es el viernes. |

| When is the best time to do it? | ¿Cuál es la mejor hora para hacerlo? |
| It is now. | Es ahora. |

| When are the parties? | ¿Cuándo son las fiestas? |
| They are tomorrow. | Son mañana. |

When was the wedding?	¿Cuándo fue la boda?
It was last week.	Fue la semana pasada.
When are you coming?	¿Cuándo vienes?
I'm coming now.	Voy ahora.
When were they studying?	¿Cuándo estudiaban ellos?
They were studying then.	Estudiaban a esa hora.
When did she tell it to you?	¿Cuándo se lo contó?
She told it to me recently.	Me lo contó recientemente.
When did they move here?	¿Cuándo se mudaron acá?
They moved here five years ago.	Se mudaron acá hace cinco años.
Is she here yet?	¿Ya está ella aquí?
Yes, she is already* here.	Sí, ya está aquí.
No, she isn't here yet.	No, no está aquí todavía.
Are they still* talking?	¿Siguen hablando ellas?
Yes, they are still talking.	Sí, todavía están hablando.
No, they are not talking anymore.	No, ya no están hablando.

*already se coloca
 (a) después de una forma de *be:*

I am already a doctor.	Ya soy médico.

(b) después de un verbo auxiliar:

I have already finished medical school.	Yo ya terminé con los estudios de medicina.
He is already working on his thesis.	Él ya está trabajando en su tesis.

(c) antes de otros verbos o al final de la frase:

I *already* studied Chemistry.	Yo ya estudié química.
I studied Chemistry *already*.	

*still se coloca
(a) después de una forma de *be:*

I am *still* here.	Todavía estoy aquí.
We are *still* upstairs.	Todavía estamos arriba.

(b) después de un verbo auxiliar:

We are *still* waiting.	Seguimos esperando.
You should *still* go.	Debes ir de todos modos.

(c) antes de otros verbos:

He *still* plays golf every day.	Él sigue jugando golf todos los días.
I *still* want to win the prize.	Sigo esperando ganar el premio.

§18.4 ADVERBIOS DE OCASIÓN

El adverbio puede indicar el número de veces que ocurre la acción. Estos adverbios generalmente van después del verbo.

once	una vez
twice	dos veces
again	una vez más

Combinaciones de Adjetivo + Sustantivo usadas como adverbios:

three times	tres veces
ten times	diez veces
a hundred times	cien veces

How many times are you going to call?	¿Cuántas veces vas a llamar?
I'm going to call once.	Voy a llamar una vez.

How many times did you see the movie?	¿Cuántas veces viste tú la película?
I saw it twice.	La vi dos veces.

Will they come back?	¿Regresarán ellos?
They will come back again.	Regresarán otra vez.

How many times did you go to the market?	¿Cuántas veces fueron Uds. al mercado?
We went four times.	Fuimos cuatro veces.

§18.5
ADVERBIOS DE FRECUENCIA

El adverbio puede indicar la frecuencia de la acción. Estos adverbios se colocan antes del verbo.

How often do you study?	¿Con qué frecuencia estudia Ud.?
I never study.	No estudio nunca.
I hardly ever study. *I rarely study.* *I seldom study.*	No estudio casi nunca.
I occasionally study.	Estudio de vez en cuando.
I often study. *I frequently study.*	Estudio frecuentemente.
I usually study.	Generalmente estudio.
I always study.	Siempre estudio.

sometimes generalmente se coloca después del verbo o antes del sujeto:

I study sometimes.	Estudio a veces.
Sometimes I study.	A veces estudio.

once, twice o *x-times a week* se coloca después del verbo o antes del sujeto:

I study twice a week.	Estudio dos veces a la semana.
Twice a week I study.	

§18.6
ADVERBIOS DE MANERA

El adverbio puede indicar cómo pasa la acción.

§18.61
Formas

Estos adverbios por lo general se forman con el adjetivo + *ly*.

slowly	despacio
quickly	rápido
softly	de bajo volumen / suavemente
loudly	de todo volumen / alto / fuerte / ruidosamente
sweetly	dulcemente

sourly	desagradablemente
nicely	amablemente
carefully	cuidadosamente
carelessly	descuidadamente

Si el adjetivo termina con *y*, elimine la *y*, y añada *ily*.

crazy	*crazily*	locamente
noisy	*noisily*	ruidosamente
busy	*busily*	laboriosamente
happy	*happily*	felizmente

Si el adjetivo termina con *le*, cambie el *le* a *ly*.

responsible	*responsibly*	responsablemente
capable	*capably*	bien / con habilidad
comparable	*comparably*	comparablemente

Los adverbios siguientes tienen la misma forma que los adjetivos correspondientes.

fast	rápido / rápidamente
hard	con fuerza
late	tarde / con demora
early	temprano

Otros adverbios de manera son:

well	bien
badly	mal

§18.62
Usos

Si no hay complemento, el adverbio de manera se coloca después del verbo.

How do you dance?	¿Cómo bailas tú?
I dance well.	Bailo bien.
I dance fast.	Bailo rápido.
I dance badly.	Bailo mal.
I dance slowly.	Bailo despacio.

Si hay complemento, el adverbio lo sigue.

How do you dance the waltz?	¿Cómo bailas el vals?
I dance the waltz well.	Bailo bien el vals.
I dance the waltz fast.	Bailo rápido el vals.
I dance the waltz badly.	Bailo mal el vals.
I dance the waltz slowly.	Bailo despacio el vals.

¡OJO! No coloque el adverbio entre el verbo y el complemento.
Por ejemplo, no se dice, "I dance well the waltz".

¡OJO! Las siguientes palabras, que terminan con *ly*, no son adverbios, sino adjetivos; no tienen adverbios correspondientes.

friendly	amigable
lively	activo
ugly	feo
lovely	hermoso
sickly	débil
lonely	solitario y triste
deadly	letal
cowardly	cobarde
heavenly	divino

§18.7 COMPARACIÓN DE ADVERBIOS

(a) Antes de los adverbios que terminan con *ly*, para una comparación positiva, use *more* + adverbio ... *than:*

She works *more slowly than I do.*	Ella trabaja más despacio que yo.
Brenda checks her work *more carefully than Thomas does.*	Brenda comprueba su trabajo más cuidadosamente que Thomas.

Para el superlativo, use una expresión con adjetivo.

Use *not as* + adverbio + *as* para hacer una comparación negativa.

I don't work *as slowly as she does.*	Yo no trabajo tan despacio como ella.

Rara vez se usa el superlativo negativo. Es mejor emplear una expresión con adjetivo.

(b) Con *fast, slow, hard, late, early, near* y *close*, añada *er* para una comparación positiva:

I work *faster than she does.*	Yo trabajo más rápido que ella.
She works *slower than I do.*	Ella trabaja más despacio que yo.
Brenda works *harder than Thomas does.*	Brenda trabaja con más esfuerzo que Thomas.

Brenda works later than Thomas does.	Brenda trabaja hasta más tarde que Thomas.
Thomas leaves earlier than Brenda does.	Thomas sale más temprano que Brenda.
You live nearer than I do.	Tú vives más cerca que yo.

Con *fast, slow, hard, late, early, near* y *close,* use *the* + adverbio + *est* para el superlativo:

She works the fastest.	Ella trabaja más rápido que todos.
Brenda works the hardest.	Brenda trabaja con más esfuerzo que los otros.
Brenda works the latest.	Brenda trabaja hasta más tarde que los otros.
Thomas leaves the earliest.	Thomas sale más temprano que los otros.
He lives the nearest.	Él vive más cerca que todos.

use *not as* + adverbio + *as* para una comparación negativa:

She doesn't work as fast as I do.	Ella no trabaja tan rápido como yo.
Thomas doesn't work as hard as Brenda does.	Thomas no trabaja con tanto esfuerzo como Brenda.
Brenda doesn't leave as early as Thomas does.	Brenda no sale tan temprano como Thomas.

(c) *well*	bien
better	mejor
She works better than he does.	Ella trabaja mejor que él.
the best	el o la mejor
Brenda works the best of all.	Brenda trabaja mejor que todos.
worse	peor
She plays worse than her friend.	Ella juega peor que su amiga.
the worst	el o la peor
She plays the worst of all.	Ella juega peor que todos.
(d) *badly*	mal
not as badly as	no tan mal como
worse	peor
the worst	peor

She plays tennis badly, but not as badly as her sister.	Ella juega mal al tenis, pero no tan mal como su hermana.

(e) far — lejos
farther — más lejos
the farthest — el más lejos
further — más a fondo
the furthest — el más a fondo

We walked farther than they did.	Nosotros caminamos más lejos que ellos.
They investigated the crime further.	Ellos investigaron más a fondo el crimen.

§18.8 ADVERBIOS QUE MODIFICAN LOS VERBOS

Un adverbio puede indicar la intensidad de la acción del verbo.

almost	casi
nearly	casi
hardly	casi no
scarcely	apenas
only	solamente
just	un poco
somewhat	algo
well enough	bastante
really	realmente

Almost, nearly, hardly, scarcely, only, just, y really se colocan antes del verbo.

The machine almost runs.	La máquina casi funciona.

Con un tiempo progresivo, estas palabras separan be y ing. (§9.21)

The machine is almost running.	La máquina casi funciona.

A little, very little, somewhat, well enough, y well se colocan después del verbo.

The machine runs a little.	La máquina funciona un poco.
The machine runs well.	La máquina funciona bien.

§18.9
ADVERBIOS QUE MODIFICAN LOS ADJETIVOS Y LOS ADVERBIOS

Ciertos adverbios indican la intensidad de los adjetivos y de los adverbios.

How good is the new secretary?	¿Es buena la nueva secretaria?
She is *fairly* good.	Es regular.
She is *pretty* good.	Es buena.
She is *rather* good. ⎫	
She is *quite* good. ⎭	Es bastante buena.
She is *very* good.	Es muy buena.
She is *extremely* good.	Es excelente.
She is *much* better than the others.	Es mucho mejor que las otras.
She is *unusually* good.	Es sobresaliente.
She is *too* good.	Es tan buena que no nos conviene retenerla.

How does she work?	¿Cómo trabaja ella?
She works *fairly* well. ⎫	
She works *pretty* well. ⎪	
She works *rather* well. ⎬ Trabaja bastante bien.	
She works *quite* well. ⎭	
She works *very* well.	Trabaja muy bien.
She works *extremely* well.	Trabaja extremadamente bien.
She works *much* better than the others.	Trabaja mucho mejor que las otras.
She works *too* well.	Trabaja tan bien que no es bueno.

¡OJO! Cuando alguien hace una cosa *too well*, se entiende que habrá malos resultados.

¡OJO! *hardly* = muy poco
hard = duro, o mucho

He is *hardly* working.	Él está trabajando muy poco.
He is working *hard*.	Él está trabajando duro.

Los ejercicios para este capítulo se encuentran en las páginas 360–363.

§19.

Conjunciones—
Conjunctions

La conjunción (*conjunction*) conecta palabras, frases y oraciones, y define la relación entre ellas.

§19.1 CONJUN-CIONES COOR-DINADORAS

Las conjunciones coordinadoras conectan las partes de la oración que tienen la misma categoría gramatical.

(a) *and* puede significar *y*

The skirt is yellow.	La falda es amarilla.
The blouse is yellow.	La blusa es amarilla.
The skirt and blouse are yellow.	La falda y la blusa son amarillas.
Sally was singing.	Sally cantaba.
Sally was dancing.	Sally bailaba.
Sally was singing and dancing.	Sally cantaba y bailaba.
David worked slowly.	David trabajó despacio.
David worked carefully.	David trabajó con cuidado.
David worked slowly and carefully.	David trabajó despacio y con cuidado.

(b) *or* puede significar *o*

I want an apple or an orange.	Quiero una manzana o una naranja.
She is from Chicago or New York.	Ella es de Chicago o de Nueva York.

(c) *but* puede significar *pero*
Generalmente, se pone una coma antes de *but*.

Jane went to the movies, but I didn't (go to the movies).	Jane fue al cine, pero yo no fui (al cine).
I like oranges, but not grapefruit.	Me gustan las naranjas, pero las toronjas, no.
I like oranges, but he likes grapefruit.	A mí me gustan las naranjas, pero a él le gustan las toronjas.
David worked slowly, but not carefully.	David trabajó despacio, pero no con cuidado.

(d) *Yet* indica diferencia que no es lógica.
Se pone una coma antes de *yet*.

Jane was tired, yet happy.	Jane estaba cansada, pero contenta.
I dieted, yet lost no weight.	Estuve en dieta, pero no perdí peso.
David worked hard, yet he didn't receive payment.	David trabajó mucho, pero no recibió ningún pago.

(e) *For* conecta un hecho con su motivo.
Se pone una coma antes de *for*.

Mary went home, for she was sick.	Mary fue a casa, pues estaba enferma.
I am sure Bob was there, for I saw him.	Estoy segura de que Bob estaba ahí, pues yo lo vi.
They are late, for they got lost.	Ellos llegaron tarde, pues se perdieron.

§19.11 Conjunciones coordinadoras que unen las oraciones

La conjunción coordinadora puede conectar dos oraciones para hacer una oración.

(a) Ejemplos

John is my brother, and Mary is my sister.	John es mi hermano, y Mary es mi hermana.
I sold my house yesterday, but I didn't sell my car.	Ayer vendí mi casa, pero no vendí mi carro.

(b) Use *too, so, either, y neither* con las conjunciones coordinadoras, para dar énfasis a la relación indicada.

(1) Para conectar dos oraciones afirmativas, use *and* + sujeto + verbo + *too* o *and so* + verbo + sujeto.

John is tall, and Bob is too.	John es alto, y Bob también.
John is tall, and so is Bob.	

Mary is singing, and Carol is too.	Mary está cantando, y Carol también.
Mary is singing, and so is Carol.	

Ted drives to work, and Joe does too.	Ted maneja al trabajo, y Joe también.
Ted drives to work, and so does Joe.	

(2) Para conectar dos oraciones negativas, use
and + sujeto + verbo + *not either*   o *and neither* +
verbo + sujeto.

John isn't tall, and I'm not either.	John no es alto, ni yo tampoco.
John isn't tall, and neither am I.	
Mary isn't singing, and Carol isn't either.	Mary no está cantando, ni Carol tampoco.
Mary isn't singing, and neither is Carol.	
Ted didn't drive to work, and Joe didn't either.	Ted no manejó al trabajo, ni Joe tampoco.
Ted didn't drive to work, and neither did Joe.	

(3) Para conectar una oración afirmativa con una oración negativa, use
but + sujeto + *be* o verbo auxiliar + *not*.

Mary is short, but Donna isn't.	Mary es baja, pero Donna no.
He lives here, but I don't.	Él vive aquí, pero yo no.
Carol was singing, but Joe wasn't.	Carol estaba cantando, pero Joe no.
Joe drove to work, but Ted didn't.	Joe manejó al trabajo, pero Ted no.

(4) Para conectar una oración negativa con una oración afirmativa, use
but + sujeto + *be* o verbo auxiliar.

Donna isn't short, but Mary is.	Donna no es baja, pero Mary sí.
I don't live here, but he does.	Yo no vivo aquí, pero él sí.
Joe wasn't singing, but Carol was.	Joe no estaba cantando, pero Carol sí.
Ted didn't drive to work, but Joe did.	Ted no manejó al trabajo, pero Joe sí.

§19.2 CONJUNCIONES CORRELATIVAS

Las conjunciones correlativas son pares de conjunciones. La primera conjunción enfatiza el sentido de la segunda.

(a) *both...and*
tanto...como
She wants both ice cream and cake.
Ella quiere tanto helado como pastel.

(b) *not only...but also*
no solo..., sino...también
She wants not only ice cream, but also cake.
Ella quiere no solo helado, sino pastel también.

(c) *either...or*
o...o
She wants either ice cream or cake.
Ella quiere o el helado o el pastel.

(d) *neither...nor*
ni...ni
She wants neither ice cream nor cake.
Ella no quiere ni helado ni pastel.

(e) *whether...or not*
si...o no
She will eat ice cream whether or not she eats cake.
Ella va a comer helado si come pastel o no.
She will eat ice cream whether she eats cake or not.

§19.3 CONJUNCIONES SUBORDINADAS

La conjunción subordinada empieza una cláusula subordinada y demuestra su relación con la cláusula principal.

(a) relaciones de tiempo

before	antes de
after	después de
until	hasta que
when	cuando
while	mientras

La cláusula subordinada puede empezar la oración, y es seguida por una coma.

Before we went home, we washed the dishes.
Antes de ir a casa, lavamos los platos.

After I went to bed, I fell asleep.
Después de acostarme, me dormí.

When he gets here, I am going to leave.	Cuando él llegue, me voy.
While she sleeps, he watches the baby.	Mientras ella duerme, él cuida al niño.

La cláusula principal puede empezar la oración, y no se usa la coma.

We washed the dishes before we went home.	Lavamos los platos antes de ir a casa.
I fell asleep after I went to bed.	Me dormí después de acostarme.
I will stay until he gets here.	Me quedo hasta que él llegue.
I am leaving when he gets here.	Me voy cuando él llegue.
He watches the baby while she sleeps.	El cuida al niño mientras ella duerme.

(b) relaciones que indican motivo

as	como
because	porque
since	desde que

As you are here, we can start the party. / *Since you are here, we can start the party. /* *Because you are here, we can start the party.*	Como tú estás aquí, podemos empezar la fiesta.

(c) relaciones resultantes

so that	para que

So that she can read, she wears glasses. / *She wears glasses so that she can read.*	Para poder leer, ella usa lentes.

(d) relaciones condicionales

if	si
unless	si no
whether...or not	aunque

If you come early, I will dance with you. / *I will dance with you if you come early.*	Si vienes temprano, bailo contigo.

Unless you come early, I won't dance with you. / I won't dance with you unless you come early.	Si no vienes temprano, no bailo contigo.
Whether you come early or not, I won't dance with you. / I won't dance with you whether or not you come early.	Aunque vengas temprano, no bailo contigo.

(e) relaciones inesperadas
   though / although / aunque
   even though

Though he was afraid, he didn't cry. / He didn't cry though he was afraid. / Although he was afraid, he didn't cry. / He didn't cry although he was afraid. / Even though he was afraid, he didn't cry. / He didn't cry even though he was afraid.	Aunque tenía miedo, no lloró.

(f) otras relaciones

where	donde
as if	como si
rather than	en preferencia a
that	que
whether	si

Where you live, there is a lot of traffic. / There is a lot of traffic where you live.	Donde Ud. vive, hay mucho tráfico.
As if they weren't scared, they got on the plane./ They got on the plane as if they weren't scared.	Como si no tuvieran miedo, subieron al avión.

Rather than upset her mother, she stayed home. / She stayed home rather than upset her mother.	Para no trastornar a su mamá, ella se quedó en casa.
That he is a genius is certain. / It is certain that he is a genius.	Es cierto que él es un genio.
I don't know whether he went to work.	Yo no sé si él fue al trabajo.

 Note los dos tipos de puntuación con el uso de las conjunciones subordinadas.

Los ejercicios para este capítulo se encuentran en las páginas 364–366.

§20.

Marcadores del discurso— *Discourse Markers*

Los marcadores del discurso son palabras y expresiones de transición. Sus formas son constantes, pero su uso es complicado, pues no se sustituye uno por otro fácilmente. Además, no hay ninguno que tenga equivalente exacto en otro idioma. Por eso aquí no se traducen al español los marcadores en sí, sino que se traducen varios ejemplos de cada uno para ilustrar su significado.

§20.1 EL ORDEN DE LAS ACCIONES

Estas expresiones se usan para indicar el orden de las acciones, especialmente para relatar un cuento o para dar instrucciones.

first   second/secondly   next   after that
meanwhile/in the meantime   finally   subsequently

Note que no hay coma después de *then* y que se pone una coma después de las demás expresiones.

Everything went wrong last Tuesday:	Todo me salió muy mal el martes pasado:
First / In the first place, my car broke down on the highway.	Primero, se me descompuso el coche en la carretera.
Second / Secondly, I realized that my cell phone didn't work.	Segundo, me di cuenta de que no funcionaba mi celular.
Then / Next, a policeman came and gave me a ticket.	Luego vino un policía, quien me dio una multa.
Then / After that, I waited an hour and a half for a tow truck.	Entonces esperé una hora y media a la grúa.

Meanwhile / In the meantime, since I couldn't find anything to read, I sat there the whole time with nothing to do.	Mientras tanto, como no pude encontrar nada que leer, tuve que quedarme todo el tiempo sin nada que hacer.
Finally, the tow truck arrived and took my car away. (Fortunately, they took me home too.)	Finalmente, la grúa llegó y se llevó mi coche. (Afortunadamente, también me llevó a casa.)
Subsequently, I received a huge bill from the repair shop.	Mas tarde recibí una cuenta enorme del taller que reparó el coche.
An easy cake: *First, buy a cake mix, a can of frosting, vegetable oil, and eggs.*	Un pastel sencillo: Primero, compra un paquete de mezcla para hacer pasteles, una lata de azucarado, aceite y huevos.
Next, pre-heat the oven and grease two cake pans. *Then mix everything together with an electric mixer.*	Luego enciende el horno y engrasa los moldes con mantequilla. Después, mézclalo todo en una batidora eléctrica.
After that, pour the batter into the pans and place in the oven.	Luego, vierte la mezcla en los moldes y pónlos en el horno.
After about thirty minutes, take the cakes out of the oven, remove them from the pans, and let cool.	Después de unos treinta minutos, saca los pasteles del horno, quítalos de los moldes y deja que se enfríen.
Finally, put the cakes on a serving plate and frost them.	Finalmente, pon los pasteles en un platón y decóralos con el azucarado.

§20.2
INFORMACIÓN AÑADIDA

Primera adición: *and*   *also*   *as well as*

He is intelligent and responsible.	Es inteligente y responsable.
He is intelligent; he is also responsible.	Es inteligente y responsable también.
He is intelligent as well as responsible.	Es inteligente y también responsable.

Más información: *in addition*   *plus*

We should hire him. He is intelligent and responsible, plus he has a lot of experience.	Debiéramos contratarlo. Es inteligente, responsable y además, tiene mucha experiencia.
He is intelligent and responsible; in addition, he has a lot of experience.	Es inteligente y responsable y además, tiene mucha experiencia.

Aun más información: *furthermore*

Furthermore, he is cheerful and great to work with.	Por otra parte, es alegre y muy buen compañero de trabajo.

Añade un dato extraordinario: *even*   *actually*

He even / actually helps others with their work.	Él incluso ayuda a otros con su trabajo.
He even / actually takes work home with him.	Él hasta lleva su trabajo a casa.

Añade información secundaria que puede tener más importancia de lo que parece: *besides*

We have to hire him. He is intelligent and responsible and has a lot of experience. And besides, he's the boss's nephew.	Tenemos que contratarlo. Es inteligente, responsable y tiene mucha experiencia. Además, es el sobrino del jefe.

Añade un último dato extraordinario: *on top of that / to top it all off*

They've offered him a good salary, medical insurance, and on top of that / to top it all off, two months' vacation a year.	Le ofrecieron un buen sueldo, seguro médico y encima, dos meses de vacaciones cada año.
He's lazy, irresponsible, nasty, and on top of that / to top it all off, he doesn't know anything about this business.	Es perezoso, irresponsable, antipático y para colmo, no sabe nada de este negocio.

§20.3 INFORMACIÓN DE RESPALDO

Estas expresiones se pueden usar para añadir más información que respalda lo dicho anteriormente.

in fact   as a matter of fact   indeed   actually

Yes, I know Washington quite well; in fact / as a matter of fact / indeed / I lived there for ten years.	Sí, conozco Washington muy bien, pues viví diez años en esa ciudad.
Sure, I know where Park Street is; in fact / as a matter of fact / indeed, I'm on my way there now.	Claro que sé dónde está la calle Park, de hecho, voy para allá ahora mismo.
She's a very smart girl; in fact / as a matter of fact / indeed, she's the best one in the class.	Ella es una chica muy inteligente, es más, es la mejor de la clase.
He's a good man; in fact / as a matter of fact / indeed, he's one of the nicest people I know.	Es un hombre bueno, es realmente una de las personas más simpáticas que conozco.
No, she doesn't work here. In fact / as a matter of fact / indeed / actually, I've never seen her before.	No, ella no trabaja aquí, de hecho, es la primera vez que la veo.

§20.4 LA RECTIFICACIÓN DE INFORMACIÓN

Estas expresiones se pueden usar para corregir una impresión.

in fact as a matter of fact actually
declaración + pausa

No, he isn't short; *in fact / as a matter of fact / actually, he's quite tall.*	No es bajo; al contrario, es bastante alto.
No, I'm not her boss; *in fact / as a matter of fact / actually, she's my boss.*	No, yo no soy el jefe de ella—por el contrario, ella es mi jefa.
He isn't an architect; (pausa) *he's an engineer.*	No es arquitecto, sino ingeniero.

§20.5 CONSECUEN-CIA

Estas expresiones indican las consecuencias de las acciones.

so then consequently therefore thus as a result

We went to Caroline's house, but she wasn't there, *so we came back.*	Fuimos a la casa de Carolina, pero no estaba, así que regresamos.
So / Then you did try to contact her.	Entonces, sí, intentaron comunicarse con ella.
She never tells anybody where she is going, *so it is difficult to contact her in an emergency.*	Ella nunca le dice a nadie adónde va, así que es muy difícil encontrarla en caso de una emergencia.
We went to Caroline's house, but she wasn't there; *so / consequently / therefore, she doesn't know the news.*	Fuimos a la casa de Carolina, pero no estaba, por lo tanto, no sabe lo ocurrido.

She went out and didn't tell anybody where she was going; *so / consequently / as a result / thus* she doesn't know the news.	Ella salió y no le dijo a nadie adónde iba, de modo que no sabe las noticias.

§20.6 INFORMACIÓN CONTRARIA

but   however   on the other hand   in contrast   nevertheless   still   instead   otherwise

He's intelligent, *but* he's irresponsible.	Es inteligente, pero es irresponsable.
He's intelligent; *however,* he's irresponsible.	Es inteligente, sin embargo es irresponsable.
He's intelligent; *on the other hand,* he's lazy and irresponsible.	Es inteligente, sin embargo es perezoso e irresponsable.
He's lazy and irresponsible. His brother, *in contrast / on the other hand / is* a very hard worker.	Es perezoso e irresponsable. Su hermano, en cambio, es trabajador.
He's lazy and irresponsible; *nevertheless / still,* we need somebody with his experience.	Es perezoso e irresponsable, no obstante, necesitamos a alguien que tenga su experiencia.
He's lazy and irresponsible; *nevertheless / still,* I think we should give him a chance.	Es perezoso e irresponsable, no obstante creo que debemos darle una oportunidad.
He wants the job; *otherwise,* he wouldn't have applied for it. / he wouldn't have applied for it *otherwise.*	Quiere el trabajo, de lo contrario no lo habría solicitado.
I don't want to hire him; *instead,* we should hire his brother. / we should hire his brother *instead.*	Yo no quiero contratarlo, debiéramos contratar a su hermano en su lugar.

§20.7
EXPLICACIÓN

Estas expresiones se pueden usar para clarificar la información.

in other words   that is   I mean   specifically   for example

I think we should look at other programs; in other words, this one is unworkable.	Creo que debiéramos considerar otros programas, en otras palabras, éste no sirve.
She lives pretty far out of town, that is, beyond Leesburg.	Ella vive bastante lejos de la ciudad, eso es, más allá de Leesburg.
I want to go on a vacation, I mean, I really need a rest.	Quiero tomar unas vacaciones, es decir, necesito un descanso.
I want to take some time off, specifically, the month of July, so I can attend a family wedding in Peru.	Quiero tomar unas vacaciones, específicamente el mes de julio para asistir a una boda familiar en Perú.
You need a rest. Take a week off and go to the beach, for example.	Tienes que descansar. Tómate una semana y ve a la playa, por ejemplo.

§20.8
DISTANCIA-
MIENTO

Estas expresiones introducen información que al final tiene más importancia.

in any case   anyway   anyhow   somehow   in some way

She lost her job and doesn't have any prospects for a new one; in any case / at any rate, she doesn't have to worry; her husband earns good money.	Ella perdió su trabajo y no tiene oportunidad de otro. En todo caso, no tiene que preocuparse, pues su esposo gana bien.
I don't want that job, but I'm sending them my resumé anyway / anyhow.	No quiero ese trabajo pero de todos modos les voy a mandar mi CV.

I don't like the new car he bought, but after all / when all is said and done, it's his car, not mine.	No me gusta el nuevo coche que ha comprado, pero al fin y al cabo es su coche, no mío.
I know you're worried, but somehow you'll get a job.	Sé que estás preocupado, pero de alguna manera conseguirás trabajo.

§20.9 CERTEZA

Estas expresiones se pueden usar para enfatizar lo verdadero.

really   naturally   certainly   indeed   of course

I want to thank you all for coming to this graduation ceremony; really / indeed, it is wonderful to see you all.	Quiero agradercerles a todos por haber venido a esta ceremonia de graduación. De verdad, es maravilloso verlos a todos.
Naturally / of course / certainly, all of the students are happy that this day has finally arrrived.	Por supuesto, todos los estudiantes están contentos que este día haya llegado por fin.
Indeed, we are proud of all of them.	Realmente estamos orgullosos de todos.
Indeed, they deserve our congratulations.	Verdaderamente merecen las felicitaciones de todos nosotros.
You will, of course, want to applaud your sons and daughters as they receive their diplomas.	Ustedes querrán, claro, aplaudir a sus hijos cuando reciban sus diplomas.

§20.10 PRESENTA- CIÓN DE ARGUMENTO

in the first/second place   likewise   accordingly   similarly

We are disappointed in the manner in which our furniture was moved. In the first place, the truck arrived four hours late.	Estamos desilusionados por las circunstancias de nuestra mudanza. Primero, el camión llegó cuatro horas después de la hora indicada.
In the second place, we had been promised six men, and only three showed up.	Por otra parte, en vez de los seis hombres que nos habían prometido, aparecieron solamente tres.
Accordingly, / So it took them twice as long as expected to load the truck.	Por consiguiente, tardaron el doble en cargar el camión.
The men were extremely careless, and our piano was damaged considerably. Similarly, our dining room table was badly scratched.	Los hombres eran muy descuidados y se daño bastante el piano. De la misma manera, se raspó la mesa del comedor.
Three boxes of dishes were likewise ruined.	Se arruinaron asimismo tres cajas de platos.

§20.11 MOTIVO DE ACCIÓN

because   since

She invited you to her party because she likes you.	Ella te invitó porque le caes muy bien.
Since she likes you, she invited you to her party.	Ella te invitó a su fiesta, pues le caes muy bien.
Since she invited you, you should tell her whether you're going or not.	Como te ha invitado, debes decirle si vas a ir o no.

§20.12 POSIBILIDAD Y CONDICIO- NALIDAD

Estas expresiones pueden expresar la relación entre la posibilidad y la condicionalidad de una acción.

even if   even though   although   in spite of   of course

Even if you don't plan to go, you should call her.	Aunque no pienses ir, debes llamarla.
Although / Even though you don't plan to go, you should call her.	Aunque no piensas ir, debes llamarla.
The party might be boring, although / even though it couldn't be more boring than watching TV.	Puede que sea aburrida la fiesta, aunque no podría ser más aburrida que ver la televisión.
I'm going to go, in spite of the fact that I have to go by myself.	Yo voy a ir, a pesar de que tenga que ir solo.
I might ask Nancy to go with me; of course, she might not want to go either.	Tal vez invite a Nancy, aunque es posible que ella tampoco quiera ir.
She'll go with you. Of course you'll be late, because she works until 10 o'clock.	Irá contigo. Claro, llegarán tarde, pues ella trabaja hasta las diez.

§20.13 CONCLUSIÓN

in the end   so   well   summing it all up   in conclusion in short

At the end of a story:	Al final de un cuento:
So / In the end, they solved all their problems and they lived happily ever after.	Al final, resolvieron todos sus problemas y vivieron felices para siempre.
So / Well, that's the end of the story.	Bueno, éste es el fin del cuento.

At the end of a presentation of ideas:	Al final de una presentación de ideas:
So / In short, we all need to work together to achieve our goals.	En fin, todos tenemos que trabajar juntos para lograr nuestras metas.
So / Summing it all up, it is clear that we must work together in order to achieve our goals.	En resumen, está claro que tenemos que trabajar juntos para lograr nuestras metas.
So / In conclusion, I urge everyone to work together so we may achieve our goals.	En conclusión, les pido a todos que trabajemos juntos para que podamos lograr nuestras metas.

Los ejercicios para este capítulo se encuentran en las páginas 367–370.

Tópicos especiales—
Special Topics

§21.

Los números—*Numbers*

Lea y diga los números entre 0–99 como están escritos:

1 *one*	26 *twenty-six*	51 *fifty-one*	76 *seventy-six*
2 *two*	27 *twenty-seven*	52 *fifty-two*	77 *seventy-seven*
3 *three*	28 *twenty-eight*	53 *fifty-three*	78 *seventy-eight*
4 *four*	29 *twenty-nine*	54 *fifty-four*	79 *seventy-nine*
5 *five*	30 *thirty*	55 *fifty-five*	80 *eighty*
6 *six*	31 *thirty-one*	56 *fifty-six*	81 *eighty-one*
7 *seven*	32 *thirty-two*	57 *fifty-seven*	82 *eighty-two*
8 *eight*	33 *thirty-three*	58 *fifty-eight*	83 *eighty-three*
9 *nine*	34 *thirty-four*	59 *fifty-nine*	84 *eighty-four*
10 *ten*	35 *thirty-five*	60 *sixty*	85 *eighty-five*
11 *eleven*	36 *thirty-six*	61 *sixty-one*	86 *eighty-six*
12 *twelve*	37 *thirty-seven*	62 *sixty-two*	87 *eighty-seven*
13 *thirteen*	38 *thirty-eight*	63 *sixty-three*	88 *eighty-eight*
14 *fourteen*	39 *thirty-nine*	64 *sixty-four*	89 *eighty-nine*
15 *fifteen*	40 *forty*	65 *sixty-five*	90 *ninety*
16 *sixteen*	41 *forty-one*	66 *sixty-six*	91 *ninety-one*
17 *seventeen*	42 *forty-two*	67 *sixty-seven*	92 *ninety-two*
18 *eighteen*	43 *forty-three*	68 *sixty-eight*	93 *ninety-three*
19 *nineteen*	44 *forty-four*	69 *sixty-nine*	94 *ninety-four*
20 *twenty*	45 *forty-five*	70 *seventy*	95 *ninety-five*
21 *twenty-one*	46 *forty-six*	71 *seventy-one*	96 *ninety-six*
22 *twenty-two*	47 *forty-seven*	72 *seventy-two*	97 *ninety-seven*
23 *twenty-three*	48 *forty-eight*	73 *seventy-three*	98 *ninety-eight*
24 *twenty-four*	49 *forty-nine*	74 *seventy-four*	99 *ninety-nine*
25 *twenty-five*	50 *fifty*	75 *seventy-five*	

Para el número 100 diga *one hundred* o *a hundred*

200	*two hundred*
300	*three hundred*
400	*four hundred*
500	*five hundred*
600	*six hundred*
700	*seven hundred*
800	*eight hundred*
900	*nine hundred*

Para los números entre los cientos, diga

256	*two hundred (and) fifty-six*
649	*six hundred (and) forty-nine*
706	*seven hundred (and) six*

Para el número

1,000	diga *one thousand* o *a thousand*
20,000	*twenty thousand*
36,000	*thirty-six thousand*
400,000	*four hundred thousand*
512,000	*five hundred (and) twelve thousand*
603,000	*six hundred (and) three thousand*

Para los números entre los miles, diga

1,637	*one thousand, six hundred (and) thirty-seven*
15,742	*fifteen thousand, seven hundred (and) forty-two*
59,825	*fifty-nine thousand, eight hundred (and) twenty-five*
500,032	*five hundred thousand (and) thirty-two*
999,999	*nine hundred ninety-nine thousand, nine hundred (and) ninety-nine*

Para

1,000,000	diga *one million* o *a million*
46,000,000	*forty-six million*
792,000,000	*seven hundred (and) ninety-two million*

Para los números entre los millones, diga

| 2,364,572 | *two million, three hundred (and) sixty-four thousand, five hundred (and) seventy two* |

Los números más altos generalmente se estiman con palabras.

| 1,000,000,000 | *one trillion* o *a trillion* |

o	*about a trillion*
	around a trillion
	almost a trillion
	more than a trillion

* Con los números entre los cientos, *and* se usa frecuentemente en la conversación. No lo use en la escritura.

§21.2 FRACCIONES

Para leer o decir las fracciones de números,

$\frac{1}{2}$	diga	*one-half* o *a half*
$3\frac{1}{2}$		*three and a half*
$\frac{2}{3}$		*two-thirds*
$6\frac{2}{3}$		*six and two-thirds*
$\frac{3}{4}$		*three-fourths* o *three quarters*
$4\frac{3}{4}$		*four and three-quarters*
$\frac{3}{5}$		*three-fifths*
$2\frac{3}{5}$		*two and three-fifths*
$\frac{5}{8}$		*five-eighths*
$5\frac{5}{8}$		*five and five-eighths*

Para decir las fracciones con las medidas. (Véase la Tabla de Medidas en el Apéndice).

$\frac{1}{2}$ *cup*	diga	*half a cup* o *a half-cup* o *one half-cup*
$\frac{1}{2}$ *mile*		*half a mile* o *a half-mile* o *one half-mile*
$\frac{2}{3}$ *teaspoon*		*two-thirds of a teaspoon*
$\frac{3}{4}$ *yard*		*three-quarters of a yard*
$\frac{5}{8}$ *inch*		*five-eighths of an inch*

$1\frac{1}{2}$ *cups*	*one and a half cups* o *a cup and a half*
$3\frac{1}{2}$ *cups*	*three and a half cups*
$2\frac{2}{3}$ *teaspoons*	*two and two-thirds teaspoons*
$3\frac{5}{8}$ *yards*	*three and five-eighths yards*

> **¡OJO!** Se usa *and a half* solamente después de *one*. No se dice "three cups and a half" o "two teaspoons and two-thirds."

§21.3
DECIMALES

Para leer o decir los números decimales,

3.5	diga	*three point five*	o *three and five tenths*
4.9		*four point nine*	*four and nine tenths*
6.75		*six point seven five*	*six and seventy-five hundredths*
8.32		*eight point three two*	*eight and thirty-two hundredths*

Para hablar de las monedas o los billetes de dinero,

diga		o	
a penny		*one cent* o *a cent*
a nickel		*five cents*
a dime		*ten cents*
a quarter		*twenty-five cents*
a dollar		*a one*
a five-dollar bill		*a five*
a ten-dollar bill		*a ten*
three twenty-dollar bills		*three twenties*

Las cantidades de dinero se expresan así:

$	5.63	*five dollars and sixty-three cents*
	10.72	*ten dollars and seventy-two cents*
	564.03	*five hundred (and) sixty-four dollars and three cents*
	3,729.17	*three thousand, seven hundred (and) twenty-nine dollars and seventeen cents*

El ejercicio para este capítulo se encuentra en la página 371.

§22.

Días y fechas—*Days and Dates*

Los días de la semana son

Sunday	domingo
Monday	lunes
Tuesday	martes
Wednesday	miércoles
Thursday	jueves
Friday	viernes
Saturday	sábado

What day is it?	¿Qué día es hoy?
It's Friday.	Es viernes.

Para decir el día de un suceso, use *on:*

When does your vacation start?	¿Cuándo empiezan tus vacaciones?
It starts on Monday.	Empiezan el lunes.

When are you leaving?	¿Cuándo te vas?
I'm leaving on Tuesday.	Me voy el martes.

¡OJO! La semana empieza con *Sunday.*
Los nombres de los días empiezan con mayúscula.
Los meses son:

January	enero
February	febrero
March	marzo
April	abril
May	mayo
June	junio
July	julio
August	agosto
September	septiembre
October	octubre
November	noviembre
December	diciembre

| *What month is it?* | ¿En qué mes estamos? |
| *It's May.* | Estamos en mayo. |

Para decir el mes de un suceso, use *in:*

| *When does your vacation start?* | ¿Cuándo empiezan tus vacaciones? |
| *It starts in August.* | Empiezan en agosto. |

| *When are you leaving?* | ¿Cuándo te vas? |
| *I'm leaving in September.* | Me voy en septiembre. |

Para escribir la fecha, use el mes + númeral cardinal + coma + año.

March 24, 1915	el 24 de marzo de 1915
October 18, 1963	el 18 de octubre de 1963
November 20, 1995	el 20 de noviembre de 1995
May 15, 2011	el 15 de mayo de 2011

Para decir la fecha, use el número ordinal. (**§7.23**)

Modelos:
the + el número ordinal + *of* + mes o mes + el número ordinal

It's the 29th of March. *It's March 29th.*	Es el 29 de marzo.
It's the 1st of May. *It's May 1st.*	Es el primero de mayo.
It's the 4th of July. *It's July 4th.*	Es el cuatro de julio.
It's the 31st of December. *It's December 31st.*	Es el 31 de diciembre.

| *What's the date?* | ¿Cuál es la fecha? |
| *It's February 6th.* | Es el 6 de febrero. |

Para decir la fecha de un suceso, use *on:*

| *When does your vacation start?* | ¿Cuándo empiezan tus vacaciones? |
| *It starts on the 28th of August.* | Empiezan el 28 de agosto. |

When are you leaving?	¿Cuándo te vas?
I'm leaving on September 3rd.	Me voy el 3 de septiembre.

Las estaciones

spring	la primavera
summer	el verano
fall / autumn	el otoño
winter	el invierno

What season is it?	¿En qué estación estamos?
It's the middle of summer.	Estamos en pleno verano.

Para decir la estación, use *in:*

When is your birthday?	¿Cuándo es tu cumpleaños?
It's in the fall.	Es en el otoño.

Para decir el año,

1776	*seventeen seventy-six*
1852	*eighteen fifty-two*
1965	*nineteen sixty-five*
2004	*two thousand four*
2011	*two thousand eleven*

Para decir el año de un suceso, use *in:*

When are the games?	¿Cuándo son los juegos?
They are in 2004.	Son en 2004.

When are you leaving?	¿Cuándo te vas?
I'm leaving in 2015.	Me voy en 2015.

El ejercicio para este capítulo se encuentra en la página 372.

§23.

La hora—*The Time*

Para decir la hora actual, se dice

It + *is* + la hora + *o'clock*
o
It + *is* + la hora + A.M. o P.M.

A.M. = de la mañana
P.M. = de la tarde/ de la noche

What time is it?	¿Qué hora es?
It is one o'clock.	Es la una.
It is one A.M.	Es la una de la mañana.
It is two o'clock.	Son las dos.
It is two P.M.	Son las dos de la tarde.
It is seven o'clock.	Son las siete.
It is seven A.M.	Son las siete de la mañana.
It is eleven o'clock.	Son las once.
It's eleven P.M.	Son las once de la noche.
It is noon.	Es mediodía.
It's twelve P.M.	
It's midnight.	Es medianoche.
It's twelve A.M.	

Para decir los minutos antes o después de la hora, use
la forma digital: *It is* + la hora + el número de minutos
                        después de la hora

o

la forma tradicional: *It is* + el número de minutos antes o
                        después de la hora.

What time is it?	¿Qué hora es?
It's one-oh-five.	
It's five after one.	Es la una y cinco.
It's five past one.	
It's two-ten.	
It's ten after two.	Son las dos y diez.
It's ten past two.	

It's three-fifteen.
It's fifteen after three. Son las tres y quince.
It's fifteen past three.
It's a quarter after three.
It's a quarter past three. Son las tres y cuarto.

It's four-twenty.
It's twenty after four. Son las cuatro y veinte.
It's twenty past four.

It's five-twenty-five.
It's twenty-five after five. Son las cinco y veinticinco.
It's twenty-five past five.

It's six-thirty.
It's half past six. Son las seis y media.

It's seven-thirty-five.
It's twenty-five to eight. Son las ocho menos veinticinco.
It's twenty-five of eight.

It's eight-forty.
It's twenty to nine. Son las nueve menos veinte.
It's twenty of nine.

It's nine-forty-five.
It's fifteen to ten. /
It's a quarter to ten. Son las diez menos cuarto.
It's fifteen of ten. /
It's a quarter of ten.

It's ten-fifty.
It's ten to eleven. Son las once menos diez.
It's ten of eleven.

It's eleven-fifty-five.
It's five to twelve. Son las doce menos cinco.
It's five of twelve.

Para decir la hora de un suceso, use *at* + la hora.
What time is the ¿A qué hora es el concierto?
concert?
It's at eight o'clock.
It's at eight P.M. Es a las ocho.

What time does the class start?	¿A qué hora empieza la clase?
It starts at five-fifteen.	Empieza a las cinco y cuarto.
What time are we leaving?	¿A qué hora nos vamos?
We're leaving at six A.M.	Nos vamos a las seis de la mañana.

Para decir "en punto", use *on the dot* o *sharp*.

What time does the class start?	¿A qué hora empieza la clase?
It starts at five-fifteen on the dot.	Empieza a las cinco y cuarto en punto.
What time are we leaving?	¿A qué hora nos vamos?
We're leaving at six sharp.	Nos vamos a las seis en punto.

El ejercicio para este capítulo se encuentra en la página 373.

§24.

El tiempo—*The Weather*

Para hablar del tiempo, use *It* + *is* + adjetivo.

How's the weather?	¿Qué tiempo hace?
It's nice.	
It's pleasant.	Hace buen tiempo.
It's sunny.	Hace sol.
It's cloudy.	Está nublado.
It's rainy.	Llueve mucho.
It's foggy.	Está brumoso.
It's hot.	Hace calor.
It's warm.	Hace un poco de calor.
It's cool.	Hace fresco.
It's chilly.	Hace un poco de frío.
It's cold.	Hace frío.
It's freezing.	Hace mucho frío.
It's windy.	Hace viento.
It's humid.	Está húmedo.

Mostly indica que la mayor parte del día tendrá ese tiempo.

Today will be mostly sunny.	Hoy habrá sol durante la gran parte del día.

Cuando hay precipitación en el momento que se habla, use *It* + *is* + *present participle.*

It is raining.	Está lloviendo.
It is snowing.	Está nevando.
It is hailing.	Está granizando.

Otros tipos de tiempo incluyen:

What's happening?	¿Qué está pasando?
There is lightning.	Hay relámpagos.
There is thunder.	Hay truenos.
It's a storm.	Es una tormenta.
It's a hurricane.	Es un huracán.
It's a cyclone.	Es un ciclón.
It's a tornado.	Es un tornado.
It's a flood.	Es un diluvio.
It's an earthquake.	Es un terremoto.

El ejercicio para este capítulo se encuentra en la página 374.

§25.

Errores comunes—
Common Errors

Los nativos también cometen errores. Trate de evitar el uso de estas formas.

Puntuación
Los errores de puntuación más comunes se encuentran en el uso del apóstrofo:

El plural de *lady* = *ladies*
El posesivo de *lady* = *lady's*
El posesivo de *ladies* = *ladies'*

El plural de *child* = *children*
El posesivo de *child* = *child's*
El posesivo de *children* = *children's*

El plural de *man* = *men*
El posesivo de *man* = *man's*
El posesivo de *men* = *men's*

Ejemplos

The ladies are in the living room.	Las mujeres están en la sala.
The lady's handbag is on the table.	La cartera de la dama está en la mesa.
Where is the ladies' room?	¿Dónde está el baño de señoras?

It is = *it's*   El posesivo de *it* = *its*

Ejemplos

Read this book. It's in the library.	Lee este libro. Está en la biblioteca.
It's cold today.	Hace frío hoy.
It's a good school because its teachers are good.	Es una buena escuela porque sus maestros son buenos.

Sustantivos

Ponga mucha atención en enunciar la *−s* al final de un sustantivo plural, y también la de un sustantivo posesivo.

Ejemplos

---

s pronunciada como casas
three packs
four cats
a few caps

Jack's
the Smiths'

---

s pronunciada como desde
two pairs
some dogs
two roads

Mary's
the Browns'

---

es pronunciada con una sílaba añadida; es una sílaba corta que termina como desde
two dresses
several sizes
four sandwiches

James's
the Joneses'

Pronombres

sujeto	objeto
I	*me*
you	*you*
he	*him*
she	*her*
it	*it*
we	*us*
they	*them*

No use los pronombres de objeto como sujeto.

incorrecto:	correcto
~~Me and Charlie went out.~~	Charlie and I went out.
~~Him and John are friends.~~	He and John are friends.
~~Her and her sister are at the movies.~~	She and her sister are at the movies.

No use los pronombres de sujeto como objeto.

incorrecto	correcto
~~I went with she and Betty.~~	I went with her and Betty.
~~They bought it for my friend and I.~~	They bought it for my friend and me.
~~My mother sent John and I a card.~~	My mother sent John and me a card.
~~We called he and Daniel.~~	We called him and Daniel.

Adjetivos
No olvide usar *an* en vez de *a* antes de un sustantivo singular que empiece con sonido de vocal.

Ejemplos
an animal   an earring   an offer   an umbrella

No use *them* antes de un sustantivo.

Ejemplos

incorrecto	correcto
~~them things~~	those things
~~them boys~~	those boys

Verbos
Hay que conjugar el verbo *be*.

Ejemplos

incorrecto	correcto
~~She be at school.~~	She is at school.
	Ella está en la escuela.
~~He be working.~~	He is working.
	Él está trabajando.
~~They be sick today.~~	They are sick today.
	Ellos están enfermos hoy.

No olvide enunciar bien la —s final de las formas de 3a persona singular del tiempo presente.

Ejemplos

s pronunciada como casas *she keeps* *he wants* *it works*
s pronunciada como desde *she cries* *he pays* *it comes*
es pronunciada con una sílaba añadida; es una sílaba corta que termina como desde *she teaches* *he washes* *it fixes*

No olvide conjugar *have* antes del participio pasado en los tiempos perfectos.

Ejemplos

incorrecto	correcto
I already seen him.	*I have already seen him.* Ya lo he visto.
He written me two letters.	*He has written me two letters.* Me ha escrito dos cartas.
She been sick.	*She has been sick.* Ha estado enferma.

No use el tiempo presente para el tiempo pasado.

Ejemplos:

incorrecto	correcto
I see him yesterday.	*I saw him yesterday.* Lo vi ayer.
He write me two letters.	*He wrote me two letters.* Me escribió dos cartas.
They come here yesterday.	*They came here yesterday.* Vinieron ayer.
She give me ten dollars.	*She gave me ten dollars.* Ella me dio diez dólares.

No use el participio pasado para el pasado.

Ejemplos:

incorrecto	correcto
I seen him yesterday.	*I saw him yesterday.*
	Lo vi ayer.
He done it last night.	*He did it last night.*
	Lo hizo anoche.

No use *ain't*.

incorrecto	correcto
He ain't here.	*He isn't here.*
	No está aquí.
We ain't seen them.	*We haven't seen them.*
	No los hemos visto.
I ain't do that.	*I didn't do that.*
	No lo hice.

No confunda *lie* con *lay*.
lie   acostarse

incorrecto	correcto
Lay down!	*Lie down!*
	¡Acuéstate!
I need to lay down.	*I need to lie down.*
	Tengo que acostarme.
She lays in bed all day.	*She lies in bed all day.*
	Ella se queda en la cama todo el día.
I laid on the couch.	*I lay on the couch.*
	Me acosté en el sofá.

lay   poner / colocar / dejar
presente

Lay the cards on the table.	Ponga las cartas en la mesa.
The hen lays eggs.	La gallina pone huevos.

pasado

She laid her clothes on the bed.	Colocó su ropa en la cama.

Adverbios

No use dos palabras negativas con el mismo verbo.

incorrecto	correcto
I don't have no money.	I don't have any money./
	I have no money.
	No tengo dinero.
She doesn't go nowhere.	She doesn't go anywhere./
	She goes nowhere.
	No va a ninguna parte.
He doesn't never come on time.	He never comes on time./
	He doesn't ever come on time.
	No viene a tiempo nunca.
They don't do nothing.	They don't do anything./
	They do nothing.
	No hacen nada.
We don't know nobody.	We don't know anybody./
	We know nobody.
	No conocemos a nadie.

No olvide añadir –ly con la mayoría de los adverbios de manera.

incorrecto	correcto
He drives too slow.	He drives too slowly.
She talks real soft.	She talks very softly.
He works real careful.	He works very carefully.

No confunda *good* con *well*.

He plays real good.	He plays very well.

Expresiones

Trate de evitar el uso de *like* y *y'know* como palabras superfluas:

muy informal
So we're, like, y'know, having a good conversation and all of a sudden he, like, tells me he's leaving. And I'm like, y'know, what is this?

mejor
We're having a good conversation and all of a sudden he tells me he's leaving. And I ask what's going on.
Estamos platicando y de pronto me dice que se va.
Y yo le pregunto qué pasa.

Examen

§1.

Letras y palabras

1. Llene los espacios en blanco:
   Today, fast, happily, y *here* son ejemplos de

   _____.

   Tall, new, red, y *pretty* son _____.
   Mon., Sept., ch., Mr., y *Mrs.* son _____.
   I, he, him, them, us, y *her* son _____.
   a, e, i, o, y *u* son _____.
   went, gone, have, y *sing* son _____.
   for, out, by, y *to* son _____.
   l, m, t, y *s* son _____.
   but, so, and, y *however* son _____.
   nurse, town, y *books* son _____.

2. Escriba las abreviaturas:
   médico _____
   el título de una mujer casada _____
   etcetera _____
   el título de un dentista _____
   eso es _____
   doctor en derecho _____
   Robert Runyon, cuyo padre tiene el mismo nombre

   _____
   de la mañana _____
   por ejemplo _____
   el título para negocios de una mujer

   _____

Las respuestas de los ejercicios 1–2 se encuentran en la página 376.

Ejercicio personal. Pídale a un amigo que habla inglés que revise sus respuestas.
Conteste las siguientes preguntas:
What are the *consonants* in your first name?

_____

What are the *vowels* in your last name?

_____

What *abbreviations* are in your home address?

_____

What *adjectives* describe your best friend?

_____

What *nouns* name three of your possessions?

_____

What *verbs* name the three activities you enjoy most?

_____

What is the *name* and the *title* of your doctor?

_____

What is the *name* and the *title* of your dentist?

_____

What is the *name* and the *abbreviation* of your native country?

_____

What is the *abbreviation* of the name of the country where you live now?

_____

§2.
Uso de mayúsculas

3. Escriba mayúsculas donde sea necesario:
    mr. jones is from canada.

    _____

    do you think i am john's brother?

    _____

    he was born on tuesday, the 5th of february.

    _____

    my good friend, carol, is from new york, but she lives in washington, d. c.

    _____

    california, michigan, and texas are all states of the united states of america.

    _____

Las respuestas del ejercicio 3 están en la página 376.

Ejercicio personal. Pídale a un amigo que habla inglés que revise sus respuestas.
Conteste las siguientes preguntas:
What is your native language?

What is your nationality?

What is your religion?

What is your favorite day of the week?

§3.

La puntuación

4. Escriba la puntuación y las mayúsculas donde sea necesario:
    here comes miss phillips our new secretary
    where are the computer discs
    nancy bought three tables a sofa and two chairs
    i need the following things paper pencils a stapler and some staples
    mrs johnson doesn't have a book so she is using marys

Las respuestas del ejercicio 4 están en la página 376.

§4.

Las oraciones

5. Subraye los sujetos de las oraciones siguientes:
    John and James are here.
    My friends play tennis.
    Her brother likes swimming and diving.
    Swimming and diving are fun.
    It is nice to see you.

6. Subraye los predicados de las oraciones siguientes:
John and James are here.
My friends play tennis.
Her brother likes swimming and diving.
He swims and dives every day.
Swimming is fun.

7. Subraye los atributos de las oraciones siguientes:
Mary is my sister.
She seems tired today.
The tests look difficult.
Are you sure?
I don't want to get sick.

8. Subraye los complementos directos de las oraciones siguientes:
Susan called Mary yesterday.
I love candy and flowers.
We need money.
Do you have friends here?
He bought three tickets.

9. Subraye los complementos indirectos de las frases siguientes:
He gave her the money.
Did you tell us to go home?
We are going to show you the presents tomorrow.
David sent Mary a letter.
I told them the secret.

Las respuestas de los ejercicios 5–9 están en la página 376.

Ejercicio personal. Pídale a un amigo que habla inglés que revise sus respuestas.
Escriba preguntas que pidan la información siguiente:
the identity of a person _____
a man's name _____
the location of a friend's house _____
the day and time of a party _____
the reason someone is here _____
the way to say "thank you" in another language

§5.

Sustantivos

10. Escriba las formas plurales de los sustantivos siguientes:

    girl   _____

    series   _____

    tomato   _____

    person   _____

    city   _____

    leaf   _____

    box   _____

    piano   _____

    child   _____

    man   _____

11. Escriba los nombres de los sustantivos no-contables:

    tables, chairs, and beds = _____

    letters and postcards = _____

    tools and supplies = _____

    nickels, dimes, and quarters = _____

    necklaces, bracelets, and rings = _____

    facts of interest = _____

    notes, sounds, and songs = _____

    cleaning and dusting = _____

    assignments for after school = _____

    suggestions of help = _____

12. Marque los sustantivos correctos:

    I need a _____.

       ring   rings   jewelry

    She wants three _____.

       ring   rings   jewelry

    They need a few _____.

       money   dollars   dollar

    I made a little _____.

       money   dollars   dollar

    He spoke to each _____.

       children   girls   child

    We have some _____.

       friend   friends   neighbor

    Both _____ are nice.

       sisters   brother   daughter

They made an _____.
car   appointments   appointment
He doesn't have any _____.
friend   sister   brothers
She has many _____.
friends   sister   family
Give them every _____.
box   boxes
They have too much _____.
chairs   tables   furniture
We have too many _____.
chairs   table   furniture

13. En las frases siguientes, escriba de nuevo el
     sustantivo entre paréntesis, haciéndolo plural donde
     sea necesario:
     I drank two (coffee) _____ *before lunch.*
     They grow a lot of (coffee) _____ *in*
     Colombia.
     She served (chicken) _____ *and*
     french fries for dinner.
     She raises (chicken) _____ *on her*
     farm.
     He wears (glass) _____ *for reading.*
     I would love a (glass) _____ *of water.*
     Are these cups made of (glass) _____?
     I used a lot of (paper) _____ *when I*
     wrote that (paper) _____ *on the*
     economy.

14. Identifique y escriba con mayúsculas los sustantivos
     propios:
     They left in july.
     We are going next friday.
     Her birthday party is at her sister charlotte's new
     house.
     Do you want to vist the white house when you are in
     washington?
     Mr. and mrs. harrison live in new york city.
     They lived in the state of louisiana before.
     You have to cross an old bridge to get across old
     creek.

15. Combine cada par de oraciones en una sola oración, usando un apositivo:
Mary is John's wife. She is a doctor.
I like Barbara. She is my new neighbor.
You should call Jack. He is the computer expert.
The market has fresh vegetables. The market is our favorite place to shop.
Carolyn is the best singer in the choir. She is my sister.

16. Escriba las formas posesivas de los sustantivos:
A house that the Harrises own is the
_____ house.
Dresses that Sally has are _____ dresses.
The cars that my friends have are _____ cars.
The money that the people have is _____ money.
A book that James has is _____ book.

17. Escriba las formas posesivas de los sustantivos:
My friend has a mother.

_____.

The book has a name.

_____.

The school has an address.

_____.

My friend has an address.

_____.

The team has a captain.

_____.

The country has a president.

_____.

The suit has a color.

_____.

The teacher has a name.

_____.

The cat has a leg.

_____.

The table has a leg.

_____.

Fred has a leg.

_____.

18. Use *more, less,* o *fewer* para combinar cada par de oraciones en una sola oración:
    I have five books. You have three books.
    She has four rings. Her friend has two rings.
    I have a lot of information. He has a little information.
    They have little money. We have some money.

19. Use *the same* para combinar cada par de oraciones en una sola oración:
    He has three pencils. She has three pencils.
    My shoes are size six. Your shoes are size six.
    This turkey weighs twenty pounds. That turkey weighs twenty pounds.
    Your husband is six feet tall. My husband is six feet tall.
    This fabric is four yards long. That fabric is four yards long.
    A man is here to see you. He was here before.

Las respuestas de los ejercicios 10–19 están en las páginas 376–378.

Ejercicio personal. Pídale a un amigo que habla inglés que revise sus respuestas.

1. Enumere cinco cosas que usted ve ahora. Ponga un determinante adecuado para cada cosa.

    _____   _____   _____

    _____   _____

2. Para decir de quiénes son las cosas que ha enumerado en #1, ponga un determinante posesivo para cada una.

    _____   _____   _____

    _____   _____

3. Escriba las formas plurals de todas las cosas que ha enumerado en #1. Ponga un determinante adecuado con cada respuesta.

    _____   _____   _____

    _____   _____

4. Enumere cinco alimentos que compró esta semana en el supermercado. Ponga un determinante adecuado con cada respuesta.

    _____   _____

    _____   _____

5. Nombre cinco lugares públicos que se encuentran
   en la ciudad donde usted vive.

   _____ _____ _____

   _____ _____

6. Compare cinco cosas que usted tiene con cinco
   cosas que tiene otra persona.

   _____

   _____

   _____

   _____

   _____

§6.

Pronombres

20. Cambie los sustantivos subrayados por pronombres
    de sujeto:
    Angela was here yesterday.
    Ken and Sharon walked home.
    Amy and Tracy told us about the movie.
    Tom really liked it.
    Tom and I are going out tomorrow night.

21. Llene los espacios con los pronombres imperson-
    ales correctos:
    _I am new in town. Where do _____ buy school
    supplies here?_
    _Oh, _____ sell them at the drugstore._
    _At the drugstore? Do _____ sell hardware there,
    too?_
    _Yes, _____ do. _____ can buy sewing supplies
    there, too!_
    _____ can buy a lot of things at the drugstore!_

22. Cambie los sustantivos subrayados por pronombres
    de complementos:
    _We are buying the basket for _Marilyn_._
    _She told _Sally and me_ that she liked _the basket_._
    _I'm not sending _David_ the pictures._
    _I'd rather send _the pictures_ to _his mother_._
    _She always calls _me and my husband_ when she's
    here._

23. Cambie los sustantivos subrayados por pronombres:
Janice and Cheryl liked Doug's car.
Please give the tickets to Joel.
Tony wanted to buy the ring for Patricia.
These hats are Bonnie's and Judy's.
Joe hurt Joe on Joe's way to Christina's house.

24. Use pronombres recíprocos para combinar cada par de oraciones en una sola oración:
Jim likes Ellie. Ellie likes Jim.
Matt helps Paul. Paul helps Matt.
Lisa called William. William called Lisa.
The teachers promised the students. The students promised the teachers.

25. Escriba los pronombres en los espacios en blanco:
(My friend and I)
_____ are tired. Please give _____ a drink of water. Thank you for helping my friend and _____.
(James and Judy)
I saw _____ at the football game. (James)
_____ was watching the game, but (Judy)
_____ wasn't. _____ and I began to talk. Later, I told _____ good-bye, and I waved to _____, too. _____ both waved back to _____.
(David)
_____ called me last night and told _____ that _____ was coming to study with _____. I told _____ that _____ could come to my house at eight o'clock, and that he should bring _____ book.
(Sandra and Cheryl)
Sandra and _____ are sisters. They don't live near _____, but they talk to _____ on the phone every day. Cheryl said that _____ had talked to _____ sister for two hours yesterday.

26. Escriba los pronombres reflexivos o intensivos adecuados:
Who made your dress?
    I did. I made it _____.
Who went with Julie?
    Nobody. She went _____.
Nobody can help him; he needs to help _____.
I can't get back in the store because the door locked _____ behind me.
If you want a birthday party, why don't you plan it _____?

27. Escriba los pronombres posesivos:
    This dish belongs to Pat and Sam. It is _____.
    That pizza is Joe's. It is _____.
    Those sandwiches are Patricia's. They are

    _____.

    You brought the cake. It is _____.
    Peter and I made the apple pie. It is _____.
    Cecil gave me this plate. It is _____.

28. Escriba las frases de nuevo, usando "*belong to*":
    That's Jan's purse.
    This is our car.
    Those are the neighbors' flowers.
    Which coat is yours?

29. Complete lo siguiente, empleando los pronombres
    relativos correctos:
    She is a girl. She sold us the cookies.
    Who is she? She is the girl _____ *sold us the
    cookies.*
    I bought the cookies. They had chocolate icing.
    Which cookies did you buy? I bought the ones
    _____ *had chocolate icing.*
    I paid the man. He is standing over there.
    Whom did you pay? The man _____ *I paid is
    standing over there.*
    He is a man. His daughter sold us the cookies.
    Who is he? He is the man _____ *daughter sold
    us the cookies.*

30. Indique el significado de cada partida:
_____ *a little*	*a. too many*
_____ *not one or the other*	*b. several*
_____ *a large number*	*c. some*
_____ *more than is good*	*d. neither*
_____ *three or four*	*e. another*
_____ *not one person*	*f. few*
_____ *a small number*	*g. either*
_____ *one place*	*h. someone*
_____ *one person*	*i. somewhere*
_____ *one or the other*	*j. not anyone*
_____ *more than one*	*k. a few*
_____ *not enough*	*l. a lot*
_____ *one more*	*m. a small amount*

31. Escoja *another, the other, others,* o *the others* para completar las frases:
    New York is a big city. There are many _____.
    New York is a city in the east. Washington is
    _____.
    Do you know any of _____?
    There are two New Yorks. One is a city, and _____ is a state.

32. Llene los espacios con los pronombres correctos de la lista:

another	*anywhere*	*someone*
something	*nothing*	*anything*
anybody	*each*	*somewhere*
one		

    There are no people here. There isn't _____ in the store.
    I hear a voice. _____ is in the store.
    I can't find my watch _____.
    I hope I find it _____.
    We can't find _____ to eat.
    I need to eat _____.
    The box is empty. There is _____ in it.
    She is a doctor, and I am _____, too.
    He ate two cookies. Now he wants _____.
    We gave tickets to all the participants. _____ has a ticket.

Las respuestas de los ejercicios 20–32 están en la página 378.

§7.
Adjetivos

33. Escoja *a, an, the,* o deje en blanco:
    She is _____ artist.
    We are _____ friends.
    That is _____ book I sent you.
    Those are not _____ flowers I sent you.
    New York is _____ big city.
    That is _____ interesting question.
    That is _____ interesting information.
    He sends me _____ flowers every day.
    Can you give me _____ advice?
    He is _____ big boy now.

34. Escoja *the* o deje en blanco antes de los sustantivos propios siguientes:
    _____ Joann   _____ Chile
    _____ September   _____ Clarks
    _____ Philippines   _____ Atlantic Ocean
    _____ India   _____ University of
    _____ United States   Michigan
    _____ Wednesday   _____ Mrs. Martin
         _____ Western
         Hemisphere

35. Escoja *the* o deje en blanco cuando sea necesario:
    The student is on his way to _____ school now.
    Peter is going to _____ jail to visit his friend.
    I didn't go to _____ work today.
    I stayed at _____ home.
    I always eat _____ dinner by myself.
    She had _____ dinner at that restaurant _____ last night.
    _____ last week was _____ last week of our vacation.

36. Exprese con palabras los números ordinales siguientes:

1st _____

3rd _____

8th _____

12th _____

16th _____

22nd _____

34th _____

45th _____

67th _____

99th _____

37. Llene los espacios con los adjetivos posesivos adecuados:

That's my brother's book. It's _____ book.

Mary says it's hers. She says it's _____ book.

No, it isn't hers; it's ours. I say it's _____ book.

Maybe it belongs to Mark and Patty. Maybe it's _____ book.

You are all wrong. It's mine. It has _____ name inside the front cover.

38. Escoja los determinantes correctos:

I need _____ jewelry.
  a   a little   a few

She wants _____ bracelets.
  a   a little   a few

They need _____ money.
  a lot   a lot of   a few

I made _____ dollars.
  another   a few   any

He spoke to _____ children.
  all of the   every   each

We have _____ neighbor.
  some   a few   one

He doesn't have _____ neighbors.
  a few   any   one

She bought _____ new chairs.
  another   any   three

He has _____ problems.
  much   too many   too much

I have _____ homework.
  many   too many   too much

39. Escoja *this, that, these,* o *those* para llenar correctamente los espacios:
_____ *ring I am wearing was my mother's.*
I gave him _____ *shirt he has on.*
Are _____ *dresses over there on sale?*
I can't find _____ *information you sent me.*
My feet hurt. I need to take _____ *shoes off.*
I came here because _____ *shop is my favorite.*

40. Escriba los adjetivos propios:
He is a citizen of the United States. He is an _____ *citizen.*
She is from Italy. She is _____.
That is the flag of Mexico. It is the _____ *flag.*
This wine is from France. It is _____ *wine.*
The shoes were made in Spain. They are _____ *shoes.*

41. Escoja los adjetivos correctos:
I bought a _____ *box.*
    jewelry   earring   earrings
My sister works at a _____ *store.*
    dresses   curtains   shoe
The book was so _____ *that I got* _____ *and fell asleep.*
    boring   bored
We were _____ *because the show was* _____.
    fascinating   fascinated
The dress was expensive; it was a _____ *dress.*
    three-hundred-dollar   three-hundred-dollars
Her husband is big; he is a _____ *athlete.*
    six-foot, two-hundred-pound
    six-feet, two-hundred pounds

42. Escriba las formas correctas de los adjetivos:
    This hat is (elegant) _____ of all.
    Those are (nice) _____ houses in the neighborhood.
    You have an (easy) _____ assignment than I.
    Your teacher is (patient) _____ than mine.
    The weather is much (hot) _____ than last month's.
    She is a (good) _____ player than her sister.
    Her dishes are (same) _____ mine.
    Her furniture is (different) _____ mine.
    The weather is getting (warm, gradually) _____.

    That movie is (bad) _____ than the one we saw last week.

43. Escriba la forma correcta del adjetivo *cheap* o *expensive*:

    My shoes cost $20. Your shoes cost $30. Bob's shoes cost $30. Jane's shoes cost $60.

    My shoes are _____ yours.
    Your shoes are _____ mine.
    Bob's shoes are _____ yours.
    Jane's shoes are _____ ours.
    Jane's shoes are _____ of all.
    My shoes are _____ of all.

44. Escriba la forma correcta del adjetivo *light* o *heavy*.

    Bobby weighs fifty pounds. Billy weighs fifty-five pounds. Jimmy weighs fifty-five pounds. John weighs sixty pounds.

    Bobby is _____ Jimmy.
    Jimmy is _____ Billy.
    John is _____ Jimmy.
    John is _____ of all.
    Bobby is _____ of all.

45. Escriba los adjetivos en orden correcto:

_____ *skirt*
yellow / long / beautiful / her
_____ *blouse*
ugly / red / old / my
_____ *tie*
lovely / his / silk / blue
_____ *coat*
your / wool / new / nice
_____ *shoes*
dirty / leather / old / those

46. Use *else* para expresar lo siguiente:
I don't see another person.

_____

We don't need another thing.

_____

We want to go to another place.

_____

I think he is looking for another thing.

_____

No other place will please him.

_____

I can't live with a different person.

_____

**Las respuestas de los ejercicios 33–46 están en las
páginas 378–380.**

**Ejercicio personal. Pídale a un amigo que habla inglés
que revise sus respuestas.**
Haga una lista del contenido de una habitación, un
guardarropa o un cajón en el lugar donde usted vive.
Escriba un adjetivo antes de cada cosa, para describirla.
Luego escriba una frase que compare cada cosa con la
que tiene otra persona.

_____

_____

_____

_____

_____

§8.

Verbos—Introducción

47. Marque las palabras correctas:
Para indicar la hora de la acción de una oración, se usa el _____ correcto.
tense (tiempo)   *mood* (modo)   *voice* (voz)
Para enfatizar el sujeto de una oración, se usa

_____.
   the subjunctive mood (el modo subjuntivo)
   the active voice (la voz activa)
   the passive voice (la voz pasiva)
Para enfatizar el complemento de la acción, se usa

_____.
   the subjunctive mood (el modo subjuntivo)
   the active voice (la voz activa)
   the passive voice (la voz pasiva)
El infinitivo es _____.
   la forma básica + *-ed*
   la forma básica + *-ing*
   to + la forma básica
Para hallar un verbo en el diccionario, busque

_____.
   el infinitivo
   el *present tense*
   la forma básica

48. Escriba el *present participle* de cada uno de los verbos siguientes:

cry	_____	*sleep*	_____
freeze	_____	*whip*	_____
bring	_____	*choose*	_____
die	_____	*study*	_____
shop	_____	*occur*	_____

49. Escriba el *past participle* de cada uno de los verbos siguientes:

try	_____	*dance*	_____
permit	_____	*sew*	_____
agree	_____	*clean*	_____
fold	_____	*play*	_____
ship	_____	*study*	_____

Las respuestas de los ejercicios 47–49 están en la página 380.

§9.
Verbos—Tiempos del presente

§9.1
PRESENT
TENSE

50. Llene los espacios con la forma correcta de *be* del
    Present Tense:
    They _____ fine.
    She _____ beautiful.
    No, there (not) _____ any spoons.
    I _____ from New York.
    It _____ Mary's book.
    We _____ the secretaries.
    The car _____ in the parking lot.
    Their parties _____ on Sundays.
    Her new dress _____ purple.
    No, John (not) _____ my brother.

51. Forme una pregunta para cada una de las frases
    anteriores.

    _____

    _____

    _____

    _____

    _____

    _____

    _____

    _____

    _____

52. Conteste las preguntas siguientes con una respuesta
    corta positiva:
    Are you well?

    _____

    Is he happy?

    _____

    Are they here?

    _____

    Is she alone?

    _____

    Are we late?

    _____

Is it O.K.?

_____

Am I your friend?

_____

Is there a telephone here?

_____

Are there any good restaurants near here?

_____

Is it cold?

_____

53. Conteste las preguntas siguientes con una respuesta corta negativa:
    Are you well?

_____

Is he happy?

_____

Are they here?

_____

Is she alone?

_____

Are we late?

_____

Is it O.K.?

_____

Am I your assistant?

_____

Is there a telephone here?

_____

Are there any good restaurants near here?

_____

Is it hot?

_____

54. Para cada una de las frases siguientes, escriba la respuesta que indica sorpresa:
    We are sisters.

_____

He isn't hungry.

_____

She is asleep.

_____

They aren't at home.

_____

I'm not tired.

_____

You are beautiful.

_____

He is my boyfriend.

_____

She isn't married.

_____

§9.12
Present
Tense —
otros verbos

55. Escriba las formas correspondientes a *he / she / it*
de los verbos siguientes:
have	He _____
go	Mr. Jones _____
laugh	He _____
come	It _____
cry	Billy _____
take	She _____
sing	Miss Carson _____
do	Jessica _____
work	it _____
love	He _____

56. Escriba las formas negativas:
have	Kim _____
go	Larry _____
laugh	Lisa _____
come	It _____
cry	She _____
take	He _____
do	Ms. Martin _____
work	he _____
exercise	she _____

57. Escriba las respuestas que indican sorpresa:
I don't have a car.

_____

She doesn't like me.

_____

We love it here.

_____

He needs help.

_____

They don't live here anymore.

_____

58. Escriba las frases de nuevo, colocando las palabras entre paréntesis en el lugar correcto:
We go to the movies on Saturdays. (usually)

We eat dinner. (at eight o'clock)

He helps us. (often)

He helps us. (sometimes)

He helps us. (on the weekends)

She takes trips. (occasionally)

I wear a bathing suit. (in the summer)

They visit me. (rarely)

I call them. (always, at night)

She studies. (never, in the afternoon)

He exercises. (every day, at six o'clock)

We exercise. (often, in the morning)

---

59. Escriba la pregunta contestada por la palabra subrayada en cada una de las frases siguientes:
We like Peggy.

We call Peggy.

Peggy is our friend.

We take her to the zoo.

We take her to the zoo.

We see animals.

They smell bad.

---

60. Escriba la pregunta contestada por la palabra subrayada en cada una de las frases siguientes:
   I have six cousins.

   _____

   They live here now.

   _____

   They eat a lot.

   _____

   My aunt cooks chicken.

   _____

   My aunt cooks chicken.

   _____

   My cousins eat a lot of chicken.

   _____

   My aunt buys the chicken at the market.

   _____

   She usually shops on Saturdays.

   _____

61. Llene los espacios con la forma correcta de cada verbo:
   They (go) _____ to the movies on Saturdays.
   We (like) _____ chocolate ice cream.
   No, he (live/not) _____ here.
   No, I (have/not) _____ a car.
   She (work) _____ at the bank.
   My friend and I usually (meet) _____ in the library.
   Sylvia (leave) _____ home at six o'clock.
   She (watch) _____ television every evening.

62. Escriba una pregunta para cada una de las frases anteriores.

   _____

   _____

   _____

   _____

   _____

   _____

   _____

   _____

§9.13 Auxiliares modales

63. Use modales para traducir las frases:
Puedo cantar.

_____

Tal vez esté él en casa.

_____

Ud. tiene permiso para ir a casa.

_____

¿Podría Ud. ayudarme a cargar este paquete?

_____

¿Debiera yo llamar al médico?

_____

Ud. debe ir al médico.

_____

Yo tengo que trabajar.

_____

Ella no tiene que trabajar.

_____

No debes hacer ruido.

_____

Prefiero vivir en la ciudad.

_____

64. Llene los espacios, usando modales:
Can you dance?
_Yes, I _____._
Can your sister play the piano?
_Yes, she _____._
Can your brothers sing?
_No, they _____._
Where is Mike?
_I don't know. He _____ sick._
Where are Debbie and Scott?
_I don't know. _____ they are lost._
May we go home now, Miss Gibbs?
_Yes, you _____._
May Johnnie go home, too?
_No, he _____._

§9.2 _PRESENT PROGRESSIVE TENSE_

65. Escriba los verbos en el _Present Progressive Tense:_
_He (sleep) _____ at present._
_She (study) _____ at the moment._

*We (paint) _____ the living room
this week.
They (drive) _____ home now.
I (relax) _____ this month
because I am on vacation.
_____ you (enjoy) _____ your
vacation?*

66. Haga negativas las oraciones siguientes:
*He (sleep) _____ at present.
She (study) _____ at the
moment.
We (paint) _____ the living room
this week.
They (drive) _____ home now.
I (relax) _____ this month
because I am not on vacation.*

67. Traduzca las oraciones, empleando el *Present
Progressive Tense:*
Mark sigue durmiendo.

_____

Me molesta que Joe me llame tanto.

_____

Heather ya no trabaja.

_____

George ya no estudia aquí.

_____

Sam sigue estudiando aquí.

_____

68. Escoja el *Present Tense* o el *Present Progressive
Tense:*
*He (like) _____ movies.
We (eat) _____ at six-thirty every night.
They (watch) _____ TV right now.
She always (wash) _____ the dishes
after dinner.
I (write) _____ this exercise.
My mother can't help you; she (talk)
_____ on the telephone.
I (want) _____ my dinner now.
They (have) _____ a party in that room.
They (have) _____ a lot of money now.
My sister isn't here; she (study) _____
at the library.*

I (think) _____ *he's nice.*
I (think) _____ *about him now.*

69. Escoja el *Present Tense* o el *Present Progressive Tense* para llenar los espacios:
I am a kindergarten teacher, and I would like to tell you about my class. The children always (come) _____ *to school ready for fun and games. Cindy, for example, (enjoy)* _____ *the toys in the corner right now. At the moment, she and Mary (play)* _____ *with the blocks. They (talk)* _____ *about their favorite colors. Cindy (like)* _____ *blue, and Mary (like)* _____ *red. Cindy (stay)* _____ *with a babysitter this year, and she rarely (play)* _____ *with other children. At home she (be)* _____ *quiet, and she never (invite)* _____ *friends to her house. Another child is Bobby. He (paint)* _____ *a picture this morning. He (use)* _____ *all the colors in the box, and (make)* _____ *a beautiful present for his mother. At home, he always (watch)* _____ *TV. Look! There (be)* _____ *Jennifer. She (jump)* _____ *rope with her friend, Kathy. They (have)* _____ *a good time.*

§9.3 PRESENT PERFECT TENSE

70. Escriba la forma del *Present Perfect* de cada verbo:
We live. _____
They eat. _____
He sleeps. _____
She cries. _____
You come. _____
We go. _____
I work. _____
We write. _____
You study. _____
She reads. _____

71. Cambie los verbos al *Present Perfect:*
I don't change. _____
He doesn't break anything. _____
She doesn't win. _____
You don't promise, do you? _____
He doesn't help, does he? _____

72. Escoja *since* o *for* para llenar los espacios:
    I have lived here _____ 1988.
    They have been our neighbors _____
    twelve years.
    He has worked there _____ a long time.
    I have been waiting _____ five o'clock.
    They have been talking _____ midnight.

73. Escriba una pregunta para cada una de las oraciones de # 72.

    _____

    _____

    _____

    _____

    _____

74. Use el *Present Perfect Tense* para explicar las causas de las situaciones siguientes:
    She knows how to drive this car.

    _____

    I know where your house is.

    _____

    We know every scene in that movie.

    _____

    They are not hungry.

    _____

    He is very hungry.

    _____

75. Use el *Present Perfect Tense* para expresar lo siguiente:
    My goal is to walk six miles. I need to walk two more miles.
    Mi objetivo es caminar seis millas; necesito caminar dos millas más.

    _____

    My plan is to lose twenty pounds in total. I need to lose ten more pounds.
    Mi objetivo es perder veinte libras en total; necesito perder diez libras más.

    _____

    My budget allows me to spend $100 in total. I have $25 left.
    Mi presupuesto me deja gastar un total de $100; me quedan $25.

    _____

My assignment is to write three papers. I need to write one more.
Mi tarea es escribir tres reportes; necesito escribir uno más.

76. Llene los espacios con la forma correcta del *Present Perfect:*
    We (work) _____ *here for two years.*
    They (help) _____ *him for a long time.*
    I (eat/not) _____ *dinner yet.*
    She (be) _____ *in Alaska twice.*
    He (play/never) _____ *football before.*
    I (answer) _____ *twenty questions today so far.*
    She is walking in the door right now. She (arrive)
    _____ .

77. Escriba una pregunta para cada una de las oraciones anteriores.

    _____

    _____

    _____

    _____

    _____

    _____

Las respuestas de los ejercicios 50–77 están en las páginas 380–383.

Ejercicio personal. Pídale a un amigo que habla inglés que revise sus respuestas.
Conteste las siguientes preguntas:

Where do you live?

_____

How long have you lived in that place?

_____

What do you like to do on weekends?

_____

What do you usually do in the morning?

_____

What are you doing now?

_____

Have you done this exercise before?

_____

How many exercises in this book have you done so far?

_____

Which exercises in this book haven't you done yet?

_____

§10.
Verbos—Tiempo pasado

78. Llene los espacios en blanco con la forma correcta del pasado de _be:_
   _I _____ sick._
   _We _____ in Las Vegas._
   _No, they (not) _____ late._
   _She _____ my favorite teacher._
   _It _____ 5:30 P.M._

79. Escriba una pregunta para cada una de las frases anteriores.

   _____

   _____

   _____

   _____

   _____

80. Escriba las formas del _Past Tense_ de los verbos siguientes:

stand	_____	_bend_	_____
try	_____	_fold_	_____
work	_____	_hold_	_____
study	_____	_know_	_____
see	_____	_show_	_____
agree	_____	_hear_	_____
teach	_____	_wear_	_____
buy	_____	_sell_	_____
bring	_____	_tell_	_____
_go_	_____	_do_	_____

81. Llene los espacios en blanco con las formas correctas del *Past Tense:*
    We (begin) _____ this morning at ten o'clock.
    I (stop) _____ at six o'clock.
    Mary (help) _____ me yesterday.
    No, he (go/not) _____ to Spain last summer.
    They (go) _____ home two hours ago.
    No, we (eat/not) _____ at my friend's house last night.
    My brother and I (leave) _____ home at seven o'clock.
    No, Vicki and Joan (call/not) _____ me today.
    Yes, I (have) _____ a good time at the party.
    She (cry) _____ when he left.

82. Escriba una pregunta para cada una de las oraciones anteriores.

    _____

    _____

    _____

    _____

    _____

    _____

    _____

    _____

    _____

    _____

83. Escoja entre el *Present Perfect Tense* y el *Past Tense* para completar las oraciones siguientes:
    I am studying. I (start) _____ to study fifteen minutes ago. I (study) _____ for fifteen minutes.
    We live in this house. We (move) _____ here in 1991. We (live) _____ here since 1991.
    Nancy (meet) _____ Sharon in college. They (know) _____ each other for twelve years. When they were in college, they (do) _____ a lot of things together. They (work) _____ at the bookstore, they (take) _____ the same classes, and they (live) _____ in the same dormitory. Now they live in different cities, and they (not, see) _____ each other for a long time.

84. Cambie las oraciones siguientes del presente al pasado:
    I can work.

    _____

    Should we go?

    _____

    They may take a vacation. (Tienen permiso)

    _____

    He may be sick. (Es posible)

    _____

    He must work there. (Es probable)

    _____

    She has to study.

    _____

85. Exprese lo siguiente usando modales en el pasado:
    I wasn't able to go.

    _____

    They probably played all day.

    _____

    He was required to be there.

    _____

    I advised you to do it.

    _____

    Maybe she went.

    _____

§10.2 PAST PROGRESSIVE TENSE

86. Llene los espacios en blanco con la forma correcta del *Past Progressive:*
    I went to bed at 10 P.M. and woke up at 6 A.M. At 2 A.M. I (sleep) _____.
    Margaret sat down to eat at 6 P.M. The doorbell rang at 6:05, when Margaret (eat) _____ dinner.
    Jason rode his bike yesterday afternoon; Adam watched TV yesterday afternoon. While Jason (ride) _____ his bike, Adam (watch) _____ TV.
    My sister called her friend on the telephone this morning and they talked all day. I tried to call at noon, but the line was busy. My sister (talk) _____ to her friend.

87. Escoja entre el *Past Tense* y el *Past Progressive Tense:*
While you were watching TV, I (sew) _____
in my room.
While I (sew) _____, I (think)
_____ about our argument.
I (be) _____ upset, because you (seem)
_____ to be so angry.
I (want) _____ to scream, but I (begin)
_____ to cry instead.
When you (come) _____ in my room, I (cry)
_____ because I (think) _____ you
(love, not) _____ me anymore.

88. Escoja entre el *Past Progressive Tense* y el *Past Tense:*
Last week, while I (drive) _____ to work, I (see)
_____ an accident. A woman (wait) _____
at a traffic light. When the light (turn) _____
green, her car (stall) _____. The driver in
back of her (not, pay attention) _____, and
his car (run) _____ into the back of hers. It
(make) _____ a loud crash. The woman (get)
_____ out of her car and (start) _____
to yell at the man. She (still, yell) _____ at
him when I (drive) _____ away.

89. Escoja entre el *Past Progressive Tense* y el *Past Tense:*
Last night, while I (cook) _____ dinner, I
(burn) _____ my finger. I (be) _____
scared, so I (go) _____ to the emergency
room at the hospital. The nurse (tell) _____
me to wait. I (wait) _____ for two hours.
Finally, they (call) _____ my name and I (go)
_____ to a small room. I (wait) _____
there another hour. While I (sit) _____ there I
(hear) _____ a lot of noises from other
rooms, and I (see) _____ several people on
stretchers. One patient (get) _____ medicine
through an IV tube. I (be) _____ tired and I
(fall) _____ asleep. When the doctor (come)
_____ in, I (sleep) _____. He (wake)
_____ me up. Then he (look) _____ at
my finger. He (put) _____ some cream on it
and (say) _____ it was O.K. Then the nurse
(give) _____ me a bill and (tell) _____
me to go home.

90. Use el *Past Progressive Tense* para expresar lo siguiente:
I planned to go to the circus; I didn't go because I didn't have enough time.

We planned to call you; we didn't call you because we didn't have a quarter.

They planned to have a party; they didn't have the party because the teacher disapproved.

She planned to stay at home; she didn't stay at home because her friend invited her to the movies.

---

§10.3
USED TO

91. Use *used to* para expresar lo siguiente:
I was fat before; I am not fat now.

We lived there before; we do not live there now.

He smoked before; he does not smoke now.

He was married before; he is not married now.

She was nice before; she is not nice now.

They were happy before; they are not happy now.

He laughed before; he does not laugh now.

We ate dinner together before; we do not eat dinner together now.

---

§10.4
WOULD

92. Use *would* para expresar lo siguiente:
She always told jokes.

She always made my favorite food.

He always helped me with my homework.

We always had lots of fun.

They never fought.

---

§10.5 PAST PERFECT TENSE

93. Escriba la forma del *Past Perfect Tense* de los verbos para completar las oraciones:
    I (help) _____ before.
    She (not/be) _____ there before.
    We (sing) _____ that song many times before.
    He (go) _____ to bed early that night.
    They (eat) _____ too much.
    He (not/see) _____ our new house yet.

94. Use el *Past Perfect Tense* para explicar la causa de las situaciones siguientes:
    She wasn't hungry because she _____
    I was very hungry because I _____
    Joe knew how to drive that car because he

    _____
    Jeremy and his friends knew every scene in that movie because they _____

95. Combine cada par de frases para hacer una sola oración. Escoja entre el *Past Tense* y el *Past Perfect Tense* para poner los sucesos en el orden correcto:
    First, I didn't read the newspaper. Second, I left for the office.
    When _____
    At six o'clock, Sue ate dinner. At seven o'clock, Joel invited her to go out.
    When Joel _____
    First, we called the gas station for help. Then my dad saw us.
    When_____
    The dance started at eight o'clock. I arrived at ten o'clock.
    When _____

96. Escoja entre el *Present Perfect Tense* y el *Past Perfect Tense* para completar las oraciones siguientes:
    I am hungry because I (not/eat) _____ dinner.
    I was hungry because I (not/eat) _____ dinner.
    Barbara is tired because she (work) _____ all day.
    Barbara was tired because she (work) _____ all day.

James cooked a big dinner because he (invite) _____ his friends to eat.
James is cooking a big dinner because he (invite)_____ his friends to eat.

We are staying an extra week in the city because we (not/see) _____ all the sights.
We stayed an extra week in the city because we (not/see) _____ all the sights.

Alison and David were worried about the exam yesterday because they (not/study) _____.
Alison and David are worried about the exam today because they (not/study) _____.

§10.6 PAST PERFECT PROGRESSIVE TENSE

97. Cambie las formas del *Past Tense* al *Past Perfect Progressive Tense*:
She <u>wrote</u> _____ a diary for a long time.
He <u>lived</u> _____ here for a long time.
She <u>hoped</u> _____ to get married for a long time.
We <u>thought</u> _____ about that for a long time.
Henry and Roxanne <u>wanted</u> _____ to have a baby for a long time.

98. Combine las frases, usando el *Past Perfect Progressive Tense* y *because*:
We worked hard all day; we were exhausted.

_____

They danced all night; they slept until noon.

_____

She ate potato chips all day; she didn't eat her dinner.

_____

He studied for six years; he was happy to get his degree.

_____

Las respuestas de los ejercicios 78–98 están en las páginas 383–386.

Ejercicios personales. Pídale a un amigo que habla inglés que revise sus respuestas.

1. Escriba un párrafo en el cual describe su vida cuando tenía catorce años. Diga cómo era físicamente y de personalidad y también qué solía hacer durante esa época de su vida.

   _____

   _____

   _____

   _____

   _____

2. Escriba un párrafo en el cual detalla lo que usted hizo ayer. Indique también dónde estaba y qué estaba haciendo a ciertas horas durante el día.

   _____

   _____

   _____

   _____

   _____

§11.

Verbos—Tiempo futuro

99. Escriba las formas del *Present Progressive* en los espacios:
    I (leave) _____ tomorrow.
    She (come) _____ next week.
    He (study) _____ at the university next year.
    We (watch) _____ TV at eight o'clock.
    They (not/go) _____ home until later.

100. Escriba las formas correctas de *going to be* en los espacios:
    I (leave) _____ tomorrow.
    She (come) _____ next week.
    He (study) _____ at the university next year.
    We (watch) _____ TV at eight o'clock.
    They (not/go) _____ until later.

101. Indique una posibilidad de 50% para los sucesos siguientes:
     He (work) _____.
     She (not/come) _____
     They (bring) _____ *their daughter.*
     We (take) _____ *that course.*
     You (not/need) _____ *a coat.*

102. Indique una posibilidad de 99% para los sucesos siguientes:
     I (arrive) _____ *by morning.*
     They (finish) _____ *by May.*
     He (call) _____ *at ten o'clock.*
     The party (be over) _____ *by midnight.*

103. Indique una posibilidad de 90% para los sucesos siguientes:
     He (graduate) _____ *in June.*
     They (get married) _____ *next fall.*
     She (stop working) _____ *soon.*
     The project (be finished) _____ *by next year.*

104. Indique una posibilidad de 10% para los sucesos siguientes:
     I (call) _____ *you tomorrow.*
     We (be) _____ *home until late.*
     They (tell) _____ *us their plans.*
     She (get married) _____ *again.*

105. Prometa lo siguiente:
     I (call) _____.
     We (bring) _____ *cookies.*
     He (be) _____ *on time.*
     I (write) _____ *you a letter.*

106. Pronostique lo siguiente:
     Your son (pass) _____ *the course.*
     It (rain) _____ *tomorrow.*
     It (not/snow) _____ *tomorrow.*
     My mother (worry) _____ *about me.*
     She (win) _____ *the election.*
     They (get angry) _____.
     He (change) _____ *everything.*

107. Acepte las peticiones siguientes con una respuesta corta:
Will you help me?

_____

Will you all pay attention, please?

_____

Niegue las peticiones siguientes con una respuesta corta:
Will you help me?

_____

Will you give me your telephone number?

_____

108. Escriba el verbo en forma correcta para los sucesos siguientes:
The movie (start) _____ at seven o'clock.
The train (leave) _____ at four-thirty.
The class (end) _____ at seven-fifteen.
The games (begin) _____ tomorrow.

109. Use modales auxiliares en el futuro para expresar lo siguiente:
I cannot drive yet. I _____ soon.
He doesn't have to study now, but he _____ in the future.
We can't help you today, but we _____ tomorrow.
You may leave the room now, but you _____ after the test begins.
I want to travel to South America now, and I _____ in the future, too.

110. Llene los espacios en blanco con la forma correcta del verbo:
He will get here before I (leave) _____.
I will leave after he (get here) _____.
She will leave before he (get here) _____.
He will get here after she (leave) _____.
I will be happy as soon as they (arrive) _____
I might cry when they (say) _____ good-bye.

111. Escriba las oraciones de nuevo usando las correctas expresiones del futuro:
John is sick; there is only a 10% possibility that he will go to work tomorrow.

_____

I plan to study tomorrow.

_____

I promise to help you next week.

_____

We are almost home. There is a 99% possibility that we will arrive at 3 P.M.

_____

Teresa is scheduled to travel next week.

_____

There is a 50% possibility that Ann will take a vacation in August.

_____

Arthur refuses to work in that place.

_____

You predict rain for tomorrow.

_____

There will be no need for her to return tonight.

_____

After three months you are going to have the ability to swim.

_____

§11.5 FUTURE PROGRESSIVE TENSE

112. Llene los espacios en blanco con las formas correctas del *Future Progressive:*
I (play) _____ tennis at four o'clock.
He (prepare) _____ his speech then.
She (run) _____ the marathon that day.
We (make) _____ a cake this afternoon.
They (practice) _____ tomorrow evening.

113. Escriba una pregunta para cada una de las oraciones anteriores.

_____

_____

_____

_____

_____

§11.6 FUTURE PERFECT TENSE

114. Llene los espacios en blanco con las formas correctas del *Future Perfect Tense*:
    She (finish) _____ the project by September.
    I (send) _____ my tax forms by April 15th.
    We (do) _____ all our work before six-thirty.
    They (call) _____ us by then.
    He (move) _____ to his new house before November.

Las respuestas de los ejercicios 99–114 están en las páginas 386–388.

Ejercicio personal. Pídale a un amigo que habla inglés que revise sus respuestas.
Escriba unas frases que indiquen lo que tiene planeado para el resto de esta semana, lo que posiblemente haga durante las próximas vacaciones y lo que se imagina que le pueda pasar dentro de veinte años. En otras frases, pídale a un amigo que le ayude con algo y luego acepte hacer algo que le haya pedido un amigo.

_____

_____

_____

_____

_____

_____

_____

§12.
Verbos—Otros modelos

115. Escriba los sujetos o los complementos en forma de gerundio:
    (Sing)_____ is a lot of fun.
    My cousin loves (travel) _____.
    She is not afraid of (get lost) _____.
    (Travel) _____ makes her very happy.
    I do not enjoy (drive) _____ in traffic.
    (Wait) _____ makes me nervous.
    I'll have to quit (go) _____ to work during rush hour.
    We can finish (talk) _____ about this later.

116. Llene los espacios con las formas correctas de los verbos:
     We will consider (go) _____ *to the beach.*
     They discussed (take) _____ *a trip to Argentina.*
     I hope we finish (work) _____ *on that project soon.*
     She admitted (tell) _____ *him my telephone number.*
     He finally quit (smoke) _____.

117. Exprese lo siguiente usando una expresión con gerundio:
     We want to bowl.

     _____

     They like to fish.

     _____

     He has to shop.

     _____

     She hates to camp.

     _____

     She wants to dance.

     _____

118. Use *feel like* para expresar lo siguiente:
     What do you want to do now?

     _____

     Do you want to go swimming?

     _____

     No. I wanted to go swimming yesterday.

     _____

     Today I want to dance.

     _____

119. Use la forma de gerundio para pedir con mucha cortesía lo siguiente:
     Take off your hat.

     _____

     Save my seat.

     _____

     Help us.

     _____

     Lend me $100.

     _____

     Take me home after the meeting.

     _____

120. Llene los espacios con las formas correctas de los verbos:
These rags are good for (clean) _____.
I am so tired of (drive) _____ in traffic.
My new friend is crazy about (dance) _____.
She never gives up; she keeps on (try) _____.
Those boys are in (train) _____ for the race.
They get in shape by (run) _____ ten miles a day.

121. Escriba las oraciones de nuevo, cambiando a pronombres los sustantivos posesivos: (§6.5)
They appreciated Susan's coming.

_____

She regrets Tim's resigning.

_____

She loves Steve's dancing.

_____

They don't like their mother's singing.

_____

Jim's cooking is pretty good.

_____

122. Escriba los sujetos o complementos de las frases siguientes en forma de infinitivo:
They can't afford (lose) _____ that money.
I need (learn) _____ how to use the computer.
(Manage) _____ that would be great.
(Forget) _____ my appointment would be a mistake.
I didn't mean (hurt) _____ your feelings.
Allan promised (help) _____ his co-workers.
We finally learned (use) _____ the computer.
Your friends appear (be) _____ comfortable.
Brandon decided (study) _____ at the college.

123. Llene los espacios con las formas correctas de los verbos:
He says he can't afford (buy) _____ a house.
I guess they decided (play) _____ football.
Has she promised (marry) _____ you?
We intend (finish) _____ studying first.
The children are begging (stay) _____ home today.
I planned (save) _____ a little money this year.

124. Escriba las frases de nuevo, usando infinitivos:
    I need milk; I'm going to the store.

    _____

    They are going to Sarah's house; they want to see her.

    _____

    Melissa cannot lift that box; she is not strong enough.

    _____

    Danny can get his driver's license; he is old enough.

    _____

    I drive home; the drive lasts twenty minutes.

    _____

    Jackie cleans her room; she needs two hours.

    _____

    I heard your good news; I am glad.

    _____

    I heard your bad news; I am sorry.

    _____

125. Escoja el gerundio, el infinitivo, o el verbo básico para expresar lo siguiente:
    Please stop (drive) _____ so fast.
    Please take a break; stop (talk) _____ to me for a minute.
    Please help me (take) _____ out the trash.
    June tried (sleep) _____, but couldn't.
    She tried (take) _____ pills to help her sleep.
    The boss let her (go) _____ home early.
    Mike's mother makes him (get up) _____ early.
    He used (wake up) _____ every day at eight; now he wakes up at six.
    Now he is used to (wake up) _____ at six.

126. Escoja el gerundio, el infinitivo, o el verbo básico para completar las frases siguientes:
    I hope you don't mind (help) _____ us.
    They decided (postpone) _____ the picnic.
    Please help your brother (wash) _____ the car.
    He claims (have) _____ found the treasure.
    He was sorry (learn) _____ the truth.
    She will deny (see) _____ them.
    They tried to make him (go) _____ home.
    She will refuse (talk) _____ to us.
    It took ten minutes (drive) _____ here.
    Her mother made her (clean) _____ the room.
    How did you manage (find) _____ this?
    We really appreciate (hear) _____ about your trip.

Don't forget (tape) _____ the program.
Can you imagine (live) _____ in that cold climate?
We want to go (shop) _____ .
What do you feel like (do) _____ ?
He wants to keep on (work) _____ .
I regret your (lose) _____ the election.

127. Escoja el gerundio o el infinitivo para llenar los espacios en blanco.
I enjoy (dance) _____ with you.
He always forgets (call) _____ me.
Al and Harry promised (write) _____ letters.
She goes (shop) _____ every day.
Let's keep on (work) _____ until midnight.
I intend (earn) _____ more money.
Lynn and I need (find) _____ a new apartment.
Ask Martin (help) _____ you.
I want my nephew (graduate) _____ from high school.
The students used (wear) _____ blue jeans to school.
The students are used (wear) _____ blue jeans to school.
Andy likes (listen) _____ to music.

128. Escriba la puntuación de las frases siguientes:
Molly asked   Are you coming with us
Sam said   I'm not going anywhere
I will wait here   he told her
Then he added   Don't worry about me

129. Cambie los verbos del presente al pasado para reportar lo siguiente:
Molly said, "I am going to the store."
    Molly said she _____ to the store.
Peter answered, "I want to go with you."
    Peter answered that he _____ to go with her.
She told him, "No, you can't go this time."
    She told him that he _____ go that time.
He cried, "I don't want to stay here."
    He cried that he _____ to stay there.
"Do you want anything from the store?" she asked.
    She asked if he _____ anything from the store.

He said, "Will you bring me a new toy?"
He asked if she _____ him a new toy.

130. Cambie los verbos del pasado al *Past Perfect* para
reportar lo siguiente:
Molly said, "I went to the store."
Molly said that she _____ to the store.
Peter said, "I wanted to go with you."
Peter said that he _____ to go with her.
"What did you do while I was gone?" she asked.
She asked him what he _____ while
she was gone.
He told her, "I played with my toys while you were
gone."
He told her that he _____ with his toys
while she was gone.
"What did you bring me?" he asked.
He asked her what she _____ him.

131. Cambie a discurso indirecto las palabras textuales:
"Martha is clever," said Steve.

_____

"Jessica wants ice cream," said Mrs. Adams.

_____

"We can't swim," yelled the children.

_____

"They didn't do it right," reported the lady.

_____

"I'm not going to drive," said Jerry.

_____

"Is Sam going to work?" asked Joan.

_____

"Have they finished yet?" asked the reporter.

_____

"When are they going to finish?" he asked later.

_____

"Where did she go?" asked Dad.

_____

132. Cambie a palabras textuales el discurso indirecto:
Ralph said he was going home.

_____

Judy asked him if he was tired.

_____

Ralph told her that he was exhausted because he
had been working all day.

_____

Judy replied that he deserved a rest.

Ralph asked how many hours she had worked.

Judy replied that she had worked eight hours.

She said she thought she would go home, too.

133. Escriba cada pregunta de nuevo, empezando con
Do you know...
Where is her house?

Why is she leaving?

Where does Monica live?

Where did Freddy buy that hat?

134. Conteste cada pregunta, empezando con *I don't
know...*
Who is that lady?

When is the party?

Where are the buses?

What does Katrina do?

Why did they go home?

135. Escriba cada pregunta de nuevo, empezando con
Can you tell me...
Where is the president's office?

Who is her boyfriend?

Where is Main Street?

What time is it?

When did they get here?

Why did they leave?

When are you going to begin?

136. Use infinitivos para contestar las preguntas:
Do you know where we should go?
No, I don't know _____.
Can you tell me how I can get to the station?
Yes, I can tell you _____.
Will you find out whom we should call for information?
Yes, I will find out _____
Do you know when we should leave for the airport?
No, I don't know _____.

137. Escriba una pregunta añadida después de cada oración:
He is adorable.

_____

We aren't finished.

_____

She is afraid.

_____

They are cold.

_____

You like ice cream.

_____

He wants a drink.

_____

I haven't been there.

_____

You have performed already.

_____

He hasn't called us.

_____

He was there.

_____

You went to the game.

_____

He tried to help you.

_____

They didn't like the dessert.

_____

He hadn't seen the movie.

_____

She had been working all day.

_____

138. Componga oraciones de las palabras siguientes, usando pronombres para los complementos directos e indirectos donde sea posible:

Subject	Verb	Indirect Object	Direct Object
David	gives	Helen	money
Helen	draws	David	pictures
Sandra	mentioned	Larry	party
Robin	asked	Sally	question
Paul	explains	the students	lessons
Richard	built	his wife	house

Las respuestas de los ejercicios 115–138 están en las páginas 388–391.

Ejercicio personal. Pídale a un amigo que habla inglés que revise sus respuestas.
Escuche una conversación (en inglés, si es posible; si no, traduzca la conversación al inglés) y anótela. Luego reporte la conversación de dos maneras, la primera usando discurso directo (palabras exactas) y la segunda usando discurso indirecto.

_____

_____

_____

_____

_____

§13.

Verbos—Usos especiales

139. Use la forma correcta de *get* + un adjetivo para expresar "llegar a estar":
If I am late, my father will _____ *angry.*
I don't want my mother to _____ *worried.*
She is not old, but she is _____ *gray.*
My father isn't old either, but he is _____ *bald.*
If you run around in circles, you will _____ *dizzy.*
Don't _____ *excited, but I think we are* _____ *a new car.*
Ann _____ *cold, so I brought her home.*
Brenda and Pete _____ *married last July.*

140. Use la forma correcta de *have* + un *past participle* para expresar lo siguiente:
Somebody else is going to cut my hair.

_____

Somebody else cuts our grass every week.

_____

Somebody else changes his oil regularly.

_____

Somebody else irons his shirts for him.

_____

Somebody else cleaned her house last week.

_____

Somebody else repaired the damage last year for us.

_____

Somebody else is going to paint our house next week.

_____

141. Escoja los verbos correctos para completar las oraciones:
Please _____ *Barbara if she is coming home.*
    ask   ask for
Please _____ *three tickets.*
    ask   ask for
Will you _____ *me some money?*
    borrow   lend

How much do you want to _____ from me?
  borrow   lend
I'm _____ you to _____ me $100.
  asking   asking for   borrow   lend

142. Escoja los verbos para completar las oraciones:
I _____ to my mother every day.
  speak   talk
She _____ only Russian.
  speaks   talks
The President is going to _____ on television tonight.
  speak   talk
He _____ to his friends at the reception last night.
  spoke   talked

143. Escoja los verbos correctos:
The meeting is here at my house. Please (go/come) _____ to my house at two o'clock and (take/bring) _____ a cake. When you leave, be sure to (take/bring) _____ your plate.
O.K. I will (go/come) _____ to your house and (take/bring) _____ a cake. When I leave, I won't forget to (take/bring) _____ my plate.
The next meeting is at Janet's house. I'm not (going/coming) _____, are you?
Yes, I'm (going/coming) _____, but I'm not (taking/bringing) _____ anything. Janet never (takes/brings) _____ anything to my house.

144. Escriba los verbos correctos:
Don't _____ anything to Mickey.
  say   tell
_____ him that it's a secret.
  Say   Tell
Mickey always _____ our secrets to everybody.
  says   tells
He _____ it's very important to _____ the truth.
  says tells   say tell

145. Escriba los verbos correctos:
      We have to _____ our homework.
           do   make
      *My brother will _____ some exercises with
      you.*
           do   make
      He never _____ mistakes.
           does   makes
      While he helps you _____ your homework,
           do   make
      I will _____ you a sandwich.
           do   make

146. Escriba los verbos correctos:
      I _____ you were here now.
           hope   wish
      I _____ you can come tomorrow.
           hope   wish
      I _____ you could come tomorrow.
           hope   wish
      I _____ you would win yesterday.
           hoped   wished
      I _____ you had won yesterday.
           hope   wish

147. Escriba los verbos correctos:
      The girls are _____ some old family photographs.
           looking at   watching
      Our cousins are _____ some old family movies.
           looking at   watching
      Beth _____ beautiful today.
           looks like   looks
      She certainly _____ her mother.
           looks like   looks
      They really _____.
           look like   look alike

**Las respuestas de los ejercicios 139–147 están en las
páginas 391–392.**

§14.

Verbos—Voz pasiva

148. Cambie de la voz activa a la voz pasiva las oraciones siguientes:
Nobody understands me.

Everybody loves that teacher.

They make these rugs in Mexico.

They care for her.

People call him a lot.

Somebody is helping them.

149. Cambie de la voz activa a la voz pasiva las oraciones siguientes:
Nobody understood me.

Everybody loved that teacher.

They made these rugs in Mexico.

They cared for her.

People called him a lot.

Somebody was helping them.

Somebody wrote this poem in 1865.

150. Cambie de la voz activa a la voz pasiva las oraciones siguientes:

Nobody has understood me.

_____

They have cared for her.

_____

People have called him a lot.

_____

Somebody has helped them.

_____

Somebody has robbed the bank on the corner.

_____

Las respuestas de los ejercicios 148–150 están en la página 392.

Ejercicio personal. Pídale a un amigo que habla inglés que revise sus respuestas.
Escriba una o dos oraciones sobre una situación donde el resultado haya sido más importante que la persona que hizo la acción, usando *Passive Voice.*

_____

_____

§15.

Verbos—Modo imperativo

151. Exprese lo siguiente, usando la forma de mandato:
Tell someone to call you.

Tell John to send you a letter.

Tell your mother not to leave.

Tell Erin not to drive fast.

Suggest dancing with you to Pat.

Suggest going to a movie with you to a friend.

Tell your friend you don't want to argue with him.

Suggest to your friend that you and he not play tennis today.

152. Use el *you* impersonal para traducir lo siguiente:
¿Cómo se pone en marcha la máquina?

¿Cómo se llega a Center Street?

¿Dónde se estaciona?

¿Cuánto tiene uno que pagar para ir en metro?

¿Dónde se puede echar las cartas al correo?

153. Use el *you* impersonal para expresar las instrucciones siguientes.
Put the quarter in the slot. Push the start button.

Go straight ahead. Turn left.

Park on the street.

Mail letters at the post office.

154. Una maestra necesita ayuda para limpiar su salón de clase. Exprese lo que ella quiere que hagan sus alumnos:

"Adam, erase the blackboard."
She wants _____.
"Jessica, pick up the toys."
She wants _____.
"Amy and Lisa, put away the crayons."
She wants _____.
"David and Brian, put the chairs in place."
She wants _____.
"John, put the trash in the wastebasket."
She wants _____.

155. ¿Qué quería la maestra que hicieran sus alumnos (#154)? Use pronombres de complemento en su respuesta.
What help did she want from Adam?

_____

What help did she want from Jessica?

_____

What help did she want from Amy and Lisa?

_____

What help did she want from David and Brian?

_____

What help did she want from John?

_____

Las respuestas de los ejercicios 151–155 están en las páginas 392–393.

Ejercicios personales. Pídale a un amigo que habla inglés que revise sus respuestas.

1. Escriba las instrucciones para llegar a su casa desde su trabajo u otro lugar que sea importante para usted.

_____
_____
_____

2. Escriba la receta para un plato típico de la región de donde usted viene.

_____
_____
_____

§16.

Verbos—Modo subjuntivo

156. Exprese lo siguiente, usando las formas del subjuntivo:
I want him to be quiet.
I suggest _____.
She wants us to be responsible.
She insists _____.
He wants her to be careful.
He demands _____.
I want you to come home.
I insist _____.
She wants him to get a tutor.
She recommends _____.

157. Llene los espacios para expresar lo siguiente:
I don't have a ticket, but I want one.
* I wish I _____ a ticket.*
I want him to go to school, but he doesn't.
* I wish he _____ to school.*
She works on weekends, but I don't want her to.
* I wish she _____ on weekends.*
We don't have any money, but we want some.
* We wish we _____ some money.*
I don't want them to leave their dirty dishes in the sink, but they do.
* I wish they _____ their dirty dishes in the sink.*

158. Llene los espacios para expresar lo siguiente:
I regret that they went home early.
* I wish they _____ home early.*
I regret that you called me at six A.M.
* I wish you _____ at six A.M.*
I regret that she quit her job.
* I wish she _____ her job.*
I regret that he found out the truth.
* I wish he _____ the truth.*
I regret that we didn't tell him in time.
* I wish that we _____ him in time.*

159. Llene los espacios para expresar lo siguiente:
I want to take a trip to Europe, but I don't have a lot of money.
If I _____ a lot of money, I _____ a trip to Europe.
I want to dance with her, but she isn't here.
If she _____ here, I _____ with her.
He can't get a job because he doesn't have a diploma.
If he _____ a diploma, he _____ a job.
We want to win the lottery, but we are not lucky.
If we _____ lucky, we _____ the lottery.

160. Llene los espacios para expresar lo siguiente:
I wanted to take a trip to Europe, but I didn't have a lot of money.
If I _____ a lot of money, I _____ a trip to Europe.
I wanted to dance with her, but she wasn't here.
If she _____ here, I _____ with her.
He couldn't get a job because he didn't have a diploma.
If he _____ a diploma, he _____ a job.
We wanted to win the lottery, but we were not lucky.
If we _____ lucky, we _____ the lottery.

161. Use el modo *indicativo* después de *if* para expresar lo siguiente en otras palabras:
Every time I walk, I get tired.
If _____.
Whenever he reads, he falls asleep.
If _____.
When she drinks milk, she gets a stomachache.
If _____.
Whenever he is awake, he watches TV.
If _____.

162. Use el modo *indicativo* después de *if* para expresar lo siguiente en otras palabras, indicando acción probable, y resultado cierto:
I expect to go home early; my wife will be happy.
If _____.
I will probably get a vacation in August; I will go to Asia.
If _____.
He will probably marry her; he will move to California.
If _____.

They will probably buy that house; they will make a beautiful garden.

If _____.

We expect to move in February; we will give you our furniture.

If _____.

163. Escriba las frases siguientes de nuevo, cambiando la acción probable a acción improbable:

If I go to the beach, I will buy a bathing suit. I don't think I'm going to the beach.

If _____.

If she buys that dress, she will have to lose ten pounds. I don't think she is going to buy that dress.

If _____.

If he wins the lottery, he will buy a fabulous new car. I don't think he is going to win the lottery.

If _____.

If we take a trip around the world, we will visit you. I don't think we are going to take a trip around the world.

If _____.

If they get married, they will have a lot of problems. I don't think they are going to get married.

If _____.

Las respuestas de los ejercicios 156–163 están en las páginas 393–394.

Ejercicio personal. Pídale a un amigo que habla inglés que revise sus respuestas.

Escriba unas frases para contestar esta pregunta:

If you won a million dollars in the lottery, what would you do with the money?

_____

_____

_____

§17.

Preposiciones

164.   Escriba las preposiciones correctas:
Where is the star?

_____ the box

_____ the box

_____ the box

_____ the box

_____ the box

_____ the box

165.   Escriba las preposiciones correctas:
Washington, D.C. is _____ the United States.
It is the capital _____ the United States.

Our house is _____ Springfield.
It is _____ Oak Street.
It is _____ number 1432.

166. Escriba las preposiciones correctas:
¿Hacia dónde va la línea interrumpida?

167. Escriba las preposiciones correctas:
Her son was born _____ 1995, _____ April, _____
the 15th, _____ 3 o'clock _____ the morning.
Betty hasn't been here _____ January 14th.
We haven't seen her _____ three weeks.
We are leaving _____ 4 o'clock on the dot, so be
here _____ 3:55.
Frances is going to stay _____ June 15th. She will
stay _____ ten days.
We always go to a restaurant _____ my birthday.
Do you ever go out _____ night?

168. Escriba las preposiciones correctas:
Why are you _____ a hurry?
I want to be _____ time for work.
Do you want to come _____ my car?
Thanks. I usually ride _____ the bus.
Now I will get to work _____ time to have a cup
of coffee.

169. Escriba las preposiciones correctas:
What are you looking _____?
I'm trying to find my glasses so I can look _____
these photographs.

Then I need to look _____ some telephone
numbers.
Have you looked _____ top of your desk?
Look _____ the drawer. Maybe they are
_____ there.

170. Escriba las preposiciones correctas:
My mother made the dress; it was made _____ her.
It is my dress; she made it _____ me.
She made it _____ her sewing machine, but she did
the embroidery _____ hand.
John gave me a present; the present is _____ John.
He bought the jewelry _____ Colombia; the jewelry
is _____ Colombia.
It was made _____ Colombia. It is made _____ gold.
They went to Hawaii _____ plane.
I didn't go with them; they left _____ me.
They left _____ National Airport.

171. Complete las preguntas:
Whom _____?
(I went to the movies with Marty.)
What _____?
(She is thinking about her trip.)
What street _____?
(They live on Maple Street.)
What city _____?
(He lives in Chicago.)
Whom _____?
(We talked to everybody there.)

172. Escriba la preposición correcta:
She is very good _____ tennis.
Fruit is very good _____ your health.
Her husband is very good _____ her.
She is very good _____ young children.

173. Llene los espacios con las preposiciones correctas:
I am _____ good shape.
We met _____ chance.
He is going to be _____ television.
She is always _____ a bad mood.
They love to walk _____ the rain.
_____ a little luck, we will meet.
The fire truck came because the woods were
_____ fire.

I rode _____ the bus.
He rode _____ the car.
Jeans are always _____ style.
Do you do your homework _____ home, or
_____ school?

174. Llene los espacios con las preposiciones correctas:
She is excited _____ her vacation.
Are you prepared _____ the test?
They are really involved _____ their business.
You have been absent _____ class three times.
I think she is capable _____ better work.
She is finally finished _____ her assignment.
Are you scared _____ wild animals?
We were very grateful _____ them for helping
us.
We were very grateful _____ the help.
I am sorry _____ that.
They were very disappointed _____ him.
He was absent _____ school for six days.

175. Llene los espacios con las preposiciones correctas:
I dreamed _____ you last night.
Let me tell you _____ my family.
Stop staring _____ me!
He always takes advantage _____ others.
Do you agree _____ me?
She has applied _____ six colleges.
We can count _____ him.
He is devoted _____ her.
Are you finished _____ this table?
I want to thank you _____ all your help.
Is she participating _____ this election?

176. Escriba la preposición necesaria para la traducción
de las frases siguientes:
Ella discute todo.
She argues _____ everything.
Mi hermano piensa viajar.
My brother is thinking _____ travelling.
Él me miró.
He looked _____ me.
Esperamos a nuestra hija.
We are waiting _____ our daughter.
Él está cuidando al niño.
He is taking care _____ the baby.

¡No se preocupe de eso!
Don't worry _____ *that!*
Mi papá escucha la radio.
My dad is listening _____ *the radio.*
Uds. tienen que registrarse en el hotel.
You have to check _____ *at the hotel.*
Voy a averiguar cómo está ella.
I'm going to find _____ *how she is.*
Ud. debe pedir un consejo.
You should ask _____ *advice.*

177. Cambie a pronombres los complementos subrayados, y escriba la nueva frase, ordenando las palabras correctamente:
Please throw the trash away.

_____

Are you going to pay Jim back?

_____

I wrote down your telephone number.

_____

We will look into the problem.

_____

You need to hand in the reports.

_____

May I try on the dress?

_____

I had to ask for the number.

_____

She had to clean up the mess.

_____

He tried to do the work over.

_____

She likes to pick out her own clothes.

_____

They ran out of staples.

_____

We will have to call our customers back.

_____

Try to get over your anger.

_____

They called off the picnic.

_____

Do you think you can catch up with Tom and Ed?

_____

Las respuestas de los ejercicios 164–177 están en las páginas 394–395.

§18.

Adverbios

178. Reemplace con adverbios las palabras entre paréntesis:
Please come (to this place) _____.
He is not at home. He is (in another place)
_____ on business.
I can't find my glasses (in any place) _____.
Have you looked (on the next floor up) _____?
Yes. I have looked (in that place) _____ and
(on the floor below) _____, too. I have looked
(a distance above) _____ and (a distance
below) _____. I have looked (in all places)
_____.
They are probably (below) _____ something.

179. Reemplace con adverbios las palabras entre paréntesis:
Please don't come (after the expected time)
_____.
I saw him three years (before now) _____.
He's going to come (the week after the present
week) _____.
I hope he calls me (a short time after now)
_____.
I haven't seen him (a short time before now)
_____.
He doesn't come to class (now, as before)
_____.
Is he (now, as before) _____ studying?

180. Reemplace con adverbios las palabras entre paréntesis:
What are you going to do (today at night)
_____?
I'm going to the library (after now) _____.
(After that) _____ I'm going to get something to
eat, and (after that) _____ I'm going home.

181. Llene los espacios con las expresiones correctas de tiempo:
     (The present day) _____ is the 18th of May.
     _____ was the 17th.
     The 16th was _____.
     _____ is the 19th.
     The 20th is _____.

182. Llene cada espacio con la expresión de tiempo que indica la parte correcta del día:
     It is seven P.M. The weather has been changing all day. _____ at six A.M. it was sunny.
     It began to rain at one o'clock _____.
     It stopped at three P.M.
     Then it began to rain again at six _____.
     I sure hope it stops before eleven tonight.

183. Escriba las expresiones correctas de tiempo:
     It is June. My co-workers and I are planning our vacations. Joe already took his vacation _____ month. (in May)
     Cara is away _____ week, and Melissa plans to go away _____ month. (in July)
     I guess I will take off _____ Friday (the day after tomorrow) and all of _____ week.
     I didn't get a vacation _____ year.

184. Llene los espacios para indicar el número de veces:
     The phone only rang (one time) _____.
     Maybe the caller will try (one more time)
     _____.
     People usually let the phone ring at least six
     _____.
     I always try to pick it up after it rings (two times)
     _____.

185. Coordine los adverbios siguientes con lo que significan:

sometimes	*0% of the time*
always	*5% of the time*
hardly ever	*25% of the time*
never	*60% of the time*
usually	*80% of the time*
frequently	*100% of the time*

186. Escriba los adverbios que corresponden a los adjetivos siguientes:

good _____
careful _____
fast _____
quick _____
easy _____
hard _____
busy _____
able _____
late _____
responsible _____
early _____
bad _____
slow _____
better than _____
slower than _____
faster than _____
easier than _____
worse than _____
more careful than _____
quieter than _____
less capable than _____
the most responsible _____
not as easy as _____
not as good as _____

187. Llene los espacios para expresar lo siguiente:
My air-conditioner only cools the room to 79 degrees. It _____ works.
My neighbor's air-conditioner cools the room to 65 degrees. It _____ works.
Another neighbor's air-conditioner cools the room to 72 degrees. It works _____.
The engineer is working on mine now. It is almost fixed. He says it _____ works.

188. Coordine los adverbios con lo que significan:

fairly good   excellent
too good   bad
rather good   average
extremely good   better than average

189. Conteste cada pregunta con una oración completa, asegurándose de colocar los adverbios en la posición correcta:

    Where are you going? (outside)

    _____

    When is he going to New York? (tomorrow)

    _____

    Are they sleeping? (Yes, still)

    _____

    Have you finished? (Yes, already)

    _____

    Have you finished? (No, yet)

    _____

    Does she take lessons? (No, not as before)

    _____

    How often does she practice? (seldom)

    _____

    When do they play? (usually, in the afternoon)

    _____

    When does your friend call? (sometimes, in the evening)

    _____

    How does he paint? (very well)

    _____

    How tall is John? (pretty tall)

    _____

Las respuestas de los ejercicios 178–189 están en las páginas 395–396.

Ejercicio personal. Pídale a un amigo que habla inglés que revise sus respuestas.
Escriba un párrafo en el cual describe un proyecto que quiere hacer en las próximas semanas.
Indique cuándo, dónde y cómo piensa completarlo.

_____

_____

_____

§19.

Conjunciones

190. Llene los espacios con conjunciones para demostrar la relación entre las palabras:

   June _____ Joyce were singing _____ dancing.

   I want one dessert: ice cream _____ cake.

   Geoff likes chocolate _____ not vanilla.

   Joel was angry _____ calm.

   Laura _____ Kevin made two trips; they went _____ to Nashville, _____ to New Orleans.

   We have room for one more thing: a table _____ a cabinet.

   I want both. I want a table _____ a cabinet.

   George went home early, _____ Josh stayed until late.

   Josh stayed, _____ he was having a wonderful time.

191. Combine cada par de oraciones en una sola oración, usando *and ...too* o *not either:*

   Kathleen is happy. Jeff is happy.

   _____

   Jack works hard. Mike works hard.

   _____

   Emily left yesterday. Jeremy left yesterday.

   _____

   Val was cooking. Renee was cooking.

   _____

   Sue isn't tired. Joel isn't tired.

   _____

   Kevin didn't come. Scott didn't come.

   _____

   Carolyn wasn't driving. Bob wasn't driving.

   _____

   We didn't see them. Gayle didn't see them.

   _____

192. Escriba de nuevo las frases de #191, usando *and so* o *neither.*

  _____

  _____

  _____

  _____

  _____

  _____

  _____

  _____

193. Escriba los pares de conjunciones correctas:
  I want two desserts. I want _____ cheesecake _____ apple pie.
  He is very talented. He _____ plays the piano, _____ the trombone and the saxophone.
  She is not very musical. She _____ plays _____ sings.
  She made her children take music lessons, _____ they wanted them _____.
  They had to study an instrument: _____ the piano _____ the guitar.

194. Escriba las conjunciones subordinadas:
  We went to the movies at ten P.M. We washed the dishes at nine P.M.
  We washed the dishes _____ we went to the movies.

  They left at six P.M. We got there at six-thirty.
  We got there _____ they left.
  They didn't wait _____ we arrived.

  She was sleeping from one until three. I was sleeping from one until three.
  _____ she was sleeping, I was sleeping.

  He has graduated from college. We are going to celebrate.
  We are going to celebrate _____ he has graduated from college.

  She got a driver's license. Now she can drive.
  She got a driver's license _____ she could drive.

They were very hungry. They didn't eat anything.
_____ they were hungry, they didn't eat anything.

He bought a ticket early. He didn't want to risk missing the concert.
He bought a ticket early _____ risk missing the concert.

She is nervous. She is singing well.
She is singing well _____ she is nervous.

Las respuestas de los ejercicios 190–194 están en las páginas 396–397.

§20.
Marcadores del discurso

195. Escoja las expresiones correctas para completar estas frases:

    after   after that   then   finally   first   second
    in the meantime   meanwhile

    *To operate this washing machine, _____,
    put your clothes in. _____ add the deter-
    gent and close the lid. _____ select the
    water temperature and wash time. _____
    push the starter knob in, turn it to the right to the
    cycle you prefer, and pull it to start. _____,
    go do something else. _____ about thirty
    minutes, when the machine has stopped, remove
    the clothes from the machine and put them in the
    dryer or hang them on a line.*

196. Escoja las expresiones correctas para completar estas frases:

    even   in addition   furthermore   to top it all off
    as well as   plus   and   actually
    and besides   on top of that

    *They've just hired a new assistant in our office. She's
    arrogant _____ bossy, _____ she
    thinks she is in charge of the whole office. She
    _____ stayed late one night and reorga-
    nized my files. _____, she sweet-talks the
    directors and refuses to associate with the rest of us.
    _____, her salary is higher than mine!*

197. Complete las frases siguientes con otras frases que reflejen el sentido de las palabras subrayadas:

    Yes, I know Carol; as a matter of fact,

    _____

    This dinner is delicious; indeed,

    _____

    I enjoyed the party; in fact,

    _____

198. Complete las frases:
No, he's not my brother;

_____

No, we never eat at six o'clock;

_____

She doesn't speak Spanish;

_____

We aren't lazy;

_____

199. Llene los espacios con las palabras o expresiones más apropiadas:
I ate too much ice cream. (Then / Consequently)
_____ I have a stomachache.
You're not going to the party? Then / Therefore)
_____, what are you going to do tonight?
He is very reserved. (So / as a result)
_____he is quiet at parties.
I went to the library, but couldn't concentrate, (as a result / so) _____I came back home.
She hasn't been here all week; (therefore / then)
_____ she has a lot of work to make up.
We stayed out late last night; (as a result / then)
_____we were really tired this morning.

200. Escoja las expresiones correctas para completar estas frases:
however   still   instead   in contrast   otherwise
nevertheless   on the other hand

She's a nice girl. Her sister, _____, is a pain in the neck.
He must like you a lot; _____, he wouldn't call you so often.
He's always tired when he gets home;
_____, he helps with the housework.
I don't like the color of the walls; _____I can paint them.
She didn't like the blue dress, so she bought the red one _____.

201. Escoja las expresiones correctas para completar estas frases:
for example   in other words   that is
specifically   I mean

He's having a lot of difficulty keeping up with the rest of the class; _____, he should repeat the course.
I need to go out, to the movies, to a concert, or to a restaurant, _____.
I need to go out; _____, I want to go to the concert on Saturday night.
The movie was great, _____, really terrific.
He works four days a week, _____, Monday through Thursday.

202. Escoja las palabras o expresiones más apropiadas para completar estas frases:
They didn't invite him to the party, but he went (somehow / anyhow) _____
I don't always agree with the boss, but I do what he tells me to do; _____ (when all is said and done / anyway), he's the boss.
She can paint the kitchen bright red if she wants to. (anyway / after all) _____, it's her kitchen.
We can't decide whether to rent an apartment or buy a house; (anyhow / in any case) _____, we don't have to decide until next spring.
I got lost in the city, but (in any case / somehow) _____ I found my way home.

203. Llene los espacios en blanco con palabras o expresiones que indiquen certeza:
Welcome! I am _____ glad to see you.
You've had a long trip, so _____ you will want to rest for a while.
_____, if you need anything, just let me know.
Thank you for the beautiful gift. It was _____ thoughtful of you to bring it.

204. Escoja las palabras o expresiones más apropiadas para completar estas frases:
We are very pleased with the child's improvement at school. (Likewise / In the first place) _____, he is on time for all his classes. (In the second place / Accordingly) _____, he now

completes his assignments. *(In the second place /
Accordingly)* _____ his grades have
improved. *(Likewise / In the second place)*
_____, his attitude toward his teachers
is much better.

205. Escoja las palabras o expresiones más apropiadas
para completar estas frases:
(Since / Of course) _____ you didn't have a
nap, you have to go to bed early tonight.
(Although / Since) _____ he is only seven,
he is good enough for the team.
I will take the test, *(in spite of / even though)*
_____ I know I am not ready for it.
We will wait for you, *(although / even if)*
_____ you are late.
She is very brave, *(in spite of / even though)*
_____ her illness.
You should see the movie; *(of course / since)*
_____ , there are some scary scenes that
you might not like.

206. Escoja las palabras o expresiones más apropiados
para completar estas frases:
summing it all up   well   so   in conclusion   in
the end   in short

In spite of all their problems, _____ they got
married and moved away.
They got professional help and they tried harder.
He got a better job and she went back to school.
_____, they worked out their problems and
got married.
We have to do better, _____, we must all try
harder.
They went swimming, they played ball, they made
a lot of new friends and went to new places.
_____ they had a good time.
We worked hard and did better than expected.
_____ we finished the fiscal year in
good shape.

**Las respuestas de los ejercicios 195–206 están en las
páginas 397–398.**

§21.

Números

207. Escriba los números siguientes en su forma oral:
64

377

4,541

20,302

400,001

6,000,312

6 1/2 miles

1 3/4 acres

$10.34

$5,428.21

$10,000,000

Las respuestas del ejercicio 207 están en la página 398.

Ejercicio personal. Pídale a un amigo que habla inglés que revise sus repuestas.
Escriba los números como los *diría*.

1. What is your telephone number?

2. What is your address?

3. How much did you pay for this book?

4. How many miles do you live from your work (or school, or other important place)?

5. How many hours did you sleep last night?

§22.

Días y fechas

208. Conteste cada pregunta con una oración completa:
What day is before Friday?

_____

What day is between Tuesday and Thursday?

_____

What are Saturday and Sunday?

_____

What month is before September?

_____

What month is after March?

_____

When is Independence Day in the United States?

_____

Las respuestas del ejercicio 208 se encuentran en la página 398.

Ejercicio personal. Pídale a un amigo que habla inglés que revise sus respuestas.

1. What day is today?

_____

2. What is today's date?

_____

3. When is your birthday?

_____

4. In what year were you born?

_____

5. What is another important date in your life? What happened that day?

_____

§23.

La hora

209.   Escriba las horas marcadas a continuación:

a.

_____

b.

_____

c.
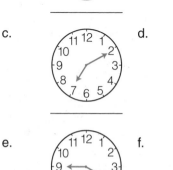
_____

d.

_____

e.
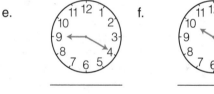
_____

f.

_____

g.

_____

h.
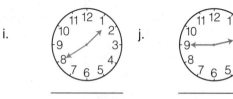
_____

i.
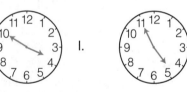
_____

j.
_____

k.
_____

l.
_____

Las respuestas del ejercicio 209 están en la página 398.

Ejercicio personal. Pídale a un amigo que habla inglés que revise sus respuestas.

1. What time is it?

2. What time did you wake up this morning?

3. What time did you go to bed last night?

4. What time are you going to bed tonight?

§24.

El tiempo

210. Coordine las palabras de la Columna A con los significados de la Columna B:

A	B
75 degrees	hot weather
lightning	cold weather
a flood	pleasant weather
35 degrees	a circular storm
thunder	winds over 75 miles per hour
a hurricane	a flow of water over usually dry land
95 degrees	a loud noise
a cyclone	electricity in the sky

Las respuestas del ejercicio 210 están en la página 399.

Ejercicio personal. Pídale a un amigo que habla inglés que revise sus respuestas.

1. How is the weather today?

2. What is the expected highest temperature for today?

3. What was the lowest temperature yesterday?

4. How is the weather in your hometown today?

5. What is the worst weather you have ever experienced? What happened?

Ejercicio personal de repaso

211. Conteste cada pregunta con una oración completa:
What time is it?

What are you doing?

How do you feel?

Why do you feel that way?

How many questions have you answered?

What are you going to do after you finish this test?

What were you doing at 9 o'clock this morning?

Where were you then?

What time did you arrive there?

Who was there when you arrived?

What was s/he doing?

How long had she been there?

What time did you eat lunch yesterday?

Had you had breakfast?

How did you feel when you got home yesterday?

Why did you feel that way?

Did you finish all the tests?

Are you proud of yourself? You should be!

Las posibles respuestas del ejercicio 211 están en la página 399.

Respuestas

1. adverbios   adjetivos   abreviaturas   pronombres
   vocales   verbos   preposiciones   consonantes
   conjunciones   sustantivos

2. *M.D.   Mrs.   etc.   D.D.S.   i.e.   L.L.D.*
   Robert Runyon, Jr.   A.M.   *e.g.   Ms.*

3. *Mr. Jones is from Canada.*
   Do you think I am John's brother?
   He was born on Tuesday, the 5th of February.
   My good friend, Carol, is from New York, but she
   lives in Washington, D.C.
   California, Michigan, and Texas are all states of the
   United States of America.

4. *Here comes Miss Phillips, our new secretary!*
   Where are the computer discs?
   Nancy bought three tables, a sofa, and two chairs.
   I need the following things: paper, pencils, a stapler,
   and some staples.
   Mrs. Johnson doesn't have a book, so she is using
   Mary's.

5. *John and James   My friends   Her brother*
   Swimming and diving   It

6. *are   play   likes   swims and dives   is*

7. *my sister   tired   difficult   sure   sick*

8. *Mary   candy and flowers   money   friends*
   three tickets

9. *her   us   you   Mary   them*

10. *girls   series   tomatoes   people   cities   leaves*
    boxes   pianos   children   men

11. *furniture mail hardware change jewelry information music housework homework advice*

12. *ring rings dollars money child friends sisters appointment brothers friends box furniture chairs*

13. *coffees coffee chicken chickens glasses glass glass paper paper*

14. *July Friday Charlotte's White House Washington Mr. and Mrs. Harrison New York City Louisiana Old Creek*

15. *Mary, John's wife, is a doctor.*
I like Barbara, my new neighbor.
You should call Jack, the computer expert.
The market, our favorite place to shop, has fresh vegetables.
Carolyn, the best singer in the choir, is my sister.

16. *Harrises' Sally's my friends' the people's James's*

17. *my friend's mother*
the name of the book
the address of the school
my friend's address
the captain of the team or the team's captain
the president of the country
the color of the suit
the teacher's name
the cat's leg or the leg of the cat
the leg of the table
Fred's leg

18. *I have more books than you do. / You have fewer books than I do.*
She has more rings than her friend does. / Her friend has fewer rings than she does.
I have more information than he does. / He has less information than I do.
They have less money than we do. / We have more money than they do.

19. *They have the same number of pencils.*
    Our shoes are the same size.
    These turkeys are the same weight.
    Our husbands are the same height.
    These fabrics are the same length.
    The same man is here to see you.

20. *She   They   They   He   We*

21. *you   they   they   they   You   You*

22. *her   us   it   him   them   her   us*

23. *They   his   them   him   He   it   her   theirs*
    He   himself   his   her

24. *Jim and Ellie like each other.*
    Matt and Paul help each other.
    Lisa and William called each other.
    The teachers and students promised each other.

25. *We   us   me*
    them   He   she   She   her   him   They   me
    He   me   he   me   him   he   his
    she   each other   each other   she   her

26. *myself   by herself   himself   itself   yourself*

27. *theirs   his   hers   yours   ours   mine*

28. *That purse belongs to Jan.*
    This car belongs to us.
    Those flowers belong to the neighbors.
    Which coat belongs to you?

29. *who   that   who(m)   whose*

30. *m   d   l   a   b   j   k   i   h   g   c   f   e*

31. *others   another   the others   the other*

32. *anybody   Someone   anywhere   somewhere*
    anything   something   nothing   one   another
    Each

33. *an   0   the   the   a   an   0   0   0   a*

34. 0   0   *the*   0   *the*   0   0   *the*   *the*   *the*   0
    the

35. 0   *the*   0   0   0   0   0   0   *the*

36. *the first*   *the third*   *the eighth*   *the twelfth*
    the sixteenth   *the twenty-second*   *the thirty-fourth*
    the forty-fifth   *the sixty-seventh*   *the ninety-ninth*

37. *his*   *her*   *our*   *their*   *my*

38. *a little*   *a few*   *a lot of*   *a few*   *all of the*   *one*
    any   *three*   *too many*   *too much*

39. *This*   *that*   *those*   *that*   *these*   *this*

40. *American*   *Italian*   *Mexican*   *French*   *Spanish*

41. *jewelry*   *shoe*   *boring*   *bored*   *fascinated*
    fascinating   *three-hundred-dollar*   *six-foot,*
    two-hundred-pound

42. *the most elegant*   *the nicest*   *easier*
    more patient   *hotter*   *better*   *the same as*
    different from   *warmer and warmer*   *worse*

43. *cheaper than / less expensive than*
    more expensive than
    as expensive as / as cheap as
    more expensive than
    the most expensive
    the cheapest

44. *lighter than*   *as light as*
    heavier than / not as light as
    the heaviest   *the lightest*

45. *her beautiful long yellow*
    my ugly old red
    his lovely blue silk
    your nice new wool
    those dirty old leather

46. *I don't see anyone / anybody else.*
    We don't need anything else.
    We want to go somewhere else.
    I think he is looking for something else.
    Nowhere else will please him.
    I can't live with anyone / anybody else.

47. *tense   active voice   passive voice*
    to + the basic form   basic form

48. *crying   freezing   bringing   dying   shopping*
    sleeping   whipping   choosing   studying
    occurring

49. *tried   permitted   agreed   folded   shipped*
    danced   sewn   cleaned   played   studied

50. *are   is   aren't / are not   am   is   are   is   are*
    is   is not / isn't

51. *How are they?*
    What is she like?
    Are there any spoons?
    Where are you from?
    Whose book is it?
    Who are you?
    Where is the car?
    When are their parties?
    What color is her new dress?
    Is John your brother?

52. *Yes, I am.   Yes, he is.   Yes, they are.   Yes, she
    is.   Yes, you are.   Yes, it is.   Yes, you are.   Yes,
    there is.   Yes, there are.   Yes, it is.*

53. *No, I'm not.*
    No, he isn't. / he's not.
    No they aren't. / they're not.
    No, she isn't. / she's not.
    No, you aren't. / you're not.
    No, it isn't. / it's not.
    No, you aren't. / you're not.
    No, there isn't. / there's not.
    No, there aren't.
    No, it isn't. / it's not.

54. *You are?   He isn't?   She is?   They aren't?*
    You aren't?   I am?   He is?   She isn't?

55. *has   goes   laughs   comes   cries   takes*
    sings   does   works   loves

56. *doesn't have   doesn't go   doesn't laugh*
    doesn't come   doesn't cry   doesn't take
    doesn't do   doesn't work   doesn't exercise

57. *You don't?   She doesn't?   You do?   He does?*
    They don't?

58. *We usually go to the movies on Saturdays.*
    We eat dinner at eight o'clock.
    He often helps us.
    Sometimes he helps us. / He helps us sometimes.
    He helps us on the weekends.
    She occasionally takes trips.
    I wear a bathing suit in the summer.
    They rarely visit me.
    I always call them at night.
    She never studies in the afternoon.
    He exercises every day at six o'clock.
    We often exercise in the morning.

59. *Who likes Peggy?*
    Whom do you call?
    Who is your friend?
    Who takes her to the zoo?
    Whom do you take to the zoo?
    What do you see?
    What smells bad?

60. *How many cousins do you have?*
    Where do they live now?
    Who eats a lot?
    What does your aunt cook?
    Who cooks chicken?
    How much chicken do they eat?
    Where does she buy the chicken?
    When does she usually shop?

61. *go   like   doesn't live   don't have   works   meet*
    leaves   watches

62. *What do they do on Saturdays? / Where do they go on Saturdays?*
    What kind of ice cream do you like? / Do you like chocolate ice cream?
    Does he live here?
    Do you have a car?
    Where does she work?
    Where do you and your friend meet?
    What time does Sylvia leave home?
    What does she do every evening? or When does she watch television?

63. *I can sing.*
    He may be at home. He might be at home. Maybe he is at home.
    You may go home.
    Will (would, could) you help me carry this package?
    Should I call a doctor?
    You should go to the doctor.
    I have to work.
    She doesn't have to work.
    You mustn't make noise.
    I would rather live in the city.

64. *can   can   can't / cannot   might / may / must be*
    Maybe   may   may not

65. *is sleeping   is studying   are painting   are driving*
    am relaxing   Are   enjoying

66. *isn't sleeping   isn't studying   aren't painting*
    aren't driving   I'm not relaxing

67. *Mark is still sleeping.*
    Joe is always calling me.
    Heather isn't working anymore.
    George isn't studying here anymore.
    Sam is still studying here.

68. *likes   eat   are watching   washes   am writing*
    is talking   want   are having   have   is studying
    think   am thinking

69. *come   is enjoying   are playing   are talking*
    likes   likes   is staying   plays   is   invites
    is painting   is using   is making   watches   is
    is jumping   are having

70. *have lived   have eaten   has slept   has cried*
    have come   have gone   have worked
    have written   have studied   has read

71. *haven't changed   hasn't broken   hasn't won*
    haven't promised, have you?   hasn't helped,
    has he?

72. *since   for   for   since   since*

73. *How long have you lived here?*
    How long have they been your neighbors?
    How long has he worked there?
    How long have you been waiting?
    How long have they been talking?

74. *She has driven this car before.*
    I have been to your house before.
    We have seen that movie before.
    They have already eaten.
    He hasn't eaten.

75. *I have (already) walked four miles.*
    I have lost ten pounds (so far).
    I have (already) spent seventy-five dollars.
    I have (already) written two papers.

76. *have worked   have helped (have been helping)*
    have not / haven't eaten   has been
    has never played   have answered   has just
    arrived

77. *How long have you worked (have you been*
    working) here?
    How long have they helped (have they been
    helping) him?
    Have you eaten dinner yet?
    Has she ever been in Alaska? / Has she been in
    Alaska before? / How many times has she been in
    Alaska?
    Has he ever played football? / Has he played
    football before?
    How many questions have you answered so far?
    Has she arrived yet?

78. *was   were   weren't   was   was*

79. *How were you?*
    Where were you?
    Were they late?
    Who was she?
    What time was it?

80. | | |
    |---|---|
    | *stood* | *bent* |
    | *tried* | *folded* |
    | *worked* | *held* |
    | *studied* | *knew* |
    | *saw* | *showed* |
    | *agreed* | *heard* |
    | *taught* | *wore* |
    | *bought* | *sold* |
    | *brought* | *told* |
    | *went* | *did* |

81. *began   stopped   helped   didn't go   went*
    didn't eat   left   did not call   had   cried

82. *What time did you begin? / When did you begin?*
    What time did you stop? / When did you stop?
    When did Mary help you? / Who helped you? /
    Whom did Mary help?
    Did he go to Spain last summer?
    When did they go home?
    Did you eat at your friend's house last night?
    What time did you leave home?
    Did Vicki and Joan call you today?
    Did you have a good time at the party?
    What did she do when he left?

83. *started   have studied / have been studying*
    moved   have lived / have been living   met
    have known   did   worked   took   lived
    have not seen

84. *I could work. / I was able to work.*
    Should we have gone?
    They were allowed to take a vacation. / They could
    have taken a vacation.
    He may have been sick. / He might have been
    sick. / Maybe he was sick.
    He must have worked there.
    She had to study.

85. *I couldn't go.*
They must have played all day.
He had to be there.
You should have done it.
She might have gone. / She may have gone.

86. *was sleeping   was eating   was riding*
was watching   was still talking

87. *was sewing   was sewing   was thinking*
was   seemed   wanted   began   came
was crying   thought   didn't love

88. *was driving   saw   was waiting   turned   stalled*
was not paying attention   ran   made   got
started   was still yelling   drove

89. *was cooking   burned   was   went   told   waited*
called   went   waited   was sitting   heard   saw
was getting   was   fell   came   was sleeping
woke   looked   put   said   gave   told

90. *I was going to go to the circus, but I didn't have enough time.*
We were going to call you, but we didn't have a quarter.
They were going to have a party, but the teacher disapproved.
She was going to stay home, but her friend invited her to the movies.

91. *I used to be fat.*
We used to live there.
He used to smoke.
He used to be married.
She used to be nice.
They used to be happy.
He used to laugh.
We used to eat dinner together.

92. *She would tell jokes.*
She would make my favorite food.
He would help me with my homework.
We would have fun.
They would never fight.

93. *had helped   had not been   had sung   had gone*
    had eaten   had not seen

94. *She had (already) eaten.*
    I hadn't eaten (yet).
    He had driven it before.
    They had seen it before.

95. *When I left for the office, I hadn't read the*
    newspaper (yet).
    When Joel invited her to go out, Sue had (already)
    eaten dinner.
    When my dad saw us, we had already called the
    gas station for help.
    When I arrived at the dance, it had already started.

96. *have not eaten   had not eaten   has worked*
    had worked   had invited   has invited
    have not seen   had not seen   had not studied
    have not studied

97. *had been writing   had been living*
    had been hoping   had been thinking
    had been wanting

98. *We were exhausted because we had been working*
    hard all day.
    They slept until noon because they had been
    dancing all night.
    She didn't eat her dinner because she had been
    eating potato chips all day.
    He was happy to get his degree because he had
    been studying for six years.

99. *am leaving   is coming   is studying   are watching*
    aren't going

100. *am going to leave   is going to come*
     is going to study   are going to watch
     are not going to go

101. *He may work. / He might work. / Maybe he will work.*
She may not come. / She might not come. / Maybe she won't come.
They may bring / They might bring / Maybe they will bring
We may take / We might take / Maybe we will take
You may not need / You might not need / Maybe you won't need

102. *should arrive   should finish   should call should be over*

103. *will probably graduate   will probably get married will probably stop working   will probably be finished*

104. *probably won't call   probably won't be probably won't tell   probably won't get married*

105. *I will call.   We will bring   He will be   I will write*

106. *will pass   will rain   won't snow   will worry will win   will get angry   will change*

107. *Yes, I will.   Yes, we will.   No, I won't.   No, I won't.*

108. *starts   leaves   ends   begin*

109. *will be able to (drive)*
will have to (study)
will be able to (help you)
will not / won't be allowed to (leave the room)
will want to (travel to South America)

110. *leave   gets here   gets here   leaves   arrive   say*

111. *John probably won't go to work tomorrow.*
I am studying tomorrow. / I am going to study tomorrow.
I will help you next week.
We should arrive at 3 P.M.
Teresa is traveling next week.
Ann might take a vacation in August. / Ann may take a vacation in August. / Maybe Ann will take a vacation in August.
Arthur won't work in that place.
It will rain tomorrow.
She won't have to return tonight.
I will be able to swim in three months.

112. *will be playing   will be preparing   will be running will be making   will be practicing*

113. *What will you be doing at four o'clock?*
What will he be doing then?
What will she be doing that day?
What will you be doing this afternoon?
What will they be doing tomorrow evening?

114. *will have finished   will have sent   will have done will have called   will have moved*

115. *Singing   traveling   getting lost   Traveling driving   Waiting   going   talking*

116. *going   taking   working   telling   smoking*

117. *We want to go bowling.*
They like to go fishing.
He has to go shopping.
She hates to go camping.
She wants to go dancing.

118. *What do you feel like doing?*
Do you feel like (going) swimming?
No. I felt like (going) swimming yesterday.
Today I feel like dancing.

119. *Would you mind taking off your hat?*
Would you mind saving my seat?
Would you mind helping us?
Would you mind lending me $100?
Would you mind taking me home after the meeting?

120. *cleaning   driving   dancing   trying   training*
     running

121. *They appreciated her coming.*
     She regrets his resigning.
     She loves his dancing.
     They don't like her singing.
     His cooking is pretty good.

122. *to lose   to learn   To manage   To forget   to hurt*
     to help   to use   to be   to study

123. *to buy   to play   to marry   to finish   to stay*
     to save

124. *I'm going to the store to buy milk.*
     They are going to Sarah's house to see her.
     Melissa is not strong enough to lift that box.
     Danny is old enough to get his driver's license.
     It takes (me) twenty minutes to drive home.
     It takes Jackie two hours to clean her room.
     I am glad to hear your good news.
     I am sorry to hear your bad news.

125. *driving   to talk   take   to sleep   taking   go*
     get up   to wake up   waking up

126. *helping   to postpone   wash   to have   to learn*
     seeing   go   to talk   to drive   clean   to find
     hearing   to tape   living   shopping   doing
     working   losing

127. *dancing   to call   to write   shopping   working*
     to earn   to find   to help   to graduate   to wear
     to wearing   listening or to listen

128. *Molly asked, "Are you coming with us?"*
     Sam said, "I'm not going anywhere."
     "I will wait here," he told her.
     Then he added, "Don't worry about me."

129. *was going   wanted   couldn't   didn't want*
     wanted   would bring

130. *had gone   had wanted   had done   had played*
     had brought

131. *Steve said that Martha was clever.*
Mrs. Adams said that Jessica wanted ice cream.
The children yelled that they couldn't swim.
The lady reported that they hadn't done it right.
Jerry said that he wasn't going to drive.
Joan asked if Sam was going to work.
The reporter asked if they had finished yet.
He asked later when they were going to finish.
Dad asked where she had gone.

132. *Ralph said, "I'm going home."*
"Are you tired?" asked Judy.
"I'm exhausted because I've been working all day,"
he told her.
"You deserve a rest," Judy replied.
"How many hours have you worked?" asked Ralph.
"I have worked eight hours," replied Judy.
"I think I will go home, too," she said.

133. *Do you know where her house is?*
Do you know why she is leaving?
Do you know where Monica lives?
Do you know where Freddy bought that hat?

134. *I don't know who that lady is.*
I don't know when the party is.
I don't know where the buses are.
I don't know what Katrina does.
I don't know why they went home.

135. *Can you tell me where the president's office is?*
Can you tell me who her boyfriend is?
Can you tell me where Main Street is?
Can you tell me what time it is?
Can you tell me when they got here?
Can you tell me why they left?
Can you tell me when you are going to begin?

136. *where to go   how to get there   whom to call*
when to leave

137. *He is adorable, isn't he?*
We aren't finished, are we?
She is afraid, isn't she?
They are cold, aren't they?
You like ice cream, don't you?
He wants a drink, doesn't he?
I haven't been there, have I?
You have performed already, haven't you?
He hasn't called us, has he?
He was there, wasn't he?
You went to the game, didn't you?
He tried to help you, didn't he?
They didn't like the dessert, did they?
He hadn't seen the movie, had he?
She had been working all day, hadn't she?

138. *David gives her money. / David gives it to her.*
Helen draws him pictures. / Helen draws them for him.
Sandra mentioned it to him.
Robin asked her a question.
Paul explains them to (the students) / them.
Richard built her a house. / Richard built it for her.

139. *get   get   getting   getting   get   get   getting*
got / was getting   got

140. *I'm going to have my hair cut.*
We have our grass cut every week.
He has his oil changed regularly.
He has his shirts ironed.
She had her house cleaned last week.
We had the damage repaired last year.
We are going to have our house painted next week.

141. *ask   ask for   lend   borrow   asking   lend*

142. *talk   speaks   speak   talked*

143. *come   bring   take   come   bring   take   going*
going   taking   brings

144. *say   Tell   tells   says   tell*

145. *do   do   makes   do   make*

146. *wish   hope   wish   hoped   wish*

147. *looking at   watching   looks   looks like   look alike*

148. *I am not understood (by anybody).*
That teacher is loved (by everybody).
These rugs are made in Iran.
She is cared for.
He is called a lot.
They are being helped.

149. *I was not understood (by anybody).*
That teacher was loved (by everybody).
These rugs were made in Mexico.
She was cared for.
He was called a lot.
They were being helped.
This poem was written in 1865.

150. *I haven't been understood (by anybody).*
She has been cared for.
He has been called a lot.
They have been helped.
The bank on the corner has been robbed.

151. *Call me!*
Send me a letter, John.
Don't leave, Mom.
Don't drive fast, Erin.
Let's dance, Pat!
Let's go to a movie.
Let's not argue.
Let's not play tennis today.

152. *How do you start the machine?*
How do you get to Center Street?
Where do you park?
How much do you have to pay to ride on the metro?
Where can you mail letters?

153. *You put a quarter in the slot and push the start button.*
You go straight ahead, then turn left.
You park on the street.
You mail your letters at the post office.

154. *Adam to erase the blackboard.*
Jessica to pick up the toys.
Amy and Lisa to put away the crayons.
David and Brian to put the chairs in place.
John to put the trash in the wastebasket.

155. *She wanted him to erase the blackboard.*
She wanted her to pick up the toys.
She wanted them to put away the crayons.
She wanted them to put the chairs in place.
She wanted him to put the trash in the wastebasket.

156. *that he be quiet   that we be responsible*
that she be careful   that you come home
that he get a tutor

157. *I wish I had a ticket.*
I wish he went to school.
I wish she didn't work on weekends.
I wish we had money.
I wish they didn't leave their dirty dishes in the sink.

158. *I wish they hadn't gone home early.*
I wish you hadn't called me at six A.M.
I wish she hadn't quit her job.
I wish he hadn't found out the truth.
I wish we had told him in time.

159. *If I had a lot of money, I would take a trip to Europe.*
If she were here, I would dance with her.
If he had a diploma, he could get a job.
If we were lucky, we would win the lottery.

160. *If I had had a lot of money, I would have taken a trip to Europe.*
If she had been here, I would have danced with her.
If he had had a diploma, he could have gotten a job.
If we had been lucky, we would have won the lottery.

161. *If I walk, I get tired.*
If he reads, he falls asleep.
If she drinks milk, she gets a stomachache.
If he is awake, he watches T.V.

162. *If I go home early, my wife will be happy.*
     If I get a vacation in August, I will go to Asia.
     If he marries her, he will move to California.
     If they buy that house, they will make a beautiful garden.
     If we move in February, we will give you our furniture.

163. *If I went to the beach, I would buy a bathing suit.*
     If she bought that dress, she would have to lose ten pounds.
     If he won the lottery, he would buy a fabulous new car.
     If we took a trip around the world, we would visit you.
     If they got married, they would have a lot of problems.

164. *in   under   on   next to   behind   against*

165. *in   of*
     in   on   at

166. *toward   away from   onto   through*

167. *in   in   on   at   in   since   for   at   by   until*
     for   on   at

168. *in   on   in   on   in*

169. *for   at   up   on   in   in*

170. *by   for   with   by   from   in   from   in   of   by*
     without   from

171. *Who(m) did you go to the movies with?*
     What is she thinking about?
     What street do they live on?
     What city does he live in?
     Who(m) did you talk to?

172. *at   for   to   with*

173. *in   by   on   in   in   with   on   on   in   in   at   at*

174. *about   for   in / with   from   of   with   of   to*
     for   about   in / with   from

175. *about / of   about   at   of   with   to   on   to*
with   for   in

176. *about   about   at   for   of   about   to   in   out*
for

177. *Please throw it away.*
Are you going to pay him back?
I wrote it down.
We will look into it.
You need to hand them in.
May I try it on?
I had to ask for it.
She had to clean it up.
He tried to do it over.
She likes to pick them out.
They ran out of them.
We will have to call them back.
Try to get over it.
They called it off.
Do you think you can catch up with them?

178. *here   away   anywhere   upstairs   there*
downstairs   high   low   everywhere
underneath

179. *late   ago   next week   soon   recently / lately*
anymore   still

180. *tonight   later   Then   afterward / then / later*

181. *Today   Yesterday   the day before yesterday*
Tomorrow   the day after tomorrow

182. *This morning   this afternoon   this evening*

183. *last   this   next   this   next   last*

184. *once   again   times   twice*

185. *25% of the time   100% of the time   5% of the time*
0% of the time   80% of the time   60% of the time

186. *well carefully fast quickly easily hard busily ably late responsibly early badly slowly better than more slowly than faster than more easily than worse than more carefully than more quietly than less capably than the most responsibly not as easily as not as well as*

187. *hardly really somewhat / a little almost*

188. *average bad better than average excellent*

189. *I'm going outside.*
   He's going to New York tomorrow.
   Yes, they are still sleeping.
   Yes, I have already finished.
   No, I haven't finished yet.
   No, she doesn't take lessons anymore.
   She seldom practices.
   They usually play in the afternoon.
   Sometimes my friend calls me in the evening. or
   My friend calls me in the evening sometimes.
   He paints very well.
   John is pretty tall.

190. *and and or but yet and not only but also or and but for*

191. *Kathleen is happy, and Jeff is too.*
   Jack works hard, and Mike does too.
   Emily left yesterday, and Jeremy did too.
   Val was cooking, and Renee was too.
   Sue isn't tired, and Joel isn't either.
   Kevin didn't come, and Scott didn't either.
   Carolyn wasn't driving, and Bob wasn't either.
   We didn't see them, and Gayle didn't either.

192. *Kathleen is happy, and so is Jeff.*
   Jack works hard, and so does Mike.
   Emily left yesterday, and so did Jeremy.
   Val was cooking, and so was Renee.
   Sue isn't tired, and neither is Joel.
   Kevin didn't come, and neither did Scott.
   Carolyn wasn't driving, and neither was Bob.
   We didn't see them, and neither did Gayle.

193. *both   and   not only   but also   neither   nor*
     whether   or not   either   or

194. *before   after   until   While   because   so that*
     Although / Even though   rather than
     although / even though

195. *First, Second / Secondly / After that / Then, After*
     that / Then, Finally, In the meantime / Meanwhile,
     After

196. *and / as well as, plus / and besides, even / actually,*
     Furthermore / In addition, To top it all off / On top of
     that, By the way

197. Las respuestas variarán. Ejemplos:
     she's my best friend / I've known her for ten years /
     etc.
     it's the best meal I've had in a long time / I would
     like your recipes / you are an excellent cook / etc.
     I thought it was perfect / Everything was just right /
     It was the best party of the season / etc.

198. Las respuestas variarán. Ejemplos:
     he's my cousin / in fact, he's not related to me /
     indeed, I hardly know him / actually, I just met him
     myself
     we eat at seven / in fact, we always eat late /
     indeed, six is way too early / actually, sometimes
     we don't eat until nine
     she speaks Farsi / in fact, she's never even studied
     it / indeed, she doesn't know the first thing about it /
     actually, she speaks French
     we are hard workers / in fact, we work twelve hours
     a day / indeed, we all have more than one job /
     actually, we work harder than you do

199. *Consequently, Then, So, so, therefore, as a result*

200. *however / on the other hand / in contrast*
     otherwise
     nevertheless / still
     however / still
     instead

201. *In other words, for example, specifically, I mean, that is / specifically*

202. *anyhow, when all is said and done, after all, in any case, somehow*

203. *really / certainly, naturally, of course / indeed, indeed / really / certainly*

204. *In the first place, In the second place, Accordingly, Likewise*

205. *Since, Although, even though, even if, in spite of, of course*

206. *in the end*
Summing it all up / In short
so
Summing it all up / In conclusion / In short
In the end / So

207. *sixty-four*
three hundred (and) seventy-seven
four thousand, five hundred (and) forty-one
twenty thousand, three hundred (and) two
four hundred thousand (and) one
six million, three hundred (and) twelve
six and a half miles
one and three-quarter acres
ten dollars and thirty-four cents
five thousand, four hundred (and) twenty-eight dollars and twenty one cents
ten million dollars

208. *Thursday is before Friday.*
Wednesday is between Tuesday and Thursday.
Saturday and Sunday are the weekend.
August is before September.
April is after March.
Independence Day in the United States is on July 4th. / the fourth of July.

209. *It's five o'clock.*
It's six-oh-five. / It's five after six. / It's five past six.
It's seven-ten. / It's ten after seven. / It's ten past seven.
It's eight-fifteen. / It's a quarter after eight. / It's a quarter past eight.

It's nine-twenty. / It's twenty after nine. / It's twenty past nine.
It's ten-twenty-five. / It's twenty-five after ten. / It's twenty-five past ten.
It's eleven-thirty.
It's twelve-thirty-five. / It's twenty-five to one. / It's twenty-five of one.
It's one-forty. / It's twenty to two. / It's twenty of two.
It's two-forty-five. / It's a quarter to three. / It's a quarter of three.
It's three-fifty. / It's ten to four. / It's ten of four.
It's four-fifty-five. / It's five to five. / It's five of five.

210. *pleasant weather*
electricity in the sky
a flow of water over usually dry land
cold weather
a loud noise
winds over 75 miles per hour
hot weather
a circular storm

211. Las palabras subrayadas son ejemplos de respuestas correctas:
It's nine o'clock.
I'm writing.
I'm tired.
I'm tired because I have been studying.
I have answered five questions.
I'm going to rest.
I was working.
I was at my office.
I arrived there at eight-thirty a.m.
Shirley, the office manager, was there.
She was working at her computer.
She had been there twenty minutes.
I ate lunch at one-fifteen.
Yes, I had. / No, I hadn't.
I was happy.
I was happy because I had finished all my work.
Yes, I did.
Yes, I am.

APÉNDICE—Appendix

Pesas y medidas—Weights and Measures

PESAS

Normas estadounidenses	Equivalentes métricos
16 ounces = 1 pound	.4536 kilogramo (casi 1/2 kilogramo)
2000 pounds = 1 ton	907.18 kilogramos
1,102 tons	1 tonelada

Abreviaturas

ounce = oz.
pound = lb.

MEDIDA DE CAPACIDAD PARA LÍQUIDOS

Normas estadounidenses	Equivalentes métricos
1 cup	236 mililitros
2 cups = 1 pint	473 mililitros
2 pints = 1 quart	.9463 litro
4 quarts = 1 gallon	3.7853 litros

Abreviaturas

cup = C.
pint = pt.
quart = qt.
gallon = gal.

MEDIDA DE MATERIA SECA

Normas estadounidenses	Equivalentes
1 teaspoon	$1\frac{1}{4}$ cucharadita
3 teaspoons = 1 tablespoon	
5 teaspoons	una cuchara de sopa
$\frac{1}{4}$ cup	3 cucharas de sopa
$\frac{1}{2}$ cup	6 cucharas de sopa

Abreviaturas

teaspoon = tsp. o t.
tablespoon = T.
cup = C.

MEDIDA DE LONGITUD

Normas estadounidenses	Equivalentes métricos
1 inch (una pulgada)	2.54 centímetros
12 inches = 1 foot (un pie)	30.38 centímetros
3 feet = 1 yard (una yarda)	.9144 metro
5280 feet = 1 mile (una milla)	1.6 kilómetros

Abreviaturas

inch = in. "
foot = ft. '
yard = yd.
mile = m.

MEDIDA DE SUPERFICIE

Normas estadounidenses	Equivalentes métricos
43,560 square feet = 1 acre	4,047 metros cuadrados
640 acres = 1 square mile	2,590 kilómetros cuadrados

Abreviaturas

square feet = sq. ft.
acre = ac.

TEMPERATURAS

Temperaturas Fahrenheit	Equivalentes Celsius

Para el tiempo:

Fahrenheit	Celsius
−10	−23
0	−17
32	0
50	10
68	20
86	30
104	40

Temperatura normal del cuerpo:

98.6	37

Para la cocina:

212	punto de hervir para agua	100
250	horno bajo	121
325		163
350	horno moderado	177
375		190
400		204
450	horno caliente	232
500		260

Abreviaturas

° = degrees (grados)
F. = Fahrenheit
C. = Celsius o Centigrade

Repaso de usos típicos de verbos—*Review of Verb Usage*

Ejemplos con el verbo básico *work* (trabajar), empleando la forma de *he* (él).

Presente

Inglés	Español
he works every day	trabaja todos los días
maybe he works *he may work* *he might work*	es posible que trabaje
he likes to work *he likes working*	le gusta trabajar
he can work	puede trabajar sabe trabajar
he knows how to work	sabe trabajar
he can work	tiene permiso para trabajar
he should work *he ought to work* *he had better work*	debiera trabajar
he would like to work	le gustaría trabajar
he would rather work	prefiere trabajar
he must not work hard	me imagino que no trabaja duro no debe de trabajar duro
He mustn't work!	¡No debe trabajar! ¡Que no trabaje!
he must work *he has to work*	tiene que trabajar
he doesn't have to work	no necesita trabajar
he is supposed to work	debe trabajar
he is not supposed to work	no debe trabajar
he would work, but...	trabajaría, pero...
if he worked faster...	si trabajara más rápido...
he is working	trabaja ahora está trabajando
he must be working	estará trabajando debe de estar trabajando
he may be working *he might be working* *maybe he is working*	es posible que esté trabajando
he should be working *he ought to be working* *he had better be working*	debiera estar trabajando

Inglés	Español
he would like to be working	le gustaría estar trabajando
he would rather (not) be working	prefiere (no) estar trabajando
he would be working, but...	estaría trabajando, pero...
he has worked for two hours	hace dos horas que trabaja
he has been working for two hours	hace dos horas que está trabajando
he has just finished working *he has just worked*	acaba de trabajar
he has already worked	ya trabajó
you work a lot here *they work a lot here* *a lot of work is done here*	se trabaja mucho aquí

Pasado

he was working at that time	trabajaba a esa hora estaba trabajando a esa hora
he was going to work, but...	iba a trabajar, pero...
he (always) used to work *he would (always) work* *he (always) worked*	trabajaba habitualmente
he worked yesterday	trabajó ayer
he used to work	trabajó antes, pero ya no trabaja
maybe he worked *he may have worked* *he might have worked*	es posible que haya trabajado
he could work *he was able to work*	podía trabajar
he was able to work *he managed to work*	pudo trabajar
he was allowed to work	tenía permiso para trabajar tuvo permiso para trabajar
he was supposed to work	había de trabajar
he should have worked	debió trabajar
he had to work	tenía que trabajar tuvo que trabajar
he must have worked	debe de haber trabajado
he had just worked	acababa de trabajar
he had worked	había trabajado

Inglés	Español
he had been working since 4 o'clock	había estado trabajando desde las cuatro
he had been working for two hours	hacía dos horas que trabajaba
he would have worked	habría trabajado
he would have been working	habría estado trabajando
he could have worked	pudo haber trabajado
he said he worked	dijo que trabajaba
he said he had worked	dijo que había trabajado
if he had worked...	si hubiera trabajado...

Futuro

he is working tomorrow	trabaja mañana
he is going to work	va a trabajar
he is supposed to work tomorrow	ha de trabajar mañana se supone que trabaja mañana
he may work *he might work* *maybe he will work*	es posible que trabaje
he will probably work	trabajará es probable que trabaje
he probably won't work	no trabajará es probable que no trabaje
he will be able to work	podrá trabajar
he won't be able to work	no podrá trabajar
he will be able to work *he will be allowed to work*	tendrá permiso para trabajar
he will have to work	tendrá que trabajar
he will want to work	querrá trabajar
he will work	él promete que va a trabajar yo opino que va a trabajar
he won't work	no quiere trabajar se niega a trabajar yo opino que no trabajará
he works at seven tomorrow	trabaja mañana a las siete
before he works	antes de trabajar
after he works	después de trabajar
as soon as he works	en cuanto trabaje
when he works	cuando trabaje
if he works	si trabaja
he would work	trabajaría
he will be working	estará trabajando
he will have been working	habrá estado trabajando
he will have worked	habrá trabajado

	Inglés	Español
Mandatos	Work faster!	¡Trabaja más rápido! ¡Trabaje más rápido! ¡Trabajen más rápido!
	Don't work so hard!	¡No trabajes tanto! ¡No trabaje tanto! ¡No trabajen tanto!
	Let him work!	¡Que trabaje él!
	Don't let him work! He musn't work.	¡Que no trabaje él!
	I want him to work.	Quiero que trabaje él.

Peticiones	Will you (please) work?	¿Quieres trabajar, por favor?
	Would you work for me?	¿Trabajarías para mí?
	Would you mind working tomorrow?	¿Te importaría trabajar mañana?
	Could you work tomorrow?	¿Podrías trabajar mañana?

Ofertas	May I help you? Shall I help you?	¿Te ayudo?
	Do you want me to help you?	¿Quieres que te ayude?
	Can I help you?	¿Te puedo ayudar?
	Could I help you?	¿Te podría ayudar?
	Would you mind if I helped you?	¿Te importaría si te ayudara?
	Is it O.K. if I help you?	¿Está bien si te ayudo?

Formas irregulares de los verbos—*Irregular Verb Forms*

Forma Básica	Basic Form	Past Tense	Past Participle
ser / estar	be	was, were	been
hacerse	become	became	become
aguantar / dar a luz	bear	bore	borne / born
golpear	beat	beat	beaten
empezar	begin	began	begun
doblar con fuerza	bend	bent	bent
apostar	bet	bet	bet
unir	bind	bound	bound
morder	bite	bit	bitten
sangrar	bleed	bled	bled
soplar	blow	blew	blown
romper	break	broke	broken
criar	breed	bred	bred
traer	bring	brought	brought
construir	build	built	built
estallar	burst	burst	burst
comprar	buy	bought	bought
coger	catch	caught	caught
escoger	choose	chose	chosen
pegarse	cling	clung	clung
venir	come	came	come
costar	cost	cost	cost
gatear	creep	crept	crept
cortar	cut	cut	cut
distribuir / tratar	deal	dealt	dealt
hacer	do	did	done
cavar	dig	dug	dug
dibujar	draw	drew	drawn
beber	drink	drank	drunk
manejar	drive	drove	driven
comer	eat	ate	eaten
caer	fall	fell	fallen

Forma Básica	Basic Form	Past Tense	Past Participle
dar de comer / alimentar	*feed*	*fed*	*fed*
sentir	*feel*	*felt*	*felt*
pelear	*fight*	*fought*	*fought*
encontrar	*find*	*found*	*found*
caber	*fit*	*fit*	*fit*
huir	*flee*	*fled*	*fled*
volar	*fly*	*flew*	*flown*
prohibir	*forbid*	*forbade*	*forbidden*
olvidar	*forget*	*forgot*	*forgotten*
perdonar	*forgive*	*forgave*	*forgiven*
abandonar	*forsake*	*forsook*	*forsaken*
congelar	*freeze*	*froze*	*frozen*
obtener	*get*	*got*	*gotten*
dar	*give*	*gave*	*given*
ir	*go*	*went*	*gone*
moler	*grind*	*ground*	*ground*
crecer	*grow*	*grew*	*grown*
colgar	*hang*	*hung*	*hung*
tener	*have*	*had*	*had*
oír	*hear*	*heard*	*heard*
esconder	*hide*	*hid*	*hidden*
pegar	*hit*	*hit*	*hit*
tener / coger	*hold*	*held*	*held*
herir	*hurt*	*hurt*	*hurt*
guardar	*keep*	*kept*	*kept*
saber / conocer	*know*	*knew*	*known*
colocar	*lay*	*laid*	*laid*
guiar	*lead*	*led*	*led*
dejar / salir	*leave*	*left*	*left*
prestar (dar)	*lend*	*lent*	*lent*
dejar	*let*	*let*	*let*
acostarse	*lie*	*lay*	*lain*
encender / iluminar	*light*	*lit*	*lit*
perder	*lose*	*lost*	*lost*
hacer	*make*	*made*	*made*
significar	*mean*	*meant*	*meant*

Forma Básica	Basic Form	Past Tense	Past Participle
encontrarse / conocer por primera vez	*meet*	*met*	*met*
equivocarse	*mistake*	*mistook*	*mistaken*
pagar	*pay*	*paid*	*paid*
poner	*put*	*put*	*put*
dejar	*quit*	*quit*	*quit*
leer	*read*	*read*	*read*
deshacerse	*rid*	*rid*	*rid*
pasear en vehículo	*ride*	*rode*	*ridden*
sonar	*ring*	*rang*	*rung*
levantarse / subir	*rise*	*rose*	*risen*
correr	*run*	*ran*	*run*
decir	*say*	*said*	*said*
ver	*see*	*saw*	*seen*
buscar	*seek*	*sought*	*sought*
vender	*sell*	*sold*	*sold*
mandar	*send*	*sent*	*sent*
determinar / poner	*set*	*set*	*set*
sacudir	*shake*	*shook*	*shaken*
desprenderse	*shed*	*shed*	*shed*
brillar	*shine*	*shone*	*shone*
disparar	*shoot*	*shot*	*shot*
mostrar	*show*	*showed*	*shown*
encoger	*shrink*	*shrank*	*shrunk*
cerrar	*shut*	*shut*	*shut*
cantar	*sing*	*sang*	*sung*
sentarse	*sit*	*sat*	*sat*
dormir	*sleep*	*slept*	*slept*
resbalar	*slide*	*slid*	*slid*
lanzar	*sling*	*slung*	*slung*
cortar	*slit*	*slit*	*slit*
hablar	*speak*	*spoke*	*spoken*
andar rápido	*speed*	*sped*	*sped*
gastar	*spend*	*spent*	*spent*
girar / hilar	*spin*	*spun*	*spun*
dividir	*split*	*split*	*split*

Forma Básica	Basic Form	Past Tense	Past Participle
untar / esparcir	spread	spread	spread
soltar	spring	sprang	sprung
ponerse de pie	stand	stood	stood
robar	steal	stole	stolen
meter	stick	stuck	stuck
picar	sting	stung	stung
oler mal	stink	stank	stunk
golpear	strike	struck	struck
luchar	strive	strove	striven
jurar / maldecir	swear	swore	sworn
barrer	sweep	swept	swept
nadar	swim	swam	swum
columpiar	swing	swung	swung
tomar	take	took	taken
enseñar	teach	taught	taught
hacer pedazos	tear	tore	torn
decir / contar	tell	told	told
pensar / creer	think	thought	thought
tirar	throw	threw	thrown
entender	understand	understood	understood
pertubar	upset	upset	upset
despertar	wake up	woke up	waked up / woken up
vestir / usar	wear	wore	worn
tejer	weave	wove	woven
llorar mucho	weep	wept	wept
ganar	win	won	won
entrollar / dar cuerda	wind	wound	wound
retirar	withdraw	withdrew	withdrawn
exprimir / torcer	wring	wrung	wrung
escribir	write	wrote	written

Falsos cognados— *False Cognates*

Palabras que aparentan ser semejantes, pero que tienen diferentes significados

Español	Inglés	English	Spanish
abusar	*molest*	*abuse*	maltratar
actual	*current*	*actual*	real/verdadero
actualmente	*currently*	*actually*	realmente
advertir	*warn*	*advertise*	anunciar
apología	*eulogy*	*apology*	disculpa
apuntar	*write down*	*appoint*	nombrar
arena	*sand*	*arena*	estadio
argüir	*imply*	*argue*	discutir
asistir	*attend*	*assist*	ayudar
atender	*take care of/ listen*	*attend*	asistir
avisar	*tell/inform*	*advise*	aconsejar
bizarro	*brave*	*bizarre*	muy extraño
campo	*field/ countryside*	*camp*	campamento
carpeta	*folder*	*carpet*	alfombra
carta	*letter*	*card*	tarjeta
casual	*unexpected*	*casual*	informal
colegio	*private school*	*college*	universidad
collar	*necklace*	*collar*	cuello (de vestido, etc.)
complexión	*temperament*	*complexion*	tez
compromiso	*commitment*	*compromise*	término medio
confección	*handiwork*	*confection*	pastel
conferencia	*lecture*	*conference*	congreso/ consulta
constipado	*with a blocked nose*	*constipated*	estreñido
conveniente	*suitable*	*convenient*	oportuno/fácil
coraje	*anger*	*courage*	valor
costumbre	*custom*	*costume*	disfraz
crimen	*murder*	*crime*	delito
decepción	*disappoint-ment*	*deception*	engaño

Español	Inglés	**English**	Spanish
delito	*crime*	*delight*	alegría
desmayar	*faint*	*dismay*	consternación
dirección	*address*	*direction*	rumbo
discusión	*argument*	*discussion*	plática/ conversación
discutir	*argue*	*discuss*	platicar/charlar
disgusto	*argument*	*disgust*	repugnancia
distinto	*different*	*distinct*	visible
editor	*publisher*	*editor*	redactor
educación	*upbringing*	*education*	instrucción formal
educado	*well-mannered*	*educated*	culto
embarazada	*pregnant*	*embarrassed*	avergonzado
éxito	*success*	*exit*	salida
explanar	*level*	*explain*	explicar
fábrica	*factory*	*fabric*	tela
falta	*need*	*fault*	culpa
fastidioso	*annoying*	*fastidious*	cuidadoso
gracioso	*funny*	*gracious*	cortés/afable
idioma	*language*	*idiom*	modismo
ignorar	*not know*	*ignore*	no hacer caso
largo	*long*	*large*	grande
lectura	*reading selection*	*lecture*	discurso
librería	*bookstore*	*library*	biblioteca
mayor	*older*	*mayor*	alcalde
molestar	*bother*	*molest*	abusar de
parientes	*relatives*	*parents*	padres
particular	*private*	*particular*	especial/ selectivo
pena	*embarrass- ment*	*pain*	dolor/molestia
pretender	*aspire to/ try to*	*pretend*	fingir
real	*royal, real*	*real*	verdadero
realizar	*bring about*	*realize*	darse cuenta de
recolección	*summary*	*recollection*	memoria
recordar	*remember*	*record*	grabar/ inscribir
resistir	*tolerar*	*resist*	tener fuerzas

Español	Inglés	**English**	Spanish
restar	*subtract*	*rest*	descansar
revisar	*go through*	*revise*	enmendar
sano	*healthy*	*sane*	cuerdo/ sensato
sensible	*sensitive*	*sensible*	sensato/ juicioso
sentencia	*verdict*	*sentence*	oración/ veredicto
simpático	*nice*	*sympathetic*	compasivo
soportar	*tolerate*	*support*	mantener/ apoyar
suceso	*event*	*success*	éxito
trampa	*trick*	*tramp*	vagabundo/ mujerzuela
vaso	*glass*	*vase*	florero

ÍNDICE—Index

A

a / an, 20, 65–67

  vs **the**, 68

  errores comunes, 293

abreviaturas, 3–4,

  de pesas y medidas, 400–401

adjetivos, 2, 64–91

  adverbios que los modifican, 261

  compuestos, 89

  demostrativos, 75–76

  descriptivos, 80–90

    comparación de, 81–85

  orden de, 89–91

  posesivos, 75

  preposiciones después de, 213–224

  propios, 87

  superlativos, 85–87

admiración, signo de, 7

adverbios, 2, 249–261

  comparación de, 258

  de frecuencia, 256

  de lugar, 249–251

  de manera, 256–257

  de ocasión, 255–256

  de rumbo, 251

  de tiempo, 252–255

  que modifican los adjetivos y los adverbios, 261

  que modifican los verbos, 260

alfabeto, 1

apéndice, 400

apositivos, 37

apóstrofo, 9, 94

artículo definido, 65–73

  con nombres propios, 69–70

  con sustantivos no-contables, 27

  con sustantivos plurales, 23

  con sustantivos singulares, 20

  otros usos, 70–72

  vs **a / an,** 68

ask / ask for, 185

auxiliares modales
    presente, 116–122
    pasado, 139–141
    futuro, 156–158

B
be
    present tense de, 94–100
    past tense de, 135–137
    past progressive tense de, 141–145
    be going to, 155–156
    be supposed to, 120
    be used to, 169
    preguntas añadidas, 176–177, 178–179
    present subjunctive de, 198, 199
    past subjunctive de, 200
    there + be, 99–100
borrow / lend, 185
bring / take, 186

C
can, 116–118
certeza, marcadores de, 276
cognados falsos, 410–412
coma, 7–8
come / go, 186
comillas, 8
complemento directo
    pronombres de, 48–49,
    con objeto indirecto, 51
    uso de verbos con, 180–182
    complemento indirecto
    pronombres de, 50–51
    con objeto directo, 51
    uso de verbos con, 180–182
conclusión, marcadores de, 278
condicionalidad, marcadores de, 278
conjunciones, 2, 262–268
    coordinadoras, 262–264
    correlativas, 265
    subordinadas, 265–268
consecuencia, marcadores de, 273–274
consonantes, 1
could, 139
credenciales, 4

D

declaraciones incluidas, 175–176
determinantes, 65–80
    con sustantivos singulares, 20
    con sustantivos plurales, 23–25
    con sustantivos no-contables, 27–28
    repaso de, 33
días, 284
did, 137–139
discurso indirecto, 172–175
distanciamiento, marcadores de, 275
división, 9
do / make, 187–188
do, does, 100–110, 112–115
    con **have**, 119–120
dos puntos, 8

E

else, 90–91
errores comunes, 291–296
estaciones, 286
expect / wait / hope / wish, 188–189
explicación, marcadores de, 275

F

falsos cognados, 410–412
fechas, 284–286
future perfect progressive tense, 161
future perfect tense, 160–161
future progressive tense, 159–160

G

gerundio
    como sujeto, 162
    como complemento, 162–164
    como objeto de una preposición, 162
    vs infinitivo, 167–172
    después de **be**
        future perfect progressive tense, 161
        future progressive tense, 159–160
        past perfect progressive tense, 153, 154–155
        past progressive tense, 141–145
        present perfect progressive tense, 134
        present progressive tense, 123–126
    go + gerundio, 170–171
get + adjetivo, 183–184

get + participio pasado, 184
guión, 8

H
had, 151–153
had been, 153
had better, 118–119
had to, 139, 140
have, 130–133, 134
have to, 119–120
hora 287–289

I
if, 202, 266–267
infinitivos, 164–172
    vs gerundios, 167–172
información añadida, marcadores de, 271–272
información contraria, marcadores de, 274
interrogación, signo de, 7

K
know / meet, 190–191

L
letras del alfabeto, 1
lie / lay, 295
like, 190, 296
look / look alike / look like / be like, 190
look at / watch, 189

M
mandatos, 195–196
    indirectos, 197
marcadores del discurso, 269–279
may, 117, 156
may have, 140
maybe, 117, 156
mayúsculas, 5–6, 87
medidas, 400–401
meses, 284
might, 117, 156
modismos de verbo + preposición, 232–248
motivo de acción, marcadores de, 277
must, 120–121
must have, 139

N
negación, 296
nombres propios, 35–37
números
  decimales, 283
  fracciones de, 282–283
  íntegros, 280–282
  ordinales, 73–74

O
one, 20, 56–57, 58
oración, 10, 13–18
  declarativa, 13
  ejercicios, 300
  imperativa, 18
  interrogativa, 13–17
orden de acciones, 269–270
orden de palabras
  de la oración, 12–13
  de determinantes y adjetivos, 64, 89–90
  de adjetivos descriptivos, 80–81
  excepciones del orden de adjetivos, 90–91
  de adverbios en los tiempos progresivos, 144
other / another / the other, 62
otherwise, 274

P
palabras textuales, 172–175
paréntesis, 9
participio pasado
  formación, 93
  usos
    como adjetivo, 88
    future perfect tense, 160–161
    past perfect tense, 151–153
    present perfect tense, 130–133
participio presente
  formación, 93
  usos
    como adjetivo, 88
    future perfect progressive tense, 161
    future progressive tense, 159–160
    past perfect progressive tense, 153, 154–155
    past progressive tense, 141–145
    present perfect progressive tense, 134
    present progressive tense, 123–126

past perfect progressive tense, 153, 154–155
past perfect tense, 151–153
past progressive tense, 141–145
past subjunctive, 200
past tense, 144–145
perfect subjunctive, 201
pesas, 400
posibilidad, marcadores de, 278
predicado, 11
preguntas
    añadidas, 176–180
    con preposiciones, 212–213
    incluidas, 175–176
preposiciones, 2, 203–248
    de lugar, 203–206
    de rumbo, 206–207
    de tiempo, 208–209
    después de adjetivos, 213–224
    después de verbos, 225–232
    en preguntas, 212–213
    modismos con verbos
        inseparables, 242–245
        intransitivos, 245–248
        separables, 232–241
present perfect progressive tense, 134
present perfect tense, 130–133
present progressive tense, 123–126
present subjunctive, 198–200
present tense
    de **be**, 94–100
    de todos los otros verbos, 100–115
    para expresar el futuro, 159
presentación de argumento, marcadores de, 277
pronombres, 1, 45–63
    de complemento directo, 48–49, 51
    de complemento indirecto, 50–51
    de sujeto, 45–46
    demostrativos, 55–56
    después de una preposición, 49
    errores comunes de sujeto y objeto, 292–293
    impersonales, 47
    indefinidos, 57–63
    intensivos, 52
    no-contables, 61–62
    plurales, 59–61
    posesivos, 53–54

recíprocos, 52
reflexivos, 53
relativos, 54–55
singulares, 57–59
pronunciación, 292, 294
punto, 7
punto y coma, 8
puntuación 7–9

R
rectificación, marcadores de, 273
respuestas de los ejercicios, 376–399

S
say / tell, 187
should, 118–119, 157
should have, 139, 140
speak / talk, 185
sugerencias
    indirectas, 196
    con el modo subjuntivo, 198–199
sujeto 10, 45–46
sustantivos 1, 19–44
    colectivos, 21
    como adjetivos, 87–88
    comparación de, 41–44
    contables, 19, 34–35
    no-contables, 25–35
    plurales, 21–25
    posesivos, 37–40
    singulares, 19–21

T
take / bring, 186–187
temperaturas, 401
the, 65–73
    con nombres propios, 69–70
    con sustantivos no-contables, 27
    con sustantivos plurales, 23
    con sustantivos singulares, 20
    otros usos, 70–72
    vs a / an, 68
tiempo, 3, 290
tiempo pasado, 135–153
títulos personales, 3–4

U
used to
tiempo pasado, 149–150
antes del gerundio, 169

V
verbos 2, 11–12, 92–202
auxiliares modales
futuro, 156–158
pasado, 139–141
presente, 116–122
como adjetivos, 88–89
como sustantivos, 162–164
copulativos, 11
intransitivos, 12
con preposiciones, 245–248
mandatos, 195–196
indirectos, 197
modo imperativo, 195–197
modo subjuntivo,198–202
no progresivos
presente, 126–130
pasado, 145–149
participios irregulares, tabla de, 406–409
repaso de usos, 402–405
tiempos del pasado, 135–153
past perfect, 151–153
past perfect progressive, 153–155
past progressive, 141–145
past tense, 135–153
tiempos del presente
present perfect, 130–133
present progressive, 123–126
tiempo futuro, 154–161
future perfect tense, 160–161
future progressive tense, 159–160
transitivos, 11–12
usos especiales
voz pasiva, 192–194
vocales 1

W
will
para pedir un favor, 118
para expresar el futuro, 156–158, 160–161

would
 para pedir un favor, 118
 para expresar el pasado, 150–151
 para indicar acción condicional, 202
would like, 121
would rather, 122

Y
you
 impersonal, 197